凱信企管

用對的方法充實自己，
讓人生變得更美好！

凱信企管

用對的方法充實自己，
讓人生變得更美好！

三個月 最強 衝刺班

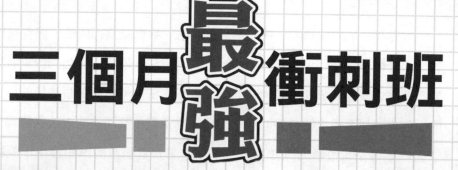

警察法規

看這本就對了，一考就上！

一般警察 ・ 警大研究所

　　本書共分為六個章節，依序為：警察法、警察職權行使法、社會秩序維護法、警械使用條例、集會遊行法及行政執行法。編撰本書起因於筆者擔任警政署國會聯絡人職務，第一時間能了解各立法委員對於警察法規的修法方向與態度，以及未來的三讀時程，因此，除彙整相關司法院大法官解釋外，並能敘述各法規最新的立法歷程，以期本書在實務及考試用途上，能提供警察同仁及各位考生實質上的助益。

　　警察法、社會秩序維護法、警械使用條例及集會遊行法，目前在立法院中不斷面臨提案修正的情境，但在未三讀通過前，仍是各命題委員關注的焦點；尤其警察法會涉及行政法的基本觀念，社會秩序維護法催生大法官釋字第 666、689、808 號等解釋，警械使用條例會涵蓋到警察人員使用槍械規範，集會遊行法則是偶發性與緊急性集會遊行的處理原則，以上每每都是奪取高分的關鍵；而警察職權行使法更是警察人員在執行勤務中，環環相扣的重要法令，從身分查證及資料蒐集、即時強制，再到救濟程序，希望每位同仁與考生能夠熟稔，繼而成為執法上的保障，更是金榜題名的優勢所在。

　　筆者從事警察工作近 20 年，非常感謝中央警察大學給我的一切，李湧清教授、黃俊能副教授在研究上的引導，梁添盛教授在法學知識的傳授，都是完成本書的基礎與動力，更謝謝 67 期一隊各位師長的生活管理；而在進入警政署工作以後，國際組林副組長妙齡工作上的提攜，歷任公關室主任（溫前

主任枝發、林前主任炎田、黃前主任家琦、謝前主任進賢、李前主任文章、周前主任煥興、楊前主任哲昌、呂主任世明）成功的人格特質，讓我能多方面的成長與學習。另外，還要感謝國會科的每位夥伴，在工作上無私的協助；最後謝謝我的家人，尤其是內人和兩位稚子一路上的支持與陪伴。

因本身學問及工作經驗尚有許多不足之處，各位讀者先進，若有進一步之指正指教，亦可透過網路信箱 pa943004@gmail.com，筆者一定虛心感謝接受，讓本書可以更完備。

呂文廷 謹識
2022 年於警政署公關室

目錄
CONTENTS

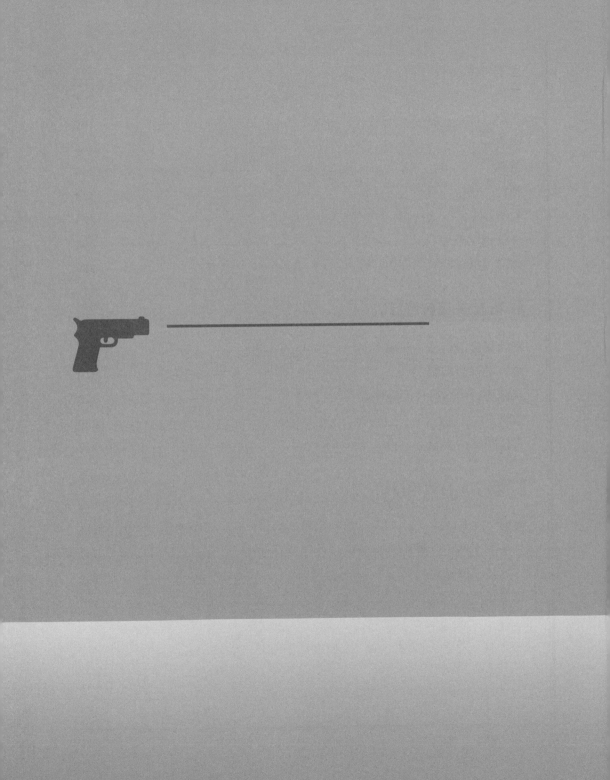

第一章

警察法

進入警察法課程之前，下列幾項重要的觀念必須知道，亦是考試重點所在。

警察法重要觀念

一、警察法的「警察」是指誰？調查局的調查員、海巡署的查緝員等，是否算是警察？

大法官釋字 588 號解釋理由書

　　「警察」係指以**維持社會秩序或增進公共利益為目的**，而具強制（干預、取締）手段特質之國家行政作用或國家行政主體，概念上原屬多義之用語，**有廣、狹即實質、形式兩義之分。其採廣義、即實質之意義者，乃就其「功能」予以觀察**，凡具有上述「警察」意義之作用、即行使此一意義之權限者，均屬之；**其取狹義、即形式之意義者，則就組織上予以著眼，而將之限於警察組織之形式－警察法**，於此法律所明文規定之機關及人員始足當之，其僅具警察之作用或負警察之任務者，不與焉。上述行政執行法既已就管收、拘提為明文之規定，並須經法院之裁定，亦即必須先經司法審查之准許，則其「執行」自非不得由該主管機關、即行政執行處之人員為之（本院釋字第五五九號解釋參照）。**是憲法第八條第一項所稱「非經司法或警察機關依法定程序，不得逮捕、拘禁」之「警察機關」，乃採廣義，凡功能上具有前述「警察」之意義、即法律規定以維持社會秩序或增進公共利益為目的，賦予其機關或人員得使用干預、取締之手段者，概屬相當，並非僅指組織法上之形式「警察」之意。**是以行政執行法第十九條第一項關於拘提、管收交由行政執行處派執行員執行之規定，核與憲法前開規定之意旨尚無違背。

小結：

1. 警察法的警察是指**狹義、形式、組織上**的警察。（警察機關與警察人員總稱，參閱警察法施行細則第 10 條）

※ **警察法施行細則第 10 條**

本法第九條所稱依法行使職權之警察，**為警察機關與警察人員之總稱。**

2. 調查局的調查員、海巡署的查緝員、行政執行處執行人員、監所管理員、保全人員、駐衛警是指**廣義、實質、功能（作用、學理）**上的警察。

二、警察法的法律性質

廣義與狹義之警察法：

• **狹義（形式）的警察法**

係指 42 年 6 月 15 日總統公布施行的「警察法」。

該法共計 20 條，摘述如下：

（1）第 1 條為法源，第 19 條授權內政部訂定本法施行細則之規定。

（2）第 2 條為警察任務。

（3）第 3 條為中央與地方警察立法與執行事項。

（4）第 4 條至第 8 條及第 15 條為警察機關（警察官制）。

（5）第 9 條為警察職權。

（6）第 10 條為行政救濟。

（7）第 11 條至第 14 條為警察人事（警察官規）。

（8）第 16 條至第 18 條為警察經費與設備。

- 廣義（實質）的警察法

係指各種警察法規，例如：**內政部警政署組織法、警察人員人事條例、警察服制條例、警察教育條例、警察勤務條例、警察職權行使法、社會秩序維護法、警械使用條例、行政執行法、集會遊行法、國家賠償法、行政訴訟法、訴願法等，**乃是警察組織及其作用與行政救濟之法規。也就是警察組織法規＋警察作用法規＋警察行政救濟法規。

大法官釋字第 535、570 號解釋理由書

1. 第 535 號解釋

警察法第二條規定警察之任務為依法維持公共秩序，保護社會安全，防止一切危害，促進人民福利。第三條關於警察之勤務制度定為中央立法事項。警察勤務條例第三條至第十條乃就警察執行勤務之編組、責任劃分、指揮系統加以規範。第十一條則對執行勤務得採取之方式予以列舉，除有組織法之性質外，實兼具行為法之功能。查行政機關行使職權，固不應僅以組織法有無相關職掌規定為準，更應以行為法（作用法）之授權為依據，始符合依法行政之原則。

2. 第 570 號解釋

人民自由及權利之限制，依憲法第二十三條規定，應以法律定之。得由法律授權以命令為補充規定者，其授權之目的、內容及範圍應具體明確，始得據以發布命令，以符合憲法保障人民自由權利之本旨。內政部為中央警察主管機關，依警察法第二條暨第九條第一款規定，固得依法行使職權發布警察命令。然警察命令內容涉及人民自由權利者，亦應受**前開法律保留原則**之拘束。警察法第二條規定，警察任務為依法維持公共秩序，保護社會安全，防止一切危害，促進人民福利；同法第九條第一款規定，警察有依法發布警察命令之職權，**僅具組織法之劃定職權與管轄事務之性質，欠缺行為法之功能，不足以作為發布限制人民自由及權利之警察命令之授權依據。**

小結：

綜上，警察法是組織法的性質，欠缺行為法、作用法的功能，所以不可任意依據警察法，對人民權利進行限制。

模擬試題

___ 1. 下列有關警察概念之敘述，何者正確？

(A) 調查局人員屬實質意義之警察

(B) 警察職權行使法所稱之警察，指學理上之警察

(C) 行政執行分署之執行員為形式意義之警察

(D) 憲法第 8 條第 1 項所稱之「警察機關」，指狹義之警察意義

___ 2. 憲法第 8 條第 1 項中所稱「非經司法或警察機關依法定程序，不得逮捕、拘禁」之「警察機關」，其意義為何？

(A) 僅指組織法上之形式警察

(B) 以維護國家利益為目的之警察機關

(C) 不以法律規定為必要，但能使用干預、取締之手段者

(D) 除組織法上之形式警察外，凡法律規定，以維持社會秩序或增進公共利益為目的，賦予其機關或人員得使用干預、取締之手段者

___ 3. 警察法施行細則第 10 條規定中，其所稱依法行使職權之警察，為警察機關與警察人員之總稱，依此定義下的警察，下列敘述何者錯誤？

(A) 警察職權行使法第 2 條第 1 項所稱警察，與此定義相同

(B) 憲法第 8 條所稱之警察機關，係指形式上之警察，與此定義不同

(C) 警械使用條例第 14 條第 1 項所稱警察機關，不屬此定義下之警察

(D) 警察人員人事條例第 3 條所稱之警察人員，亦屬此定義下之警察

___ 4. 下列何者非警察組織法規？

(A) 內政部警政署組織法

(B) 警察人員管理條例

(C) 警察服制條例

(D) 警察教育條例

(E) 警械使用條例

___ 5. 規定警察組織及其作用與行政救濟法之各種警察法規，為……？

(A) 形式或狹義的警察法

(B) 形式或廣義的警察法

(C) 實質或狹義的警察法

(D) 實質或廣義的警察法

___ 6. 依大法官釋字第五七 0 號解釋意旨，認為「警察法」這部法律性質上
屬於下列何者？

(A) 組織法

(B) 人員法

(C) 行為法

(D) 救濟法

___ 7. 依大法官釋字第五七 0 號解釋意旨，警察機關訂定限制人民自由權利
之規範未經法律授權者，應如何適用？

(A) 向警政署報備後適用之

(B) 向內政部報備後適用之

(C) 向行政院報備後適用之

(D) 應不予適用

答案：1A 2D 3B 4E 5D 6C 7B 8A 9D

警察法條

警察法第 1 條（立法依據）

本法依憲法第一百零八條第一項第十七款制定之。

▌憲法第一百零八條：

……縣執行之。

《三個月最強衝刺班！警察法規，看這本就夠了，一考就上！》勘誤表

頁碼	原書內容修正前	修正後
014	答案：1A 2D 3B 4E 5D 6C 7B 8A 9D	答案：1A 2D 3B 4E 5D 6C 7B **8A 7D**
031	答案：1AC 2D 3C 4C 5C 6C 7D 8C 10A 11C 12B 13B 14B 15B	答案：1AC 2D 3C 4C **5C** 6C 7D 8C 9A 10A 11C 12B 13B 14B **15D**
051	答案：1D 2A 3B 4D 5 BCD 6C 8AC 9C 10CD 11ABE	答案：1D 2A 3B 4D 5BCD 6C **7ACD** 8AC 9C 10CD 11 ABE
125	答案：1B 2C 3D 4D 5B 6D 7A 8A 9C 10C 11C 12B 13D	答案：1B 2C 3D 4D 5B 6D 7A 8A 9C 10C **11B** 12B 13D
157	答案：1C 2B 3B 4CDE 5A 6BCD 7B 8C 9A 10A 11A 12B	答案：1C 2B 3B 4CDE 5A 6BCD 7B **8CD** 9A **10C 11B** 12B
255	答案：1ACDE 2ABC 3A 4A 5A 6A 7B 8ACD 9A 10B 11B	答案：1ACDE 2ABC 3A 4A 5A 6BCD 7B 7B 8ACD 9A 10B 11B **6AD**
271	答案：1A 2B 3D 4D 5B 6ABE	答案：1A **2BD** 3D 4D 5B 6ABE
280	答案：1A 2C 3A 4A 5B 6B 7A 8BCDE	答案：1A 2C 3A 4A 5B 6B 7A 8BCDE **9以上皆非 10BC** 11B 12B
300	答案：1D 18B 19C 20D 21ACD 22BDE 23A 24C 25BD	答案：1D 18B 19C **20ABCD** 21ACD 22BDE 23A 24C 25BD
363	答案：18C 19C 20B 21A 22A 23C 24D 25A 26ADE 27C 28C 29C	答案：18C 19C 20B 21A 22A 23C 24D 25A 26ADE 27C 28C **29AD**

……及保障。

十五　全國戶口調查及統計。

十六　移民及墾殖。

十七　警察制度。

十八　公共衛生。

十九　振濟、撫卹及失業救濟。

（四）關於縣（市）**義勇警察、駐衛警察**之組設、編練、派遣、管理等事項。

（五）其他關於縣（市）**警衛**之實施事項。

五、警察法施行細則第六條，將「**直轄市立法事項**」作出明確定義。

（一）關於警察**勤務機構**設置、裁併及勤務之實施事項。

（二）關於警察**常年訓練**之實施事項。

（三）關於直轄市**警察業務**之實施事項。

（四）關於直轄市**義勇警察、駐衛警察**之組設、編練、派遣、管理等事項。

（五）其他關於直轄市**警政**及**警衛**之實施事項。

六、警察官制：

（一）指中央與地方警察機關之組織編制等事項。

（二）**警察官制須配合中央行政機關組織基準法一起研讀**，因為很多題目會源於該法，該法摘述如下。

▌ 中央行政機關組織基準法第二條

本法適用於行政院及其所屬各級機關（以下簡稱機關）。但國防組織、外交駐外機構、**警察機關組織**、檢察機關、調查機關及海岸巡防機關組織法律另有規定者，從其規定。

行政院為一級機關，其所屬各級機關依層級為二級機關、三級機關、四級機關。但得依業務繁簡、組織規模定其層級，明定隸屬指揮監督關係，不必逐級設立。

▌ 中央行政機關組織基準法第三條

一、**機關：**就法定事務，有決定並表示國家意思於外部，而依**組織法律或命令**（以下簡稱組織法規）設立，行使公權力之組織。

二、**獨立機關：**指依據法律獨立行使職權，自主運作，除法律另有規定外，

不受其他機關指揮監督之合議制機關[4]。

　　三、**機構**：機關依組織法規將其部分權限及職掌劃出，以達成其設立目的之組織。

　　四、**單位**：基於組織之業務分工，於機關內部設立之組織。

警察大人提醒你

◎機關與機構如何分別？

1. 機關有 3 項特徵：(1) 有單獨之組織法規；(2) 獨立之人員編制及預算；(3) 有印信可對外行文。

　　2. 機構係指「機關依組織法規將其部分權限及職掌劃出，以達成其設立目的之組織」，可知機構是設在機關之下的單位，並無機關所需之組織法規、人員編制及預算、印信等特徵，其位階大致與單位相同，只是處理的業務性質比較特殊而已。

▌ 中央行政機關組織基準法第四條

　　下列機關之組織以**法律**定之，其餘機關之組織以**命令**定之：

一、一級機關、二級機關及三級機關。

二、獨立機關。

　　前項以命令設立之機關，其設立、調整及裁撤，於命令發布時，應即送立法院。

---

4 下列為獨立機關之例（二級機關）：

　　（1）國家通訊傳播委員會。

　　（2）公平交易委員會。

　　（3）中央選舉委員會。

　　（4）促進轉型正義委員會。

▌中央行政機關組織基準法第五條

• 機關組織以法律定之者，其組織法律定名為**法**。但業務相同而轄區不同或權限相同而管轄事務不同之機關，其共同適用之組織法律定名為**通則**。

例 就第 5 條第 1 項前半段而言，內政部警政署屬於**三級機關**，依據中央行政機關組織基準法第 4 條規定，其組織須以法律定之，所以組織法律定名為法，故稱為「內政部警政署組織**法**」；就後半段而言，有農田水利會組織**通則**、經濟部水利署各河川局組織**通則**等。

• 機關組織以命令定之者，其組織命令定名為**規程**。但業務相同而轄區不同或權限相同而管轄事務不同之機關，其共同適用之組織命令定名為**準則**。

例：就 5 條第 2 項前半段而言，例如：內政部警政署所屬的刑事警察局、航空警察局、國道公路警察局、鐵路警察局等，因為是警政署所屬機關，故為 4 級機關，機關組織無須以法律定之，以**命令**定之即可，該等機關組織命令依序稱為「內政部警政署刑事警察局組織**規程**」、「內政部警政署航空警察局組織**規程**」、「內政部警政署國道公路警察局組織**規程**」、「內政部警政署鐵路警察局組織**規程**」。

例 就第 5 條第 2 項後半段而言，「業務相同而轄區不同」或「權限相同而管轄事務不同」之機關，其共同適用之組織命令定名為**準則**，例如：內政部警政署為執行**港務警察事項**，特設**基隆、臺中、高雄及花蓮**港務警察總隊，這些機關除了是四級機關外，亦符合「業務相同而轄區不同」的情形，所以組織命令定為「內政部警政署港務警察總隊組織**準則**」；相同的，內政部警政署為辦理**各項保安警察業務**，特設保安警察第一總隊至第七總隊，這些機關同樣是四級機關，亦符合「權限相同而管轄事務不同」的情形，所以組織命令定為「內政部警政署保安警察總隊組織**準則**」，另由該準則第 2 條所定事項，更可看出保一至保七總隊有各自的管轄事務。

▌ 內政部警政署保安警察總隊組織準則第2條

各總隊分別掌理下列事項：

一、拱衛中央憲政機關、外國駐華使領館、重要設施、中央政府機關首長、特定人士安全警衛，準備應變及協助地方治安。（保六總隊）

二、國營及特定事業機構之安全維護。（保二總隊）

三、協助處理違反**智慧財產權**保護相關法令之查緝。（保二總隊）

四、防止危害國家安全物品入境、防範國內不法物品出境與查緝走私及其他不法。（保三總隊）

五、保安警察警力派遣、勤務規劃、訓練、督導及與業務有關之刑事、國際工作。（保一、四、五總隊）

六、協助處理違反國家公園、森林與自然保育、環境、水資源保護及中央衛生主管機關執行食品、藥物安全等相關法令案件之查緝、取締或危害排除。（保七總隊）

七、其他有關保安、警備、警戒、警衛及秩序維護等事項。

▌ 中央行政機關組織基準法第六條

行政機關名稱定名如下：

一、院：一級機關用之。

二、部：二級機關用之。

三、委員會：二級機關或獨立機關用之。

四、**署、局：三級機關用之。**

五、分署、分局：四級機關用之。

機關因性質特殊，得另定名稱。

▌ 中央行政機關組織基準法第八條

機關組織以**法律**制定者，其內部單位之分工職掌，以**處務規程**定之；機關組織以**命令**定之者，其內部單位之分工職掌，以**辦事細則**定之。各機關為分層負責，

逐級授權，得就授權範圍訂定分層負責明細表。

例 就第 8 條第 1 項而言，機關組織以**法律**制定者，其內部單位之分工職掌，以「**處務規程**」定之，例如：內政部警政署組織內部單位之分工職掌以「內政部警政署**處務規程**」稱之；就第 8 條第 2 項而言，機關組織以**命令**定之者，其內部單位之分工職掌，以**辦事細則**定之，例如：內政部警政署刑事警察局內部單位之分工職掌以「內政部警政署刑事警察局**辦事細則**」稱之。

警政署及所屬機關（構）組織法規

1. 配合內政部警政署組織法施行，將警政署所屬**臺灣保安警察總隊**、**國家公園警察大隊**、**森林暨自然保育與環境保護等任務編組警察隊及高屏溪流域專責警力**整併成立保安警察第七總隊。

2. 各港務警察局更名為港務警察總隊，警察電訊所更名為警察通訊所，民防防情指揮管制所更名為民防指揮管制所，其餘機關維持不變。

3. 相關組織法規「內政部警政署刑事警察局組織**規程**」、「內政部警政署航空警察局組織**規程**」、「內政部警政署國道公路警察局組織**規程**」、「內政部警政署鐵路警察局組織**規程**」、「內政部警政署警察通訊所組織**規程**」、「內政部警政署警察廣播電臺組織**規程**」、「內政部警政署民防指揮管制所組織**規程**」、「內政部警政署警察機械修理廠組織**規程**」、「內政部警政署保安警察總隊組織**準則**」、「內政部警政署港務警察總隊組織**準則**」等 8 個組織規程、2 個組織準則，自 103 年 1 月 1 日施行。

警政署及所屬機關組織法規名稱

法規名稱	依據	組織法規名稱
內政部警政署組織法	中央組織基準法第5條第1項	**法**
內政部警政署刑事警察局組織規程	中央組織基準法第5條第2項	**規程**
內政部警政署航空警察局組織規程	中央組織基準法第5條第2項	**規程**
內政部警政署國道公路警察局組織規程	中央組織基準法第5條第2項	**規程**
內政部警政署鐵路警察局組織規程	中央組織基準法第5條第2項	**規程**
內政部警政署保安警察總隊組織準則	中央組織基準法第5條第2項	**準則**
內政部警政署港務警察總隊組織準則	中央組織基準法第5條第2項	**準則**

警政署及所屬機關內部單位分工職掌法規名稱

法規名稱	依據	內部單位分工職掌名稱
內政部警政署處務規程	中央組織基準法第8條第1項	**處務規程**
內政部警政署刑事警察局辦事細則	中央組織基準法第8條第2項	**辦事細則**
內政部警政署航空警察局辦事細則	中央組織基準法第8條第2項	**辦事細則**
內政部警政署國道公路警察局辦事細則	中央組織基準法第8條第2項	**辦事細則**
內政部警政署鐵路警察局辦事細則	中央組織基準法第8條第2項	**辦事細則**

內政部警政署保安警察第一總隊辦事細則	中央組織基準法第 8 條第 2 項	**辦事細則**
內政部警政署保安警察第二總隊辦事細則	中央組織基準法第 8 條第 2 項	**辦事細則**
內政部警政署保安警察第三總隊辦事細則	中央組織基準法第 8 條第 2 項	**辦事細則**
內政部警政署保安警察第四總隊辦事細則	中央組織基準法第 8 條第 2 項	**辦事細則**
內政部警政署保安警察第五總隊辦事細則	中央組織基準法第 8 條第 2 項	**辦事細則**
內政部警政署保安警察第六總隊辦事細則	中央組織基準法第 8 條第 2 項	**辦事細則**
內政部警政署保安警察第七總隊辦事細則	中央組織基準法第 8 條第 2 項	**辦事細則**
內政部警政署警察廣播電臺辦事細則	中央組織基準法第 8 條第 2 項	**辦事細則**
內政部警政署警察機械修理廠辦事細則	中央組織基準法第 8 條第 2 項	**辦事細則**
內政部警政署基隆港務警察總隊辦事細則	中央組織基準法第 8 條第 1 項	**辦事細則**
內政部警政署臺中港務警察總隊辦事細則	中央組織基準法第 8 條第 1 項	**辦事細則**
內政部警政署高雄港務警察總隊辦事細則	中央組織基準法第 8 條第 1 項	**辦事細則**
內政部警政署花蓮港務警察總隊辦事細則	中央組織基準法第 8 條第 1 項	**辦事細則**

組織（機關）保留原則

中央法規標準法第 5 條

下列事項應以法律定之：一、憲法或法律有明文規定，應以法律定之者；二、關於人民之權利、義務者；三、**關於國家各機關之組織者**；四、其他重要事項之應以法律定之者。

由上述中央法規標準法第 5 條規定，國家機關組織應以法律定之，此乃稱為「**組織保留原則**」，但是國家四級機關卻可以命令定之，又稱為「**組織保留原則之鬆綁**」。

警察官規

（一）警察官規，指中央與地方各級警察人員之官等俸給職務等階，及官職之任免、遷調、服務、請假、獎懲、考績、退休、撫卹等事項。

（二）警察官規須配合警察人員人事條例研讀，該條例重要法條摘述如下。

警察人員人事條例第 3 條

本條例所稱警察人員，指依本條例**任官授階**執行警察任務之人員。

警察人員人事條例第 4 條

警察官、職分立，**官受保障，職得調任**，非依法不得免官或免職。

警察人員人事條例第 5 條

警察官等分為**警監、警正、警佐**。**警監**官等分為**特**、一、二、三、四階，以**特階**為最高階；**警正**及**警佐**官等各分一、二、三、四階，均以**第一階**為最高階。

▌警察人員人事條例第 6 條

擬任警察官前，其**擬任機關、學校**應就其個人品德、忠誠、素行經歷及身心健康狀況**實施查核**；必要時，得洽請有關機關協助辦理。

前項查核之對象、項目、方式及其他相關事項之辦法，由**內政部**定之。警察官於任職前，應注意其智力、體能、學識、經驗及領導才能，並考量其對任職之地區、語言、風俗、習慣、民情等適應能力。

▌警察人員人事條例第 10 條

初任警察官之年齡，不得超過下列規定：

一、警佐**四十歲**。

二、警正**四十五歲**。

三、警監**五十歲**。

升官等任用者，不受前項限制。

模擬試題

___ 1. 警察法立法之相關敘述，下列何者為非？（複選題）

(A) 警察法之法源為憲法第 109 條第 1 項第 10 款

(B) 警察法民國 42 年 6 月 15 日公布實施

(C) 警察法施行細則由警政署依法頒布

(D) 警察法施行細則民國 45 年 11 月 27 日頒布

(E) 警察法施行細之位階是行政命令。

___ 2. 依大法官釋字第 443 號解釋所揭示之規範密度理論，下列何者得不以法律規範之？

(A) 使用警械之賠償規定

(B) 對吸毒嫌犯採驗尿液

(C) 對於查禁物之沒入

(D) 路檢人員勤務分配

___ 3. 有關警察法第二條及其施行細則第二條規定之警察任務,下列敘述何者錯誤?

(A) 有主要任務與輔助任務之區分

(B) 任務條款不可作為干預人民自由權利之依據

(C) 任務條款已具體的賦予警察執行職務所需之職權

(D) 四大任務之用語皆使用不確定之法律概念。

___ 4. 根據警察法施行細則第三條規定,下列何者非全國性警察業務?

(A) 保安

(B) 正俗

(C) 移民

(D) 營業建築

___ 5. 依警察法施行細則規定,下列何者屬於中央立法之事項?

(A) 警察勤務機構勤務之實施

(B) 警察勤務機構設置、裁併及勤務之實施事項

(C) 警察教育教材之標準

(D) 警察常年訓練之實施

___ 6. 「警察機關」之認定,須符合下列何種要件或標準?

(A)「獨立編制」、「獨立預算」、「計畫設置」及「對外行文」

(B)「隸屬編制」、「共同預算」、「依法設置」及「對外行文」

(C)「獨立編制」、「獨立預算」、「依法設置」及「對外行文」

(D)「獨立機關」、「補助預算」、「法令設置」及「對外行文」

___ 7. 警察官制、官規、教育、服制、勤務制度及其他全國性警察法制,係由中央立法,**交由何層次執行之**?

(A) 由直轄市、縣(市)執行之

(B) 由縣(市)執行之

(C) 由中央執行之

(D) 由中央立法並執行之,或交由直轄市、縣(市)執行之。

___8. 警察法第三條第一項所稱：「**警察官制**」係指下列那種事項？

(A) 中央警察機關之組織編制等事項

(B) 地方警察機關之組織編制等事項

(C) 中央與地方警察機關之組織編制等事項

(D) 內政部警政署之組織編制等事項。

___9. 警察法第三條規定**警察官制**之法制，係規範何種事項？

(A) 警察機關組織編制

(B) 警察人員官等、等階

(C) 警察服制

(D) 警察勤務制度

___10. 現行有關警察機關組織與權限之敘述，下列何者正確？

(A) 花蓮港務警察總隊有獨立之人員編制及預算

(B) 內政部警政署各保安警察總隊之組織，以組織通則定之

(C) 警察派出所經上級警察機關授權得准駁集會、遊行之申請

(D) 內政部警政署其內部單位之分工職掌，以辦事細則定之

(E) 警察廣播電臺亦屬機關

___11. 下列何者不是縣（市）自治之立法事項？

(A) 縣（市）警察業務之實施事項

(B) 縣（市）警察常年訓練之實施事項

(C) 縣（市）警政事項

(D) 縣（市）義勇警察、駐衛警察之組設、編練、派遣、管理等事項

___12. 有關現行**內政部警政署航空警察局**之敘述，下列何者正確？

(A) 其機關之組織，應以法律定之

(B) 就該管區域內之違反社會秩序維護法案件得行使管轄權

(C) 兼受桃園國際機場股份有限公司之指揮及監督

(D) 為中央三級機關

___13. 有關**港務警察總隊之**敘述，下列何者正確？

(A) 其組織應以法律定之

(B) 其內部單位之分工職掌，以辦事細則定之

(C) 屬機構之性質

(D) 依港務法令執行職務時，並受臺灣港務公司之指揮、監督

___14. 依警察人員人事條例之規定，初任警察官之年齡，警正不得超過幾歲？

(A) 40 歲

(B) 45 歲

(C) 50 歲

(D) 55 歲

___15. 下列有關《警察法》及其施行細則規定之敘述，何者錯誤？

(A) 警察官職採分立制

(B) 警察官等為警監、警正、警佐

(C) 刑事警察兼受當地法院檢察官之指揮、監督

(D) 刑事警察受檢察官之命執行職務時，如有廢弛職務情事，該管首席檢察官得逕予記過

答案：1 AC 2D 3D 4C 5D 6 C 7D 8C 9A 10A 11C 12 B 13B 14B 15B

▋警察人員人事條例第 11 條

警察官之任官資格如下：

一、警察人員考試及格者。
二、曾任警察官，經依法升官等任用者。
三、本條例施行前曾任警察官，依法銓敘合格者。

警察官之任用，除具備前項各款資格之一外，**職務等階最高列警正三階**以上，**應經警察大學**或**警官學校**畢業或訓練合格；職務等階最高列警正四階以下，應經警察大學、警官學校、警察專科學校或警察學校畢業或訓練合格。

大法官釋字第 760 號解釋

解釋爭點：

警察人員人事條例第 11 條第 2 項之規定，對警察三等特考及格之一般生，是否形成職務任用資格之不利差別待遇？

解釋文：

警察人員人事條例第 11 條第 2 項未明確規定考試訓練機構，致實務上內政部警政署得將公務人員特種考試警察人員考試三等考試筆試錄取之未具警察教育體系學歷之人員，一律安排至臺灣警察專科學校受考試錄取人員訓練，以完足該考試程序，使 100 年之前上開考試及格之未具警察教育體系學歷人員無從取得職務等階最高列警正三階以上職務任用資格，致其等應考試服公職權遭受系統性之不利差別待遇，就此範圍內，**與憲法第 7 條保障平等權之意旨不符**。

行政院應會同考試院，於本解釋公布之日起 6 個月內，基於本解釋意旨，採取適當措施，除去聲請人所遭受之不利差別待遇。

▋警察人員人事條例第 12 條

警察人員考試及格者，取得任官資格如下：

一、高等考試一級考試或特種考試警察人員考試一等考試及格者，取得**警正一階**任官資格。

二、高等考試二級考試或特種考試警察人員考試二等考試及格者，取得**警正三階**任官資格。

三、高等考試三級考試或特種考試警察人員考試三等考試及格者，取得**警正四階**任官資格。

四、普通考試或特種考試警察人員考試四等考試及格者，取得**警佐三階**任官資格。

五、初等考試或特種考試警察人員考試五等考試及格者，取得**警佐四階**任官資格。

前項第一款至第三款所列各等級考試及格人員，如無相當官階職務可資任官時，**得先以低一官階任官**。

▌警察人員人事條例第 **15** 條

本條例施行前，經依法銓敘合格現任警察官之官等，依下列規定改任：

一、簡任改任**警監**。

二、薦任改任**警正**。

三、委任改任**警佐**。

▌警察人員人事條例第 **16** 條

警察官初任各官等及**警監各官階時**均應任官，程序如下：

一、警監、警正由**內政部**核轉**銓敘部**銓敘審定合格後，呈請**總統**任官。

二、警佐由**內政部**核轉**銓敘部**銓敘審定合格後任官，或由**直轄市政府**核轉**銓敘部**銓敘審定合格後，報**內政部**任官。

▌警察人員人事條例第 17 條

初任各官等警察人員，未具與擬任職務職責程度相當或低一官階之經驗六個月以上者，應先予試用**六個月**。試用期滿成績及格，予以實授；試用期滿成績不及格，予以解職。

試用人員於試用期間有公務人員任用法第二十條第二項情事或有本條例第二十八條授權訂定之警察人員獎懲標準一次記一大過情形之一者，為試用成績不及格。

警察大學、警官學校、警察專科學校及警察學校學生經**實習期滿畢業**，考試及格分發任職者，**免予試用**。

▌警察人員人事條例第 21 條

警察職務之遴任權限，劃分如下：
一、**警監**職務，由**內政部**遴任或報請**行政院**遴任。
二、**警正、警佐**職務，由**內政部**遴任或交由**直轄市政府**遴任。

▌警察人員人事條例第 27 條

警察人員加給分：**勤務加給、技術加給、專業加給、職務加給、地域加給**；其各種加給之給與，由行政院定之。

▌警察人員人事條例第 29 條

警察人員有下列情形之一者，應即**停職**：
一、動員戡亂時期終止後，涉嫌犯**內亂罪、外患罪**，經提起公訴於第一審判決前。
二、涉嫌犯**貪污罪、瀆職罪、強盜罪**，經提起公訴於第一審判決前。但犯瀆職罪最重本刑三年以下有期徒刑者，不包括在內。
三、涉嫌假借職務上之權力、機會或方法，犯**詐欺、侵占、恐嚇罪**，經提起

公訴於第一審判決前。但犯最重本刑三年以下有期徒刑之罪者，不包括在內。

　　四、涉嫌犯前三款之罪經法院判決有罪尚未確定；或撤銷判決發回更審或發交審判案件，其撤銷前之各級法院判決均為有罪尚未確定。

　　五、涉嫌犯第一款至第三款以外之罪，經法院判處有期徒刑以上之刑尚未確定，未宣告緩刑或得易科罰金；或嗣經撤銷判決發回更審或發交審判，前一審級法院判處有期徒刑以上之刑尚未確定，未宣告緩刑或得易科罰金。

　　六、**依刑事訴訟程序被通緝或羈押。但犯內亂罪、外患罪、貪污罪、強盜罪被通緝者，依第三十一條第一項第二款或第三款規定辦理。**

　　警察人員其他違法情節重大，有具體事實者，得予以停職。

　　第一項停職人員，由遴任機關或其授權之機關、學校核定。前項停職人員，由主管機關核定。

警察大人提醒你

◎李震山教授認為**停職**原則上係指對違法失職且屬情節重大之公務人員採取停止職務之謂，在本質上只是一種**暫時**所採取之措施，尚**非**對過去違反行為之終局制裁或永久變公務員身分。遭停職者係指停止其職務之執行，使其行為不生職務上之效力，雖非懲戒或懲處種類[5]，只是暫時的措施，但對當事人之權益影響甚大。

◎由警察人員人事條例第 29 條可知，通常只要有犯罪嫌疑就予以停職，不須要一審判決確定，但此處必須注意，若依刑事訴訟程序被通緝或羈押，就可先行停職。

---

5 懲戒處分之種類有：**免除職務、撤職、剝奪、減少退休（職、伍）金、休職、降級、減俸、罰款、記過、申誡等**；懲處之種類則有：免職、記大過、記過、申誡四種。

警察人員人事條例第 31 條

警察人員有下列各款情形之一者，銓任機關或其授權之機關、學校應予以**免職**：

一、公務人員任用法第二十八條第一項第一款、第二款及第六款所定情形之一。

二、動員戡亂時期終止後，犯內亂罪、外患罪，經**有罪判決確定**或**通緝**。

三、犯貪污罪、強盜罪，經**有罪判決確定**或**通緝**。

四、犯前二款以外之罪，經處有期徒刑以上刑之判決確定，未宣告緩刑、未准予易科罰金或易服社會勞動，或准予易服社會勞動後，有刑法第四十一條第六項應執行原宣告刑之情形。（民國 110 年 12 月 7 日三讀修正通過）

五、依刑事確定判決，受**褫奪公權**之宣告。

六、公務人員考績法所定**一次記二大過**情事之一。

七、犯**第二款**及**第三款**以外之罪，**經通緝逾六個月未撤銷通緝**。

八、持械恐嚇或傷害長官、同事，情節重大，有具體事實，嚴重影響警譽。

九、假借職務上之權勢，意圖敲詐、勒索，有具體事實，嚴重影響警譽。

十、假借職務上之權勢，庇護竊盜、贓物、流氓、娼妓、賭博，有具體事實，嚴重影響警譽。

十一、同一考績年度中，其平時考核獎懲互相抵銷後累積已達二大過。

十二、依其他法律規定應予免職或喪失服公職權利。

前項第六款至第十一款免職處分於確定後執行，未確定前應先行停職。**依第一項免職者，並予免官。**

警察大人提醒你

◎免職是**懲處**性質的**免除現職**處分，通常若是判決確定就會予以免職，免職的法律效果，**僅為公務人員免除現職而言，並無禁止該公務人員日後至其他機關任職之效力**，換句話說，仍具有擔任警察人員、公務人員任用資格，即得依法再任警察官、公務人員。

◎被**免官**者，雖然可以到其他機關任職其他公職人員，但「**不得再任警察官**」，換句話說，被免官者喪失擔任警察人員之任用資格，不像免職一樣，擔任警察人員之任用資格尚存在。免官的法律效果，**免除其警察職務，並免除其擔任警察官資格，但仍具一般公務人員任用資格**。

◎有官不一定有職，但任職必須有官，喪失職務不一定喪失官階，而官階的喪失，必須是極嚴重的違法行為，因此解釋上，**免職者不一定免官，免官者一定免職**。

名稱	法律依據	法律效果	
		是否有任警察官資格	是否有任一般公務人員資格
停職	警察人員人事條例第 29 條	有	有
免職	警察人員人事條例第 31 條	有	有
免官	警察人員人事條例第 31 條	喪失	有

▌警察人員人事條例第 34 條

辦理考績程序如下：

一、內政部警政署與所屬警察機關、學校、各縣（市）警察局及警察大學警察人員之考績，由**內政部或授權之警察機關、學校**核定後，送**銓敘部**銓敘審定。

二、**直轄市政府警察局警監人員**之考績，由**直轄市政府**核定後，送**內政部**轉**銓敘部**銓敘審定；其餘人員之考績，由**直轄市政府**核定後，送**銓敘部**銓敘審定。

警察大人提醒你

◎直轄市政府警察局**警監以外人員**之考績，直轄市政府核定後，逕送銓敘部銓敘審定，**無**須送內政部轉銓敘部。

◎第 34 條第 2 款**僅適用**於**直轄市政府警察局**，不適用**縣市警察局**。

▌警察人員人事條例第 39 條之 1

海岸巡防機關及**消防機關**列警察官人員之人事事項，由各該主管機關依本條例之規定辦理。

▌警察人員人事條例第 40 條

各機關、學校、團體**駐衛警察設置管理辦法**，由**內政部**定之。

★綜合整理★

　　綜觀警察人員人事條例歷年考試題型，重點在於「警察官任官程序」、「警察官遴任權限」、「警察人員考績程序」、「警察官初任年齡」等相關議題，特別整理如下表，請考生熟記。

官等	項目	程序或限制
警監	任官程序	內政部→銓敘部（審定合格）→**總統**（任官）
	遴任權限	內政部遴任或報請**行政院**遴任
	考績程序	1. 直轄市政府 　直轄市政府（核定）→內政部→**銓敘部**（審定） 2. 署、所屬機關、學校、各縣市警察局、警大內政部或授權警察機關、學校（核定）→**銓敘部**（審定）
	初任年齡	50
警正	任官程序	內政部→銓敘部（審定合格）→**總統**（任官）
	遴任權限	內政部遴任或交由**直轄市政府**遴任
	考績程序	1. 直轄市政府 　直轄市政府（核定）→**銓敘部**（審定） 2. 署、所屬機關、學校、各縣市警察局、警大內政部或授權警察機關、學校（核定）→**銓敘部**（審定）
	初任年齡	45
警佐	任官程序	1. 內政部→**銓敘部**（審定合格後任官） 2. 直轄市政府→銓敘部（審定合格）→**內政部**（官）
	遴任權限	內政部遴任或交由**直轄市政府**遴任
	考績程序	1. 直轄市政府 　直轄市政府（核定）→**銓敘部**（審定） 2. 署、所屬機關、學校、各縣市警察局、警大內政部或授權警察機關、學校（核定）→**銓敘部**（定）
	初任年齡	40

警察教育

（一）警察教育制度，指警察教育之種類階段，及師資教材之標準等事項。

（二）仍須搭配警察教育條例一起研讀。

▌警察人員進修及深造教育實施辦法第 5 條

進修及深造教育由**中央警察大學**辦理。但**巡佐班、專業班**得由**警察專科學校**辦理。

辦理學校	教育種類		期間
警察大學	養成教育	四年制各學系 二年制技術系 **研究所（碩士班、博士班）**	4 年 2 年 1-4 年， 2-7 年
	進修教育	警佐班	4-12 月
		專業班	3 月以下
	深造教育	警正班	4-6 月
		警監班	4-6 月
		研究班	6 月以下
警察專科學校	養成教育	專科警員班	2 年
	進修教育	**巡佐班**	3 月以下
		專業班	3 月以下
警察學校	養成教育	警員班、預備班	不存在

大法官釋字第 626 號解釋文

解釋爭點：中央警大碩士班招生簡章拒色盲者入學之規定違憲？

解釋文

憲法第七條規定，人民在法律上一律平等；第一百五十九條復規定：「國民受教育之機會，一律平等。」旨在確保人民享有接受各階段教育之公平機會。**中央警察大學九十一學年度研究所碩士班入學考試招生簡章第七點第二款及第八點第二款，以有無色盲決定能否取得入學資格之規定**，係為培養理論與實務兼備之警察專門人才，並求教育資源之有效運用，藉以提升警政之素質，促進法治國家之發展，其欲達成之目的洵屬重要公共利益；**因警察工作之範圍廣泛、內容繁雜，職務常須輪調，隨時可能發生判斷顏色之需要，色盲者因此確有不適合擔任警察之正當理由**，是上開**招生簡章之規定與其目的間**尚非無**實質關聯**，與憲法第七條及第一百五十九條規定並無牴觸。

警察法第 4 條（主管監督機關）

內政部掌管全國警察行政，並指導監督各直轄市警政、警衛及縣（市）警衛之實施。

警察大人提醒你

◎此處是**內政部**掌理全國警察行政，非行政院。

◎仍須注意直轄市是警政、警衛事項，縣市僅有警衛事項，而且內政部是居於**指導監督**的角色，並非是指揮命令或督導考核的角色。

第 5 條（警政署之設置及掌理業務）

內政部設**警政署（司）**，**執行**全國警察行政事務並掌理下列全國性警察業務：

一、關於**拱衛中樞、準備應變**及**協助地方治安**之**保安警察業務**。

二、關於保護外僑及處理涉外案件之**外事警察業務**。

三、關於管理出入國境及警備邊疆之**國境警察業務**。

四、關於預防犯罪及協助偵查內亂外患重大犯罪之**刑事警察業務**。

五、關於防護連跨數省河湖及警衛領海之**水上警察業務**。

六、關於防護**國營鐵路、航空、工礦、森林、漁鹽**等事業設施之各種**專業警察業務**。

警察大人提醒你

◎由警察法第 4 條、第 5 條可知，**內政部**係**掌理**全國警察行政，而**警政署**係**執行**全國警察行政事務並**掌理**全國性警察業務。

◎又警察法第 5 條明文規定，警政署掌理全國性警察業務有：
保安警察業務、外事警察業務、國境警察業務、刑事警察業務、水上警察業務、專業警察業務。（此條文部分用語已不符合時宜，未來的修法重點之一。）

第 6 條（警察之指揮監督）

前條第一款**保安警察**，遇有必要派往地方執行職務時，應受**當地行政首長**之**指揮、監督**；第四款**刑事警察**兼受**當地法院檢察官**之指揮、監督；第六款各種**專業警察，得**由各該事業主管機關視業務需要、**商准內政部依法設置**，並由各該事業主管機關就其主管業務**指揮、監督**之。

▌警察法施行細則第7條

本法第六條規定之**保安警察**派駐地方執行職務時，**兼受直轄市、縣（市）長**指揮監督。其與當地警察機關之聯繫，依下列規定：

一、保安警察**依指揮監督機關首長之命令**，執行特定警察業務，對當地警察機關居於**輔助**地位。（並非配屬、聽從地位）

二、保安警察與當地警察機關基於**治安或業務需要**，得互請協助，**關於勤務分配應會商行之**。（不可僅有一方逕行決定）

三、保安警察協助配駐地方警察行政業務，應受當地**警察機關首長之指導**。**（並非指揮，縣市首長才有指揮監督的權力）**

職別	保安警察派駐地方執行職務時所具權限
地方首長（縣市長）	指揮監督
地方警察機關首長（局長）	指導

警察法第8條（警察之設置與任務）

直轄市政府設市警察局，縣（市）政府設縣（市）警察局（科），掌理各該管區之警察行政及業務。

警察法第9條

警察依法行使下列職權：

一、**發佈警察命令**。

二、**違警處分**。

三、**協助**偵查犯罪。

四、**執行搜索、扣押、拘提及逮捕。**

五、**行政執行。**

六、**使用警械。**

七、有關警察業務之**保安、正俗、交通、衛生、消防、救災、營業建築、市容整理、戶口查察、外事處理**等事項。

八、其他應執行法令事項。

警察大人提醒你

◎違警處分的範圍，不僅限於社會秩序維護法的規定，即中央或地方依法所頒的各種法令，而處「**違警罰**」之規定者，皆包括在內。例如：違反道路交通管理處罰條例第三十四條至第六十三條之規定，由警察機關處罰，即屬於妨害交通之違警行為。

◎**偵查犯罪為檢察官的職務**，而授予警察以司法警察的身分，**協助**檢察官偵查犯罪之職權，並受**當地法院檢察官**之**指揮、監督**，包括執行搜索、扣押、拘提、逮捕。

◎本條文之性質，**係劃定職權與管轄事務之範圍**，乃是警察任務的具體化，**不足以作為限制人民自由及權利之依據**，所以是**組織法的性質**，非行為法**（作用法）性質**，參閱大法官釋字第 570 號解釋。

※ 大法官釋字第 570 號解釋

　　人民自由及權利之限制，依憲法第二十三條規定，應以法律定之。得由法律授權以命令為補充規定者，其授權之目的、內容及範圍應具體明確，始得據以發布命令，以符合憲法保障人民自由權利之本旨。

　　內政部為中央警察主管機關，依警察法第二條暨第九條第一款規定，固得依法行使職權發布警察命令。然警察命令內容涉及人民自由權利者，亦應受前開法律保留原則之拘束。**警察法第二條規定**，警察任務為依法維持公共

秩序，保護社會安全，防止一切危害，促進人民福利；**同法第九條第一款規定，警察有依法發布警察命令之職權，僅具組織法之劃定職權與管轄事務之性質，欠缺行為法之功能，不足以作為發布限制人民自由及權利之警察命令之授權依據。**

▌警察法施行細則第 10 條

本法第九條所稱依法行使職權之**警察**，為**警察機關**與**警察人員**之總稱，其職權行使如下：

一、發布警察命令，中央由**內政部**、直轄市由**直轄市政府**、縣（市）由**縣（市）政府**為之。

二、違警處分權之行使，依警察法令規定之程序為之。

三、協助偵查犯罪與執行搜索、扣押、拘提及逮捕，依**刑事訴訟法及調度司法警察條例**之規定行之。

四、行政執行依**行政執行法**之規定行之。

五、使用警械依**警械使用條例**之規定行之。

六、有關警察業務之保安、正俗、交通、衛生、救災、營業、建築、市容整理、戶口查察、外事處理等事項，以警察組織法令規定之職掌為主。

七、其他應執行法令事項，指其他有關警察業務。

前項第三款協助偵查犯罪及第六款有關警察業務事項，警察執行機關應編列警察事業費預算。

★綜合整理★

- **警察命令**

  定義：

  1. 警察法並未就警察命令作出明確定義，有學者認為**警察命令**乃指**各級主管警察行政機關**（中央為內政部、直轄市由直轄市政府、縣（市）由縣（市）政府），為達成警察任務，依其**法定職權**或**基於法律授權**，頒定具有強制力量之公的意思表示[6]。因此，學者認為警察命令為**行政命令**，亦即**警察行政命令**之簡稱，發布警察命令是一種警察行政立法作用，**有依其法定職權訂定之命令，有基於法律授權訂定之命令。**

  2. 亦有學者認為警察命令乃是「各級主管警察機關」或**「警察機關本身」**所訂定發布之**行政命令**。雖然警察法施行細則第 10 條規定：「發布警察命令，中央為**內政部**、直轄市由**直轄市政府**、縣（市）由**縣（市）政府**為之」，但部分學者認為，此種說法過於狹隘，**警政署、警察局**等機關亦有發布警察命令之權限，例如：臺北市政府警察局訂頒「臺北市義勇人員傷亡醫恤福利濟助實施要點」[7]。

  6　陳正根（2010）。警察與秩序法研究，五南。

  7　洪文玲、蔡震榮、鄭善印（2005）。警察法規，國立空中警察大學印行。

模擬試題：

___ 1. 司法院釋字第 760 號解釋意旨，認為 100 年之前公務人員特種考試警察人員考試三等考試及格之未具警察教育體系學歷人員，無從取得職務等階最高列警正三階以上職務任用資格，致其等應考試服公職權遭受系統性之不利差別待遇，就此範圍內，而有與下列何種權利之保障不符？

(A) 自由權

(B) 參政權

(C) 財產權

(D) 平等權

___ 2. 下列有關警察職務之遴任權限敘述，何者正確？

(A) 警監職務，由內政部遴任

(B) 警正職務，由行政院遴任

(C) 警佐職務，由縣市政府遴任

(D) 警監職務，由警政署遴任

___ 3. 下列有關「**警察職務之遴任權限**」敘述，何者正確：

(A) 警監職務，由總統遴任

(B) 警監職務，報請行政院遴任

(C) 警正職務，由縣市政府遴任

(D) 警正職務，由行政院遴任

___ 4. 下列關於**警察官規**之敘述，何者錯誤？

(A) 警察官、職分立，官受保障，職得調任

(B) 初任警察官之年齡，警正不得超過 45 歲

(C) 擬任警察官前，擬任機關應就其個人品德實施查核

(D) 警察官等分警監、警正、警佐，均以第一階為最高階

___ 5. 依「警察法」及其施行細則規定，下列哪些屬於警察官規事項？（複選題）

(A) 組織編制

(B) 職務等階

(C) 任免遷調

(D) 官等俸給

(E) 勤務方式

___ 6. 依「警察人員人事條例」規定，原則上**警察人員考試二等考試及格者**，

取得下列何種任官資格？

(A) 警佐一階

(B) 警正四階

(C) 警正三階

(D) 警正二階

___ 7. 下列有關警察**官規**之敘述，何者正確？

(A) 警正警察官由總統任官

(B) 警佐職務得交由縣（市）政府遴任之

(C) 警察官任職，其官階應與職務等階相配合

(D) 特種考試警察人員考試三等考試及格者，得以警佐一階任用之

___ 8. 廣義警察概念之機關，何者有列警察官人員？（複選題）

(A) 海岸巡防機關

(B) 戶政機關

(C) 消防機關

(D) 移民機關

(E) 矯正機關

___9. 下列有關「警察官職採分立制，其官等為**警監、警正、警佐**」之敘述，何者錯誤：

(A) 縣警察局長為警監

(B) 直轄市警察分局長得列警監

(C) 其各官等最高為一階

(D) 巡佐副所長得為警正

___10. 下列有關司法院大法官釋字第 626 號對警察大學碩士班招生簡章色盲考生無法取得入學資格規定之解釋，何者正確？（複選題）

(A) 大學對於教學、研究與學習之事項，享有自治權，惟其自治事項範圍並不包括入學資格在內

(B) 警察大學就入學資格條件事項，明定以體格檢查及格為錄取條件，已逾越自治範圍，與法律保留原則有違

(C) 國民教育學校以外之各級各類學校訂定特定之入學資格，排除資格不符之考生入學就讀，不得謂已侵害該考生受憲法保障之受教育權

(D) 警察工作之範圍廣泛、內容繁雜，職務常須輪調，隨時可能發生判斷顏色之需要，色盲者因此確有不適合擔任警察之正當理由

(E) 警察大學畢業之一般生在校期間不享公費，亦不負有畢業後從事警察工作之義務，所採排除色盲者入學之規定與憲法第 7 條規定牴觸

___11. 警察教育條例第 2 條將**警察教育**分為哪幾類？（複選題）

(A) 養成教育

(B) 進修教育

(C) 專業教育

(D) 常年教育

(E) 深造教育

___12. 下列有關**警察教育**之敘述，何者正確？（複選題）

(A) 警察教育制度，其種類階段屬於中央立法事項

(B) 警察教育機關之設置，在中央應設警察大學，在地方應設警察專科學校

(C) 專科警員班之修業年限二年，為警察養成教育

(D) 警察大學受養成教育之學生，均享受公費待遇及津貼

(E) 警察大學得設警佐班辦理進修教育，得設警正班辦理深造教育

___13. 警察法第 5 條第 6 款例示各種專業警察業務，下列何者不屬之？

(A) 保安警察

(B) 森林警察

(C) 工礦警察

(D) 鐵路警察

___14. 下列何者屬於警察法第五條第六款所稱之**專業警察業務**？

(A) 刑事警察

(B) 航空警察

(C) 外事警察

(D) 國境警察

___15. **內政部掌理全國警察行政**，對各直轄市之警政、警衛事項與縣（市）警衛

事項，具有何種權限？

(A) 指揮命令

(B) 督導考核

(C) 指導監督

(D) 統一協調

___16. 依警察法及施行細則之規定，保安警察派往地方執行職務時，應受下列何

者之**指揮監督**？

(A) 中央警察首長

(B) 當地警察首長

(C) 當地行政首長

(D) 當地法院

___17. 依警察法第 6 條之規定，下列何者兼有對中央刑事警察之指揮監督權？

(A) 當地行政首長

(B) 所屬警察機關長官

(C) 當地法院檢察官

(D) 法務部部長

___18. 依據警察法施行細則第 7 條規定，保安警察派駐地方執行職務時，指揮、監督與連繫規定，下列何者錯誤？（複選題）

(A) 保安警察協助配駐地方警察行政業務，應受當地警察機關首長之指導。

(B) 保安警察與當地警察機關基於治安或業務需要，得互請協助，關於勤分配應會商行之

(C) 保安警察依指揮監督機關首長之命令，執行特定警察業務，對當地警察機關居於配屬地位

(D) 不受直轄市、縣（市）長指揮監督

答案：**1D 2A 3B 4D 5BCD 6C 8AC 9C 10CD 11ABE 12ACE 13A 14B 15C 16C 17C 18CD**

行政命令種類

- **中央法規標準法：**

（1）依據中央法規標準法第 7 條規定，「各機關**依其法定職權**或**基於法律授權**訂定之命令，應視其性質分別下達或發布，並即送立法院」。由此可知，中央法規標準法將行政命令區分為：第一，依其法定職權訂定之**職權命令**，第二，基於法律授權之**授權命令**。

（2）依據中央法規標準法第 3 條之規定，各機關發布之命令，得依其性質，稱**規程、規則、細則、辦法、綱要、標準或準則**。

- **行政程序法**

（1）行政程序法則將行政命令分為**法規命令**與**行政規則**。

▌行政程序法第 150 條（法規命令）

本法所稱**法規命令**，係指行政機關**基於法律授權，對多數不特定人民就一般事項所作抽象之對外發生法律效果之規定**。

法規命令之內容應**明列其法律授權之依據**，並不得逾越法律授權之範圍與立法精神。

▌行政程序法第 159 條（行政規則）

本法所稱**行政規則**，係指上級機關對下級機關，或長官對屬官，依其權限或職權為規範機關**內部秩序及運作，所為非直接對外發生法規範效力之一般、抽象之規定**。

行政規則包括下列各款之規定：

一、關於機關**內部之組織、事務之分配、業務處理方式、人事管理**等一般性規定。

二、為協助下級機關或屬官統一**解釋法令**、**認定事實**，**及行使裁量權**，而訂頒之**解釋性規定及裁量基準**。

小結

1. 警察行政命令（警察命令）基本上又可以分為**法規命令（授權命令）**、**職權命令**、**行政規則**三大類，且發布警察命令是具有「**行政立法作用**」。

警察行政命令（警察命令）		
法規命令 （授權命令）	職權命令	行政規則

2. 警察職權行為，若以作用之形式區分，可分為具體與抽象之警察行為，「**發布警察命令**」屬於**抽象**的警察行為，「違警處分」、「使用警械」、「行政執行」、「協助偵查犯罪」、「執行搜索、扣押、拘提及逮捕」是**具體**的警察行為。

3. 前文曾提到警察命令的**發布主體**，中央是內政部、直轄市為直轄市政府、縣市為縣市政府，但對此學者持有不同見解，狹義見解認為宜採用警察法施行細則第 10 條的規定，**只有內政部、直轄市政府、縣市政府才有發布警察命令的權利**，近來有學者採廣義見解，認為警政署、警察局本身亦有發布行政命令的權利。基此，建議考生仍回歸**狹義**的見解，因為遇有此類題目時，官方所公布的答案仍是以狹義見解為主，**不主張警政署、警察局**亦有發布警察命令之權，也**不主張行政院**有發布警察命令之權，例如：「**警察法施行細則**」發布主體是**內政部**，所以該細則可以歸類為「**警察命令**」，但「違反社會秩序維護法案件處理辦法」乃是由**行政院會同司法院**定之，因為不符合警察法施行細則第 10 條規定的發布主體，所以不宜歸類為實體法上的警察命令，但就廣義而言，仍是屬於警察命令之一。

一、法規命令（授權命令）

（一）法規命令等同**授權命令**，乃是行政機關基於立法機關的委任立法授權，所制訂的法規命令，換句話說，法律對某些事項，預定不在本法律內規定，

而在條文中特別對某些事項，委任行政機關以命令定之，但是**母法之授權必須明確**，包含授權內容、目的與範圍。

（二）授權命令（法規命令）系**直接對外且對人民發生法律效果（權利得、喪、變、更）**之規定。

二、職權命令

（一）行政機關為執行法律之需要，**不必經法律授權，而依其法定職權訂定之警察命令**。例如：內政部為掌理全國警察行政，有發布警察命令職權，訂頒「當鋪業管理規則」（民國 90 年廢止）、「玩具槍管理規則」（民國 91 年廢止），送立法院審查並據以執行。

（二）有學者認為，往昔行政權運作便宜行事，許多須以法律規定或以法律明列其授權依據之規定，卻以職權命令定之，所以近年職權命令已受到嚴密監控與限縮，其合法性應透過下列三要件之檢驗：1. 發布機關依組織法規定**有管轄權限**；2. 為執行某一法律而有必要；3 其內容僅限於**細節性及技術性**事項（參閱大法官釋字第 443 號解釋，**細節性及技術性**事項無須法律保留）。

三、行政規則

（一）關於機關**內部組織、事務之分配、業務處理方式、人事管理**等一般性規定。

1. **內部組織**：例如：內政部警政署刑事警察局辦事細則、內政部警政署警察通訊所辦事細則、內政部警政署國道公路警察局辦事細則、內政部警政署鐵路警察局辦事細則。

2. **事務之分配**：內政部警政署保安警察第一、四、五總隊協助各警察機關維護治安工作執行要點、內政部警政署保安警察第七總隊與各級警察機關權責劃分及工作聯繫要點。

3. **業務處理方式**：警察機關辦理人民申請集會遊行作業規定（保安組）、各級警察機關處理刑案逐級報告紀律規定（刑事局）、特種工商業範圍表（行政組）、警察機關處理國家賠償事件注意事項（法制室）。

4. **人事管理**：警察人員功標、年資標頒給及佩帶要點、警察人員服務證發給及管理要點、警察人員外勤員警超勤加班費核發要點。

（二）訂頒之**解釋性規定及裁量基準**：

1. **解釋性規定**（實務上多以令或函的方式作成解釋性規定）：

(1) **警械使用條例**第11條之解釋令（100年5月18日內政部台內警字第1000890243號令發布，解釋「因而致第三人受傷、死亡或財產損失者」認定基準）。

(2) **當鋪業法**第4條之解釋令（100年12月9日內政部台內警字第1000890708號令發布，解釋縣市人口「起算日」認定基準）。

2. **裁量性基準**

(1) 違反當鋪業法案件裁罰基準表。

(2) 違反保全業法事件裁罰基準表。

四、法規命令（授權命令）、職權命令、行政規則區別

區別	法規命令 （授權命令）	職權命令	行政規則
法源依據	法律授權	法定職權 （無須法律授權）	法定職權 （無須法律授權）
使用名稱	規程、規則、細則、辦法、綱要、標準、準則（中央法規標準法第3條）		辦事細則、要點、注意事項、規範、表、程序、守則等
訂定程序	1. 草案研擬 2. 草案預告 3. 陳述意見或聽證 4. 核定發布 5. 送立法院備查	1. 發布 2. 送立法院備查	下達、佈告、通報，無須送立法院，但**解釋性規定與裁量性基準須發布（登載政府公報發布之）**
發生效力	外部效力 （外部法）		內部效力 （內部法）
規範對象	一般人民		下級機關或部屬
遵守原則	法律保留原則、法律優位原則		法律優位原則

警察法第 10 條

警察所為之**命令**或**處分**，如有違法或不當時，**人民得依法訴請行政救濟。**

一、說明：

警察法第 10 條稱「警察所為之命令」，並不是第 9 條所發布的警察命令（警察行政命令），此處所謂「警察所為之命令」是一種行政處分的性質（下命處分），也就是命令他人做或不做某些特定的事情，而且還有忍受的義務，講白話

一點，可以理解成「警察要我往東就要往東，往西就要往西，警察叫我做就做，叫我不能做就不能做」。

二、警察處分（警察行政處分）定義

（一）警察法第 10 條稱「**警察所為之命令或處分**」，若參照行政程序法第 92 條，可以解釋為**警察機關**基於職權，**就公法上具體事件所為之決定或其他公權力措施，而對外直接發生法律效果之單方行政行為**，所以將警察處分定位成「**警察行政處分**」，定義就更加明確。

（二）勿將員警因違紀而被處申誡、記過或記大過之情事，也視為警察行政處分的一環，二者乃是大相逕庭的概念，前者乃是一種**懲處**，除非是個人權利與義務產生得、喪、變、更的情形，才可稱為行政處分，例如：員警被免職、免官。

▌行政程序法 92 條（行政處分）

本法所稱**行政處分**，係指**行政機關**就**公法上具體事件所為之決定或其他公權力措施而對外直接發生法律效果之單方行政行為**。

▌行政程序法 150 條（法規命令）

本法所稱法規命令，係指**行政機關**基於法律授權，**對多數不特定人民就一般事項所作抽象之對外發生法律效果之規定**。

名稱	制定機關	內容	對象	性質
警察 行政處分	警察機關 警察人員	**已經發生**，特定、具體事件	特定	動態的行政處分
警察 法規命令	內政部 直轄市政府 縣市政府	**未來可能發生**，作一般、抽象性之規定	非特定	靜態的法規命令

警察大人提醒你

◎**警察行政處分**與**警察法規命令**之間的關係

警察法規命令是**警察行政處分**之依據，**警察行政處分**是**警察法規命令**之實施，**警察行政處分**若沒有**警察法規命令**之依據，便是違法，無法律效果，**警察法規命令**是靜態、抽象的規定，若無**警察行政處分**，則只是具文，警察目的無從實現。

（三）警察處分具有下列特色：

1. 警察機關之行為：

(1)乃是警察機關基於職權所為，也就是中央或地方警察機關基於職權所為，有學者認為行政程序法第 92 條所規定的行政機關，不必拘泥於行政院及所屬機關，而指**凡實質上能代表國家行使行政權之組織體**即可。

(2)「**警察所為之處分**」只限於警察機關，或是可包括個別警察人員？

當然可以包括警察人員，因為**警察法**所稱的警察，乃是警察機關與警察人員為達成任務、行使職權或執行有關法令之總稱，所以當然包括個別警察官；交通警察獨自一人在馬路上指揮交通，要求行人或駕駛人按照交通手勢方向行進，就是一種行政處分。

2. 警察機關之公法行為：

(1) 僅限於**公法**上的行為，**不包括**行政機關以私法之手段，達成其目的之行為，所以警察處分是警察機關之公法行為，也就是行政程序法第 92 條所提到的「**公法具體事件所為之決定**」或「**其他公權力措施**」。

(2)「**公法具體事件所為之決定**」是行政機關須適用公法之規定，予以處理之具體事件，就警察處分而言，警察機關須適用社會秩序維護法、集會遊行法、槍砲彈藥刀械管制條例、行政執行法等供法之規定，予以處理之具體事件。

(3) 就警察機關「**其他公權力措施**」而言，最具體乃是警察職權行使法第 2 條第 2 項所規定的職權。

3. **個別具體案件**：警察處分是依據**警察法令**對於**特定具體事件**所為之決定。

(1) 察機關依據集會遊行法准駁民眾的申請，集會遊行法就是警察法令，民眾申請集會遊行就是**特定具體事件**，符合申請要件者予以核准，不符合申請要件者予以拒絕，即是**警察處分**。

(2) 又以社會秩序維護法為例，第 63 條規定「無正當理由攜帶具有殺傷力之器械、化學藥劑或其他危險物品者」，處 3 日以下拘留或新臺幣 3 萬元以下罰鍰，若有民眾無正當理由攜帶開山刀就是**特定具體事件**，被處 3 日以下拘留或新臺幣 3 萬元以下罰鍰便是**警察處分**。

(3) 此處須注意，「**警察法規命令**」是對於**將來不特定之事實為一般性、抽象性之規定**，而「**警察行政處分**」則是依據法律或警察法規命令**對特定具體事件所為的決定**。

(4) 具體事件之判斷，應分為二層面。其一，事件相對人，依處分作成時為判斷，**應為特定而非一般**。其二，就事件本質而言，應為**具體而非抽象**。如**相對人不特定、事件抽象者**，應為**法規命令**。

4. **單方行政行為**：乃是警察機關所作單方面意思表示，警察處分是行使警察職權之意思表示，具有公法上一定效果，無須以人民之同意作為成立要件，如需以人民之同意方得成立之雙方行為，應屬**行政契約**。

5. **發生法律效果（法效性）**：

(1) 警察機關就公法具體事件所作決定與處理而**發生法律效果**的行為，換句話說，警察機關在行使職權時，對於個別案件作成決定而加以處理，因此發生法律效果。例如：警察機關要求非法集會人員解散，只依警察單方意思表示，毋庸徵詢對方同意，便發生國家與人民公法上效果；又例如：警察依警察職權行使法

第 21 條規定，警察對軍器、凶器或其他危險物品，為預防危害之必要，得扣留之，同樣是發生法律效果。

(2) 行政處分之**法效性**，係指直接發生法律效果而言，不包括行政機關之單純事實行為，例如：告知經辦事件之進度、說明事實等等（**就警察機關而言，事實行為主要有「內部行為」、「認知表示」、「實施行為」、「強制措施」4 種**），因為不直接對人民權利發生影響，自不屬於行政處分之概念。

名稱	內容
內部行為	行政機關與行政機關之間、行政機關內部單位之意見交換、文書往來、資料提供。
認知表示	最常見的案例為「**觀念通知**」，不會引起法律效果，例如；1. 警察機關為調查違反社會秩序維護法的案件，通知嫌疑人、證人或關係人之行為；2. 警察機關對於某一事件之真相及處理經過通知當事人，如未損及其權益，亦屬觀念通知，例如：人民申請案件，警察機關答覆「暫緩辦理」，若答覆「不再受理」，則有行政處分性質；3. 警察機關對於人民請求釋示法令疑義所表示的意見。
實施行為	例如：運用線民、對集會遊行活動實施錄影蒐證、巡邏、印指紋、製作筆錄、裝設監視器等等；基本上警察執行勤務是**事實行為**，因為不發生任何法律效果，但如果遇有民眾交通違規，依道路交通管理處罰條例製單舉發，處罰違規行為，發生法律效果，即是行政處分。
強制措施	警察機關運用物理強制力，以實現行政處分之內容，間接強制、直接強制、即時強制為典型的強制措施，例如：拖吊車輛、代履行、註銷證照、斷水斷電等，有關強制方法之告誡、核定，性質屬於行政處分，而此些方法的使用，是事實行為。

小結：

由上可知，警察處分有 5 要素：**1. 警察機關之行為；2. 警察機關之公法行為；3. 個別具體案件；4. 單方行政行為；5. 發生法律效果（法效性）**。考試常常出現「下列何種行為屬於行政處分？」之類的考題，所以考生必須學會如何判斷。

警察大人提醒你

◎簡要判斷原則如下：

1.「行政處分」主要**特徵**在於有法律效果（法效性），因而產生**規範作用（規制性）**，**也就是對人民的權利或義務產生「規制作用」**，因此，自己的權利或義務會產生得、喪、變、更的法律效果。例：申請獵槍持有執照被駁回、因酒駕而吊銷執照、因違反法令需繳納各類罰鍰等。

2. 關於該項特徵之認定，有學者認為應從警察機關表示**於外部之客觀意思加以認定，至於方式為何並不是重點**，例如：以文書、標誌、符號、口頭、手勢等方式皆可，只要具有**規制作用**，就可視為行政處分（參照大法官釋字第 423 號解釋）。所以警察行為是否為行政處分，重點在於有無**依警察機關的表示而發生法律效果**，至於其用語、形式以及是否有後續行為，或有無記載不得聲明不服之文字，皆非判斷之標準。

大法官釋字第 423 號解釋

行政機關行使公權力，就特定具體之公法事件所為對外發生法律上效果之單方行政行為，皆屬行政處分，**不因其用語、形式以及是否有後續行為或記載不得聲明不服之文字而有異**。若行政機關以**通知書**名義製作，直接影響人民權利義務關係，**且實際上已對外發生效力者**，如以仍有後續處分行為，或載有不得提起訴願，而視其為非行政處分，自與憲法保障人民訴願及訴訟權利之意旨不符。

三、警察處分（警察行政處分種類）

（一）個別處分與一般處分

1. 此種處分是依處分相對人係**特定人**或**不特定人**而判定。

2. **個別處分**：警察機關就公法上具體事件所為決定或其他公權力措施，對外發生法律效果之表示，若對象是特定人，就稱為「個別處分」。例如：張三向警察分局申請路權，張三就是特定人，警察分局之後的准與不准，就是「**個別處分**」。

3. **對人之一般處分**：假使警察機關的決定或措施之相對人非特定，而依**一般性特徵可確定其範圍者**，稱為「對人之一般處分」，也可以適用於行政處分之規定，例如：命令非法集會遊行的民眾解散，交通警察手勢或紅綠燈號誌，係將行經該處所的駕駛人或行人作為規制對象。

4. **對物之一般處分**：公物之設定、變更、廢止或其一般使用者，稱為「對物之一般處分」，主要以「公物」作為規範重點，至於相對人是特定人或可得確定人，則非所問。例如：警察機關在某處所設立「禁止設攤」、「禁止停車」、「禁止進入」、「禁止販賣」等牌示，**係針對「道路」之一般使用（所有車輛駕駛人或行人利用道路）有所規範，也適用行政處分之規定。**

警察大人提醒您

此處同時注意：「警告標示、指示標示、禁止標示」三者的區別，選擇題型容易出現。

(1) 警告標示：例如：前處落石容易滑落、此路段容易發生交通事故等，此乃提高警覺，沒有發生任何法律效果，實際上沒有規制作用。

(2) 指示標示：例如：中正一分局在前方 20 公尺處、前方路口請右轉等，同

樣沒有規制作用，稱為「行政指導」（以輔導、協助、勸告、建議或其他不具法律上強制力之方法，促請特定人為一定作為或不作為之行為）。

(3) 禁止標示：旨在對民眾的行進方向有所規制，具有規範效果，為一般處分。

▌行政程序法第 92 條第 2 項

前項決定或措施之相對人雖非特定，而依一般性特徵可得確定其範圍者，為**一般處分**，適用本法有關行政處分之規定。有關公物之設定、變更、廢止或其一般使用者，亦同。

（二）下命處分、形成處分、確認處分

1. 下命處分（作為、不作為、忍受、給付處分）：

(1) 作為下命處分：命令人民為一定行為之處分，例如：命令解散非法的集會遊行、旅客須經 X 光機檢查、命令商家要裝設消防設備、徵兵、納稅等。

(2) 不作為下命處分：禁止人民為某特定行為之處分，又稱為禁止令。例如：警察為排除危害，得禁止人車進入警戒區；安檢未符合規定者，禁止營業；未領有駕照者，禁止上路；集會遊行申請未准者，禁止上街；超載車輛者，禁止通行。

(3) 忍受下命處分：命令人民在警察機關實施盤查、臨檢或即時強制時，負有不得抗拒之忍受義務，例如：對家宅、工作處所進入，對物品實施扣留、對人實施管束等，相對人有忍受的義務。

(4) 給付處分：命令人民有金錢或物品給付義務之處分，例如：人民向警察機關申請警察刑事紀錄證明（俗稱良民證），命令民眾依規定繳納工本費；或代執行時，命令民眾繳納代執行所支費用。

2. 形成處分：

指行政處分內容是在**設定、變更或消滅具體之法律關係、權利、資格或法律地位之**處分，簡單的說，就是變更法律或產生法律關係，例如：核發執照、撤銷執照、外國人歸化本國籍、警察人員被免職、警察人員之任命、免除某人服兵役義務、核發專利、解散人民團體、警專學校學生被退學等。

3. 確認處分：

係指**權利或義務存在與否，人、物的資格或性質進行認定之處分，換句話說，乃就一定之事實問題或法律問題，為認定之表示**，簡單的說，就是進行重覆確認的動作，例如：依據警察職權行使法判定是否符合治安顧慮人口；使用警械毀損他人財產而賠償費用之認定；警專學生身家調查是否合格之認定；玩具槍是否有殺傷力之認定；警察人員服務年資之認定；警察人員退休金額之核定；民眾是否具有中央警察大學學歷之認定。

（三）無附款處分、有附款處分

1. **無附款（無條件、單純）處分**：行政機關所為處分之意思表示，未付任何限制，即完全發生法律之效果，通常行政處分多屬之。

2. **附款處分**：

乃指行政機關所為處分意思之表示，附加某種限制，使其法律效果之發生繫於將來事實之形態或演變，行政處分的付款種類如下：

(1) **期限**：在一定期間內，許可才有效，在此期間的前後都不生效力。

• 附始期者：0年0月0日始得營業；0月0年0日道路開放通行。

• 附終期者：准許室外集會遊行至0年0月0日止；某處設置攤販有效期限至0年0月0日止。

(2) **條件**：給予利益或課予負擔之發生或消滅，繫於將來不確定事實而言。

• 附停止條件：附條件成就時，許可才發生效力，例如：完成某種設備，始准許營業；加裝某種設備，始准許通行。**（沒有→享有）**

• 附解除條件：附條件成就時，許可失去效力，例如：不改善某種設備，營業許可失其效力。未加裝某種設備，其通行許可，失其效力。**（享有→沒有）**

(3) **負擔**：行政機關對於處分之內容附有負擔條款，而義務人須遵守特定義務，處分才會有效。例如：警察機關許可某甲申請集會遊行，但須派人維持交通

秩序之義務，若未履行此義務，集會遊行許可失其效力。

(4) **保留行政處分之廢止權**：即行政機關許可時，聲明於**未來必要時，仍得廢止許可之謂**。例如：准許民眾在某處設攤，但後來若因為交通上必要時，禁止設攤；准許民眾擔任保全人員，但若超過一定年齡或行動有不便者，廢止保全人員資格；准許外國人入境，但附加不得在台就業之限制，違反該限制，將註銷入境許可

(5) **保留負擔之事後附加或變更**：指行政機關作成行政處分時，保留**事後附加、變更或補充負擔之權限而言**，例如：縣市政府雖然核准民眾經營當鋪業，但對於日後犯罪率的提升仍持保留意見，故在核准設立的行政處分中保留「日後轄內搶奪案件達一定比例時，須設置監視錄影系統」之負擔。

▌行政程序法第 93 條

行政機關作成行政處分有裁量權時，得為附款。無裁量權者，以法律有明文規定或為確保行政處分法定要件之履行而以該要件為附款內容者為限，始得為之。

前項所稱之附款如下：

一、期限。

二、條件。

三、負擔。

四、保留行政處分之廢止權。

五、保留負擔之事後附加或變更。

四、警察事實行為。

（一）警察事實行為態樣除了前揭所提到的「內部行為、認知表示、實施行為、強制措施」四大類型外，在考試中常出現的事實行為還有：

1.勤務行為：

值班、守望、巡邏、臨檢、路檢、家戶訪查、**對聚眾活動施以警告**等。

2. 內部行為：

勤務指揮、資訊處理、文書處理、公文往返、提供資料、意見交換。

（二）行政處分與事實行為

1. 行政處分與事實行為兩者皆是行政機關的行政行為，針對具體事件所為之決定，**只是行政處分之意思表示，具有法律拘束性，而發生了法律效果（權利義務發生得、喪、變、更的效果），而事實行為只是單純行政行為，不具規制性的法律效果。**

2. 兩者雖然有別，但也存有互動關係，說明如下：

(1)「事實行為」是「行政處分」前的**準備行為**：行政機關內部的文書處理、公文往返、內部調查等。

(2)「事實行為」是「行政處分」前的**通知行為**：通知、傳喚相對人解釋或說明案情。

(3)「事實行為」是「行政處分」後的**執行行為**：例如：相對人被處以罰鍰或拘留之行政處分，那麼後續罰鍰的繳納、拘留的執行就是一種事實行為；又例如：行政機關宣告相對人的違章建築物須拆除的行政處分，那麼拆除建築物的行為也是一種事實行為。

五、警察救濟

• 警察法第 10 條規定，警察所為之命令或處分，如有違法或不當時，人民得依法訴請**行政救濟**。基本上，行政救濟以提起**訴願**或**行政訴訟**為原則，但某些特殊領域，因案件具有專門性、技術性且數量多，所以會有另外的救濟程序。

• 在警察法令中，**警察職權行使法**有表示**異議、訴願、行政訴訟、損害賠償、損失補償**之救濟規定，**社會序維護法**有**聲明異議、抗告**之救濟規定，**道路交通管理處罰條例**有**行政訴訟（民國 100 年 11 月 23 修正）**之救濟規定，**集會遊行法**有**申復**之救濟規定。綜上，警察實務中常見的救濟方法有**訴願、行政訴訟、聲明異議、損害賠償、損失補償、申復**等規定。

（一）訴願

1. 適用範圍

(1) 人民對於中央或地方警察機關之**行政處分**，認為違法或不當，致損害其權利或利益者，得依**訴願法**之規定，提起**訴願**。但法律另有規定者，從其規定，而訴願的特別規定如前揭所述（社會秩序維護法之聲明異議、抗告，集會遊行法之申復等等）。

(2) 人民因中央或地方警察機關對其**依法申請之案件**，於法定期間內應作為而不作為，認為損害其權利或利益者，亦得提起訴願。例如：民眾發生交通事故，遂向警察分局交通分隊申請交通事故研判表等資料，該單位卻置之不理，民眾若認為有害其權利或利益，亦得提起訴願。

2. 訴願之基本要件

(1) **警察機關所為行政處分須違法或不當**：違法的行政處分，是指違反各項法令的處分；不當的處分，是指合法但卻不妥適的處分，訴願對兩者都可以提起（但行政訴訟僅可對於違法的行政處分）。

(2) **須由權利或利益受損害的人提起**：受損害的人並不以直接處分人為限，依據訴願法第 42 條規定，自然人、法人、非法人之團體或其他受行政處分之相對人及利害關係人得提起訴願，所以第三人因警察機關的行政處分導致權利或利益遭受侵害時，同樣可以提出訴願。

(3) 須對原處分機關的上級機關提起：訴願須向原處分機關的**上級機關**提起，行政訴訟則是由行政法院審理。

	原處分機關	訴願管轄機關
1	鄉（鎮、市）公所	縣（市）政府
2	縣（市）政府所屬各級機關	縣（市）政府
3	縣（市）政府	中央主管部、會、行、處、局、署
4	直轄市政府所屬各級機關	直轄市政府
5	直轄市政府	中央主管部、會、行、處、局、署

6	中央各部、會、行、處、局、署所屬機關	中央各部、會、行、處、局、署
7	中央各部、會、行、處、局、署	中央主管院
8	中央各院	原院

訴願法第 1 條

人民對於中央或地方機關之行政處分，認為違法或不當，致損害其權利或利益者，得依本法提起訴願。但法律另有規定者，從其規定。

各級地方自治團體或其他公法人對上級監督機關之行政處分，認為違法或不當，致損害其權利或利益者，亦同。

訴願法第 2 條

人民因中央或地方機關對其依法申請之案件，於法定期間內應作為而不作為，認為損害其權利或利益者，亦得提起訴願。

前項期間，法令未規定者，自機關受理申請之日起為二個月。

訴願法第 3 條

本法所稱行政處分，係指中央或地方機關就公法上具體事件所為之決定或其他公權力措施而對外直接發生法律效果之單方行政行為。

前項決定或措施之相對人雖非特定，而依一般性特徵可得確定其範圍者，亦為行政處分。有關公物之設定、變更、廢止或一般使用者，亦同。

訴願法第 4 條

訴願之管轄如下：

一、不服鄉（鎮、市）公所之行政處分者，向縣（市）政府提起訴願。

二、不服縣（市）政府所屬各級機關之行政處分者，向縣（市）政府提起訴

願。

三、不服縣（市）政府之行政處分者，向中央主管部、會、行、處、局、署提起訴願。

四、不服直轄市政府所屬各級機關之行政處分者，向直轄市政府提起訴願。

五、不服直轄市政府之行政處分者，向中央主管部、會、行、處、局、署提起訴願。

六、不服中央各部、會、行、處、局、署所屬機關之行政處分者，向各部、會、行、處、局、署提起訴願。

七、不服中央各部、會、行、處、局、署之行政處分者，向主管院提起訴願。

八、不服中央各院之行政處分者，向原院提起訴願。

▌訴願法第 18 條

自然人、法人、非法人之團體或其他受行政處分之相對人及利害關係人得提起訴願。

（二）行政訴訟

• 行政法院分為**地方法院行政訴訟庭**、**高等行政法院**與**最高行政法院**，審理行政訴訟案件。有些行政訴訟須**先提起訴願**，例如：**撤銷訴訟**（行政訴訟法第 4 條）、**課予義務訴訟**（行政訟訴法第 5 條），有些行政訴訟**無須先起訴願**，例如：提起行政處分**確認訴訟**（行政訴訟法第 6 條）、提起**一般給付之訴**（行政訴訟法第 8 條），另外相當於訴願程序，而其救濟名稱並非是「訴願」者，例如：公務人員保障法得對於免職處分申請**復審**，仍然針對行政處分所為之救濟，其不服復審之決定者，亦得提起行政訴訟（亦是考試最常見的類型）。

• 人民與警察機關之間產生的公法爭議，皆可向行政法院提出行政訴訟之救濟，行政訴訟可分為 3 種類型：**撤銷訴訟、確認訴訟、給付訴訟**。

1. **撤銷訴訟**行政訴訟法第 4 條第 1 項規定，「人民因中央或地方機關之**違法行政處分**，認為損害其權利或法律上之利益，經依**訴願法提起訴願而不服其決**

定，或提起訴願逾三**個月**不為決定，或延長訴願決定期間**逾二個月**不為決定者，得向**行政法院**提起**撤銷訴訟**。逾越權限或濫用權力之行政處分，以違法論。**訴願人以外之利害關係人**，認為第一項訴願決定，損害其權利或法律上之利益者，得向行政法院提起撤銷訴訟。」要件如下：

(1) 訴訟客體：須主張有**違法**的**行政處分**存在，此處僅針對「違法」的「行政處分」，如果是**不當**（合法而不適當）的行政處分，僅能提出訴願。

(2) **前提要件：訴願前置主義**

• 提起撤銷訴訟之前，須先經訴願程序，主要是先行給予行政機關自我審查機會，釐清問題。

• 依法提起訴願而不服其決定，或提起訴願逾三個月不為決定，或延長訴願決定期間逾二個月不為決定者，然後才可向**行政法院**提起訴訟。

(3) **訴訟期間限制**：撤銷訴訟應於**訴願決定書**送達後**二個月內**提，但若是訴願人以外之利害關係人知悉在後者，自知悉時起算。（行政訴訟法 106 條）

(4) **訴訟目的：撤銷現在有效存續之行政處分**。例如：甲是某校的學生，甲並沒有偷竊，卻在同學與師長誤會之下指控偷竊，校方不察竟將甲退學處分，甲認為校方所作的處分是違法的，在依法提起訴願之後，就可向行政法院提起撤銷訴訟，撤銷開除學籍的原處分。例如：甲申請營業登記，經濟部卻作出不准登記營業許可的處分，且甲認為經濟部所作的處分是違法的，因此甲必須提起撤銷訴訟，撤銷不准登記營業許可的處分。又例如：甲收到所得稅繳納通知單，其中所載應繳稅額明顯於法有違，此時甲得經依法訴願後，提起撤銷訴訟，要求撤銷原課稅處分。

2. 確認訴訟（無效確認、續行確認、一般確認之訴）

(1) **訴訟類型**：依行政訴訟法第 6 條規定，確認訴訟可分為三種：①確認行政處分無效，得提起**無效確認之訴**。②確認已執行完畢或已消滅之行政處分違法與否，得提起**續行確認之訴**。③確認公法上法律關係成立或不成立，得提起**一般確認之訴**。

(2) **訴訟客體**：是要確認無效的行政處分、已執行完畢或已消滅的行政處分違法與否、公法上的法律關係成立或不成立。

(3) **訴訴要件**：

• 無論是「無效確認之訴」、「續行確認之訴」或「一般確認之訴」，原告須有「**即受確認判決之法律上利益**」[8]，始可提起，且確認之訴**無須先進行訴願程序**。（行政訴訟法第6條第1項）

• 提確認**行政處分無效的訴訟**，必須**先向原處分機關**請求確認無效未被允許，或請求確認經過30日後，該機關未為確定的答覆，才可提起訴訟。（政訴訟法第6條第2項）**民眾→向原處分機關請求確認，未被允許或請求確認經過30日後，未確答→提無效確認之訴。**

• 行政處分**無效**須符合行政程序法第111條之規定。

行政處分有下列各款情形之一者，無效：

一、不能由書面處分中得知處分機關者。

二、應以證書方式作成而未給予證書者。

三、內容對任何人均屬不能實現者。

四、所要求或許可之行為構成犯罪者。

五、內容違背公共秩序、善良風俗者。

六、未經授權而違背法規有關專屬管轄之規定或缺乏事務權限者。

七、其他具有重大明顯之瑕疵者。

---

8 最高法院52年台上字第1240號判例：「確認之訴非原告有即受確認判決之法律上利益者，不得提起。所謂即受確認判決之法律上利益，**係指法律關係之存否不明確，原告主觀上認其在法律上之地位有不安之狀態存在，且此種不安之狀態，能以確認判決將之除去者而言，若縱經法院判決確認，亦不能除去其不安之狀態者，即難認有受確認判決之法律上利益。**」

- **確認訴訟之補充性：**

① 確認訴訟，於原告得提起或可得提起**撤銷訴訟、課予義務訴訟或一般給付訴訟者**，不得提起之。但**確認行政處分無效之訴訟**，不在此限。換句話說，確認**行政處分無效、公法上法律關係成立或不成立**之訴訟，以及**已執行完畢或已消滅之行政處分違法與否**之訴，若得提撤銷訴訟、課予義務訴訟或一般給付訴訟者，則<u>不得</u>提起之，此乃確認訴訟之補充性，避免濫訴。（行政訴訟法第 6 條第 3 項）

② 因此，除了「確認行政處分無效訴訟」外，原告應優先使用撤銷訴訟、課予義務訴訟、一般給付訴訟來達到救濟自己權利方為正途，否則對於「違法行政處分」僅確認其違法而不加以撤銷或變更，原處分依舊存在違法狀態仍未去除，行政處分依舊具有效力，提起確認行政處分違法或存否之訴無法真正達到權利救濟目的。

例一 甲在高速公路上被警察開超速罰單，但甲主張自己沒有超速，這時甲只要向行政法院提起**撤銷訴訟**即可，也就是請求撤銷罰單，何必提起「公法上法律關係成立或不成立」之一般確認之訴。

例二 又比如甲向警察機關申請獵槍執照，警察機關怠而不理，其實甲只要提起**課予義務訴訟**即可，行政法院就會判命警察機關趕快准駁證照的核發，何須提起「公法上法律關係成立或不成立」之一般確認之訴。

▌行政訴訟法第 6 條

- **確認行政處分無效**及**確認公法上法律關係成立或不成立之訴訟，非原告有即受確認判決之法律上利益者**，不得提起之。其**確認已執行而無回復原狀可能之行政處分**或**已消滅之行政處分為違法**之訴訟，亦同。

- **確認行政處分無效**之訴訟，須已向原處分機關請求確認其無效未被允許，或經請求後於三十日內不為確答者，始得提起之。

• 確認訴訟，於原告得提起或可得提起撤銷訴訟、課予義務訴訟或一般給付訴訟者，不得提起之。但確認行政處分無效之訴訟，不在此限。

• 應提起撤銷訴訟、課予義務訴訟，誤為提起確認行政處分無效之訴訟，其未經訴願程序者，行政法院應以裁定將該事件移送於訴願管轄機關，並以行政法院收受訴狀之時，視為提起訴願。

(4) 訴訟結果：前揭確認之訴的判決，**並不會具有創設、變更、或撤銷之法律效果，其原意亦不在於強制執行之實施，而只是在確認當事人法律關係之爭議狀況**，換句或說，**確認訴訟以追求確定判決的既判力加以確認為目標**。

(5) 確認訴訟與警察行為一時性、物理性等**撤銷無實益**的特質有關者為「**確認已執行完畢或因其它事由而消滅之行政處分為違法之訴**」，因為警察處分通常是一時性的干預措施，且**不具有回復原狀之可能性，請求撤銷並無實益**。

• 例如：警察人員對民眾進行攔停盤查，進一步詢問其身分，這種性質就是一時性的干預措施，攔停、詢問動作已經完成，不能回到當初的原狀，又比如警察機關未依集會遊行法規定，立即強制解散合法申請集會的民眾，同樣是一時性措施，就像潑出去的水，做了就做了，不可能再挽回，所以面臨這些一時性措施且具有不可回復可能性的情形（例如：查證身分、檢查車輛、進入營業處所、檢查持有物品等），透過訴願撤銷原處分是無意義的，因此可藉由「**確認已執行完畢或已消滅之行政處分違法與否**」之評斷，得提起**續行確認之訴**。

• 「確認判決」會發生下列某些效果：
① 警示作用：遏止行政機關重複做出違法處分。
② 還其清白：確認對人民之行政處分是違法的。

(6) 凡有回復原狀可能者，均應以行政訴訟法第 196 條為依據，提起撤銷訴訟。故行政訴訟法第 6 條第 1 項後段確認已執行完畢行政處分為違法之訴，僅適用於**無回復原狀可能**之情形。**對於回復原狀的理解，應係指得回復應有狀態，**

例如：撤銷退學處分，得回復學籍，自有回復原狀之可能。而對於拆除違章建築處分已執行完畢，則無可能回復原狀。

3. 給付訴訟

給付訴訟可針對是「行政處分」或「非行政處分」而有所不同。

(1) 行政處分

• 課予義務訴訟類型：

原告請求之給付係針對行政處分者，乃**課予義務訴訟**，又分為下列二種：

① **對怠為處分提起訴訟（怠為處分之訴訟）：依據行政訴訟法第 5 條第 1 項規定，人民因中央或地方行政機關對其依法申請之案件，於法定期間內應作為**而不作為，認為其權利或法律上利益受損害者，**經依訴願程序後**，得向高等行政法院提起請求**該機關應為行政處分或應為特定內容之行政處分之訴訟。**

② **對駁回處分提起訴訟（拒為處分之訴訟）：**依據行政訴訟法第 5 條第 1 項規定，人民因中央或地方行政機關對其依法申請之案件，予以駁回，認為其權利或法律上利益受損害者，**經依訴願程序後**，得向高等行政法院提起請求**該機關應為行政處分或應為特定內容之行政處分之訴訟。**

• **課予義務訴訟目的：**人民針對行政機關對於其依法申請案件怠為處分或拒絕其依法申請案件情形，侵害其權利或法律上之利益，經訴願程序仍無法救濟者所提起之訴訟，**其目的不僅僅推翻有效存續之行政處分，更在於積極取得特定內容之行政處分**，在保護人民權益觀點上，更為具體而具有實效性。

▌行政訴訟法第 5 條

　　人民因中央或地方機關對其依法申請之案件，**於法令所定期間內應作為而不作為**，認為其權利或法律上利益受損害者，經依**訴願程序**後，得向行政法院提起請求該機關應為行政處分或應為特定內容之行政處分之訴訟。（**怠為處分之訴訟**）

　　人民因中央或地方機關對其依法申請之案件，**予以駁回**，認為其權利或法律上利益受違法損害者，經依**訴願程序**後，得向行政法院提起請求該機關應為行政處分或應為特定內容之行政處分之訴訟。（**拒為處分之訴訟**）

(2) 非行政處分

• 訴願、撤銷訴訟都須以「**行政處分**」存在為前提，但事實行為（觀念通知、行政指導、行政調查）並未直接發生法律效果，不是行政處分，所以不能提起訴願或撤銷訴訟。因此，必須以行政訴訟法第 8 條第 1 項作為救濟之方法。

▌行政訴訟法第 8 條

人民與中央或地方機關間，因公法上原因發生**財產上之給付**或**請求作成行政處分以外之其他非財產上之給付**，得提起**給付訴訟。因公法上契約發生之給付，亦同。**

前項給付訴訟之裁判，以行政處分應否撤銷為據者，應於依第四條第一項或第三項提起撤銷訴訟時，併為請求。原告未為請求者，審判長應告以得為請求。

• 訴訟目的：**在於請求行政法院判命被告為「行政處分以外」之其他公法給付**，包含金錢給付、其他作為、不作為等行為，稱為**一般給付訴訟**。一版給付訴訟又可分為下列二種：

① **金錢支付請求權**：此種訴訟不限於以機關作為被告，機關亦可對人民提起訴訟。前者如公務人員請求加班費之請領，後者如機關請求人民履行依行政契約所產生之金錢給付義務。

② **請求作成行政處分以外其他非財產上給付**：也就是請求被告為其他特定之作為或不作為等行政事實行為。

撤銷訴訟、確認訴訟、給付訴訟之比較

名稱	類型	先行訴願
撤銷訴訟	撤銷違法行政處分訴訟 §4	有
確認訴訟	確認行政處分無效訴訟 §6	無
確認訴訟	確認已執行完畢或因其它事由而消滅之行政處分為違法之訴訟 §6	無
確認訴訟	確認公法上法律關係成立或不成立 §6	無
給付訴訟	課予義務訴訟 §5	有
給付訴訟	一般給付訴訟 §8	無

大法官釋字第 785 號解釋

【釋字第 785 解釋重點摘要】

1. 訴訟權之內涵與公務員權利救濟

憲法第 16 條保障人民訴訟權，係指人民於其權利遭受侵害時，有請求法院救濟之權利。基於有權利即有救濟之憲法原則，人民權利遭受侵害時，必須給予向法院提起訴訟，請求依正當法律程序公平審判，以獲及時有效救濟之機會，不得僅因身分之不同，即予剝奪。公務人員與國家間雖具有公法上職務關係，但其作為基本權主體之身分與一般人民並無不同，本於憲法第 16 條有權利即有救濟之意旨，人民因其公務人員身分，與其服務機關或人事主管機關發生公法上爭議，認其權利遭受違法侵害，或有主張權利之必要，自得按相關措施與爭議之性質，依法提起相應之行政訴訟，並不因其公務人員身分而異其公法上爭議之訴訟救濟途徑之保障。

2. 系爭規定一，並不違反訴訟權之保障

系爭規定一係公務人員對於服務機關所為之管理措施或有關工作條件之處置認為不當，致影響其權益者，得提起申訴、再申訴以為救濟之規定……應提起復審之事件，公務人員誤向保訓會逕提再申訴者，保訓會應函請原處分機關依復審程序處理，並通知該公務人員。是同法第 77 條第 1 項所稱認為不當之管理措施或有關工作條件之處置，不包括得依復審程序救濟之事項，且不具行政處分性質之措施或處置是否不當，不涉及違法性判斷，自無於申訴、再申訴決定後，續向法院提起行政訴訟之問題。**況上開規定並不排除公務人員認其權利受違法侵害或有主張其權利之必要時，原即得按相關措施之性質，依法提起相應之行政訴訟，請求救濟。是系爭規定一，與憲法第 16 條保障人民訴訟權之意旨尚無違背。**

3. 憲法保障人民之健康權

人民之健康權，為憲法第 22 條所保障之基本權利（本院釋字第 753 號及第 767 號解釋參照）。憲法所保障之健康權，旨在保障人民生理及心理機能之完整性，不受任意侵害，且國家對人民身心健康亦負一定照顧義務。國家於涉及健康

權之法律制度形成上，負有最低限度之保護義務，於形成相關法律制度時，應符合對相關人民健康權最低限度之保護要求。凡屬涉及健康權之事項，其相關法制設計不符健康權最低限度之保護要求者，即為憲法所不許。

4. 服勤時間與休假制度亦屬於憲法服公職權保障之內涵

憲法第 18 條規定人民有服公職之權利，旨在保障人民有依法令從事於公務，貢獻能力服務公眾之權利（本院釋字第546號解釋參照）。國家應建立相關制度，用以規範執行公權力及履行國家職責之行為，亦應兼顧對於公務人員權益之保護（本院釋字第491號解釋參照）。人民擔任公職後，服勤務為其與國家間公法上職務關係之核心內容，包括公務人員服勤時間及休假制度等攸關公務人員權益之事項，自應受憲法第 18 條服公職權之保障。公務人員服勤時間及休假制度，攸關公務人員得否藉由適當休息，以維護其健康，應屬憲法第 22 條所保障健康權之範疇。上開制度設計除滿足行政組織運作目的與效能外，亦應致力於維護公務人員之身心健康，不得使公務人員勤休失衡致危害健康。業務性質特殊機關之公務人員，如外勤消防人員，基於其任務特殊性，固得有不同於一般公務人員之服勤時間及休假制度，惟亦須符合對該等公務人員健康權最低限度之保護要求。

5. 系爭規定二及三，未就業務性質特殊機關所屬公務人員勤休方式等，設定符合憲法服公職權及健康權保護要求之框架性規範部分，違憲

(1) 公務員服務法第 11 條第 2 項規定：「公務員每週應有 2 日之休息，作為例假。業務性質特殊之機關，得以輪休或其他彈性方式行之。」（下稱系爭規定二）明文規定業務性質特殊之機關，得令所屬公務員以輪休或其他彈性方式實施休息例假制度。同條第 3 項規定，授權行政院會同考試院訂定實施辦法。

(2) 行政院與考試院於 89 年 10 月 3 日⋯⋯會同訂定發布公務人員週休二日實施辦法（下稱週休二日實施辦法），其第 4 條第 1 項規定：「交通運輸、警察、消防、海岸巡防、醫療、關務等機關（構），為全年無休服務民眾，應實施輪班、輪休制度。」（下稱系爭規定三）

(3) 系爭規定二及三，明文排除業務性質特殊機關所屬公務人員享有一般公務人員常態休息之權利，然並未就該等機關應實施之輪班、輪休制度，設定任何關於其所屬公務人員服勤時數之合理上限、服勤與休假之頻率、服勤日中連續休息最低時數等攸關公務人員服公職權及健康權保護要求之框架性規範。就此類業務性質特殊機關所屬公務人員之保障而言，相較於一般公務人員，不符合憲法服公職權及健康權之保護要求，於此範圍內，與憲法保障人民服公職權及健康權之意旨有違。考量業務性質特殊之公務員種類繁多，工作內容不一、複雜性高，相關機關應於本解釋公布之日起 3 年內，依本解釋意旨檢討修正，就上開規範不足部分，訂定符合憲法服公職權及健康權保護要求之框架性規範。

6. 服勤時間及休假的框架性規範有法律保留之適用

依機關組織管理運作之本質，行政機關就內部事務之分配、業務處理方式及人事管理，在不違反法律規定之前提下，本得以行政規則定之（行政程序法第 159 條第 2 項第 1 款參照）。惟與服公職權及健康權有關之重要事項，如服勤時間及休假之框架制度，仍須以法律規定，或有法律明確授權之命令規定。又是否逾越法律之授權，不應拘泥於授權法條所用之文字，而應就該法律本身之立法目的，及整體規定之關聯意義為綜合判斷。

公務員服務法第 11 條第 1 項規定：「公務員辦公，應依法定時間，不得遲到早退，其有特別職務經長官許可，不在此限。」係有關公務員辦公時間之原則與例外規定，其所稱「法定時間」，自應包括法律、法規命令及行政規則所規定之時間。

系爭規定二明定：「公務員每週應有 2 日之休息，作為例假。業務性質特殊之機關，得以輪休或其他彈性方式行之。」則為有關公務員週休 2 日之原則與例外規定。週休二日實施辦法第 2 條第 1 項規定：「公務人員每日上班時數為 8 小時，每週工作總時數為 40 小時。」是有關公務人員辦公與例假實施事宜，業有法律及法律授權之法規命令明文規範。

7. 系爭規定四，與憲法法律保留原則、服公職權及健康權保障意旨尚無違背

(1) 高雄市政府消防局於 88 年 7 月 20 日以高市消防指字第 7765 號函訂定發布之高雄市政府消防局勤務細部實施要點（下稱勤務細部實施要點）第 7 點第 3 款規定：「勤務實施時間如下：……（三）依本市消防人力及轄區特性需要，本局外勤單位勤休更替方式為服勤 1 日後輪休 1 日，勤務交替時間為每日上午 8 時。」……（下稱系爭規定四）即勤休更替採「勤一休一」方式，其內容未逾越前揭規定之規範意旨，與憲法第 23 條法律保留原則尚無違背。

(2) 系爭規定四明定服勤一日後輪休一日（即採「勤一休一」之更替方式），係高雄市政府消防局於外勤消防人力不足下，衡酌其轄區環境特性、勤務種類之主次要及人力多寡等因素，為達消防勤務不中斷之目的，因地制宜而為之規定。……在服勤一日之消防勤務中，業已注意並維護外勤消防人員之身心健康。是系爭規定四採「勤一休一」之勤休更替方式，尚難謂與憲法服公職權及健康權保障意旨有違。惟相關機關於前開框架性規範訂定前，仍應基於憲法健康權最低限度保護之要求，就外勤消防人員服勤時間及休假安排有關事項，諸如勤務規劃及每日勤務分配，是否於服勤日中給予符合健康權保障之連續休息最低時數等節，隨時檢討改進。

8. 公務員對於超時服勤務應領取之補償屬於憲法服公職權保障之內涵

國家對公務人員有給予俸給等維持其生活之義務（本院釋字 第575 號解釋、第605 號解釋及第658 號解釋參照）。國家對公務人員於法定上班時間所付出之勞務、心力與時間等，依法應給予俸給；公務人員於法定上班時間以外應長官要求執行職務之超勤，如其服勤內容與法定上班時間之服勤相同， 國家對超勤自應依法給予加班費、補休假等相當之補償。此種屬於給付性措施之法定補償，並非恩給，乃公務人員依法享有之俸給或休假等權益之延伸，應受憲法第 18 條服公職權之保障。

9. 系爭規定五，未就業務性質特殊機關所屬公務人員之超勤補償等，設定必要合理之框架性規範部分，違憲

保障法第 23 條規定：「公務人員經指派於上班時間以外執行職務者，服務機關應給予加班費、補休假、獎勵或其他相當之補償。」（下稱系爭規定五）屬公務人員超勤補償之原則規定，其規範意旨偏重於有明確法定上班時間之常態機關一般公務人員。惟業務性質特殊機關所屬公務人員之服勤，其勤務形態究與一般公務人員通常上下班之運作情形有異。……

系爭規定五及其他相關法律，並未就業務性質特殊機關所屬公務人員（如外勤消防人員）服勤時數及超勤補償事項，另設必要合理之特別規定，致業務性質特殊機關所屬公務人員（如外勤消防人員）之超勤，有未獲適當評價與補償之虞，影響其服公職權，於此範圍內，與憲法第 18 條保障人民服公職權之意旨有違。相關機關應於本解釋公布之日起 3 年內，依本解釋意旨檢討修正，就業務性質特殊機關所屬公務人員之服勤時數及超勤補償事項，如勤務時間 24 小時之服勤時段與勤務內容，待命服勤中依其性質及勞務提供之強度及密度為適當之評價與補償等，訂定必要合理之框架性規範。

10. 就系爭規定六，相關機關應於超勤補償事項框架性規範訂定後檢討之

高雄市政府消防局 99 年 12 月 27 日，依據行政院發布之各機關加班費支給要點及內政部 96 年 7 月 25 日內授消字第 0960822033 號函發布之消防機關外勤消防人員超勤加班費核發要點第 4 點，發布高雄市政府消防局外勤消防人員超勤加班費核發要點第 5 點及第 7 點規定（上述第 4 點、第 5 點及第 7 點規定併系爭規定六），分別規定每月超勤時數計算及加班費支領上限，以及因公無法補休或未支領超勤加班費之其他敘獎，目的固係在於對其超勤予以補償，惟上開加班費支給要點及系爭規定六對外勤消防人員超勤之評價或補償是否適當，相關機關應於前開超勤補償事項框架性規範訂定後檢討之。

警察法第 16 條

地方警察機關**預算標準**，由中央按各該地區情形分別規劃之。

前項警察機關經費，如確屬不足時，**得陳請中央補助**。

由警察法施行細則第 13 條可知，**地方警察機關預算標準，由內政部報請行政院核定施行**，至於地方警察機關經費不足時，得報請中央補助，程序如下：

一、直轄市：報由**內政部轉報行政院核定**。

二、縣市：報由**內政部警政署轉請內政部核定**。

▌警察法施行細則第 13 條

本法第十六條地方警察機關**預算標準**，由內政部報請行政院核定施行，地方警察機關經費不足時，得陳請補助之程序；直轄市報由內政部轉請行政院核定；縣（市）報由內政部警政署轉請內政部核定。

大法官釋字第 307 號解釋

1. 爭點

省縣得就省警政及縣警衛業務編預算？

2. 解釋文

警察制度，依憲法第一百零八條第一項第十七款規定，由中央立法並執行之或交由省縣執行之，中央就其交由省縣執行之事項，自得依法定程序編列預算，省縣無須重複編列。但省警政及縣警衛之實施，依憲法第一百零九條第一項第十款、第一百十條第一項第九款規定，則屬省縣之權限，省縣得就其業務所需經費依法定程序編列預算，如確屬不足時，得依警察法第十六條第二項規定呈請補助，省（直轄市）由中央補助，縣（市）由省補助。

3. 理由書

警察制度，依憲法第一百零八條第一項第十七款規定，由中央立法並執行之

或交由省縣執行之，中央就其交由省縣執行之事項，自得依法定程序編列預算支付之，省縣無須重複編列。

憲法第一百零九條第一項第十款規定「省警政之實施」，由省立法並執行之或交由縣執行之；第一百十條第一項第九款規定「縣警衛之實施」，由縣立法並執行之。省警政及縣警衛之實施事項，既屬省縣之權限，省縣自得就其業務所需經費，依法定程序編列預算。惟省警政及縣警衛之實施，其中有須全國一致或涉及中央權限者，因此，中央依憲法第一百零八條第一項第十七款制定之警察法第十六條第一項規定：「地方警察機關預算標準，由中央按各該地區情形分別規劃之。」省警政及縣警衛之實施，其所需經費之預算，須依上述標準編列，如確屬不足時，得依同條第二項規定呈請補助，省（直轄市）由中央補助，縣（市）由省補助。**地方對於此項補助，雖不得變更其用途，省（直轄市）縣（市）議會仍得依法監督其執行。**

警察法第 17 條

各級警察機關之設備標準，由**中央**定之。

▌警察法施行細則第 14 條

本法第 17 條各級警察機關之設備，分：建築物場地、交通工具、槍械、彈藥電訊裝置、刑事器材、消防、防護、衛生用具、教育器材等，其標準由**內政部**定之。

警察法第 18 條

各級警察機關、警察大學、警察專科學校之武器彈藥，其統籌調配辦法，由**內政部**定之。

模擬試題

___ 1. 依警察法施行細則之規定，發布警察命令之中央機關為？

(A) 行政院

(B) 內政部

(C) 立法院

(D) 內政部警政署

___ 2. 下列警察職權中，何者性質屬於行政立法作用？

(A) 發布警察命令

(B) 使用警械

(C) 違警處分

(D) 協助偵查犯罪

___ 3. 警察法第 19 規定：「本法施行細則，由內政部定之」，所以此施行細則屬於？

(A) 授權命令

(B) 職權命令

(C) 執行命令

(D) 行政規則

___ 4. 警察法第 9 條第 1 項規定，警察有依法發布警察命令職權，依**司法院釋字**

570 號解釋，法律性質為何？

(A) 組織法

(B) 行為法

(C) 作用法

(D) 組織兼行為法

___ 5. 下列有關**法規命令**與**行政規則**之敘述，何者正確？

    (A) 法規命令應有法律之明確授權；行政規則得由原發布機關廢止之

    (B) 法規命令之發布，應刊登政府公報或新聞紙；行政規則應下達下級機關或屬官，無須登載於政府公報發布

    (C) 法規命令又可稱為職權命令

    (D)「拘留所設置基準」為法規命令；「警察常年訓練辦法」為行政規則

___ 6. 下列對於**警察命令之發布**，何者錯誤？（複選題）

    (A) 發布警察命令是中央的權限，地方僅為執行單位

    (B) 內政部所發布之**法規命令**與**行政規則**應下達，並登載政府公報發布

    (C) 台北市政府自治條例，應經市議會通過

    (D) 主管警察機關訂定行政規則，若為解釋性規定與裁量基準，應由其首長簽署，並登載政府公報發布之

___ 7. 下列何者為**法規命令**？（複選題）

    (A) 行政執行法

    (B) 警械使用條例

    (C) 警察人員陞遷辦法

    (D) 沒入物品處分規則

    (E) 違反社會秩序維護法案件處理辦法

___ 8. 下列何者為**行政規則**？

    (A) 警察常年訓練辦法

    (B) 警察勤務區家戶訪查作業規定

    (C) 警察勤務區勤務規範

    (D) 治安顧慮人口查訪辦法

    (E) 警察法施行細則

___ 9. 關於**警察行政命令**之敘述，何者正確？

(A) 為抽象性規範，屬於警察行政立法行為

(B) 職權命令仍須法律授權

(C) 解釋性行政規則下達即可

(D) 沒入物品處分規分規則是行政規則

___ 10. 有關警察法第九條之性質，下列敘述何者為非？

(A) 兼具組織法與行為法之性質

(B) 欠缺作用法之功能

(C) 僅係劃定職權與管轄事務之範圍

(D) 不足以作為限制人民自由及權利之依據。

___ 11. 關於行政處分之要素，下列何者為錯誤？

(A) 為行政機關之單方行為

(B) 相對人原則為特定

(C) 對外作成

(D) 無法律效果。

___ 12. 下列有關警察處分之說明，何者有誤？

(A) 警察機關基於職權所為

(B) 對於將來不特定事實為一般性、抽象性的規定

(C) 警察機關公法上的行為

(D) 警察機關單方面意思表示

(E) 警察機關就公法案件所作決定及處理而發生法律效果

___ 13. 警察所為之**命令**或**處分**，如有違法或不當時，人民得請求下列何種救濟？

(A) 民事訴訟

(B) 可法院人法官解釋

(C) 立法院調查

(D) 行政救濟

___ 14. 下列何者屬於**下命性質**的行政處分？（複選題）

(A) 核准歸化為中華民國國民

(B) 准許專利權之申請

(C) 徵兵通知

(D) 納稅

___ 15. 有關警察處分之附款，從理論上而言，其種類包括下列何者？（複選題）

(A) 負擔

(B) 保留行政處分之廢止權

(C) 保留負擔之事後附加或變更

(D) 條件

(E) 期日

___ 16.「集會遊行時，**若有違反許可限制人數，則不得舉行**，依法警察制止或命令解散，並得強制為之」，其法律性質？

(A) 附停止條件之行政處分

(B) 附解除條件之行政處分

(C) 附負擔之處分

(D) 保留廢止權之行政處分

___ 17.「民眾申請遊行，**警察機關表示遊行隊伍不得占用快車道**，始許可室外遊行」，其法律性質？

(A) 附停止條件之行政處分

(B) 附解除條件之行政處分

(C) 附負擔之處分

(D) 保留廢止權之行政處分

___18. **馬路兩旁禁止停放車輛之標線，道路設立禁止設攤的標誌**，性質上屬於什麼？

    (A) 行政命令

    (B) 行政契約

    (C) 行政處分

    (D) 確認處分

___19. 下列何者是**行政處分**？

    (A) 警察下令集會遊行活動解散

    (B) 張三違紀，幾警察局處分記過一次

    (C) 警察強制現行違序人到場說明案情

    (D) 警察依法令使用警械

___20. 行政機關對派出所、公園、圖書館、道路等**公物**之**設定**、**變更**、**廢止**之決定，其性質屬於？

    (A) 行政規則

    (B) 行政處分

    (C) 事實行為

    (D) 行政契約

___21. 依據行政訴訟法第 6 條規定，有關確認訴訟之補充性，下列敘述何者正確？

    (A) 所有類型之確認訴訟，於原告得提起撤銷訴訟者，均不得提起之

    (B) 所有類型之確認訴訟，於原告可得提起一般給付訴訟者，均不得提起之

    (C) 確認行政處分無效之訴訟，並無確認訴訟補充性之適用

    (D) 確認公法上法律關係成立或不成立之訴訟，並無確認訴訟補充之適用

___ 22. 各級警察機關學校武器彈藥統籌調配辦法係由下列何者授權訂定之？

(A) 警察法

(B) 警械使用條例

(C) 警察職權行使法

(D) 警察教育條例

___ 23. 下列有關地方警察機關預算標準與經費補助之敘述，何者正確？

(A) 地方警察機關經費不足時之陳請補助程序：直轄市報由內政部轉請行政院核定

(B) 地方警察機關經費不足時之陳請補助程序：縣 (市) 報由內政部警政署轉請行政院核定

(C) 依大法官釋字第 307 號解釋之意旨，地方對中央補助之經費，不得變更其用途，地方議會亦不得監督其執行

(D) 依大法官釋字第 307 號解釋之意旨，地方對中央補助之經費，得變更其用途，地方議會亦得監督其執行

___ 24. 各級警察機關之武器彈藥，其統籌調配辦法，係由下列何者定之？

(A) 行政院

(B) 內政部

(C) 內政部警政署

(D) 直轄市、縣市政府

___ 25. 關於地方警察機關預算標準及補助程序之敘述，下列何者正確？

（複選題）

(A) 地方警察機關預算標準，由直轄市、縣（市）政府報請內政部核定施行

(B) 直轄市警察機關經費不足時，得報由內政部轉請行政院核定

(C) 縣警察機關經費不足時，得報由內政部警政署轉請內政部核定

(D) 對於中央補助縣警衛之經費，地方得視實際需要變更其用途

(E) 對於中央補助縣警察局之經費，縣議會仍得依法監督其執行

答案：1B 2A 3A 4A 5A 6AB 7CDE 8BC 9A 10A 11D 12B 13D 14CD 15ABCD
16 B 17 A 18C 19A 20B 21C 22A 23A 24B 25BCE

第二章

警察職權行使法

解碼「警察職權行使法」

一、警察職權行使法的誕生

「**警察勤務條例**」係依據警察法第 3 條規定制定，主要規範警察勤務機構之區分與設置、**勤務方式**、勤務時間、勤務規劃、勤前教育等事項，**所以應屬於組織法**的性質，但在第 11 條針對執行勤務得採取方式予以列舉，所以司法院釋字第 535 號解釋為「**具有組織法兼行為法**」之性質，但也同時提出「人民之有犯罪嫌疑而須以搜索為蒐集犯罪證據之手段者，依法尚須經該管法院審核為原則（參照刑事訴訟法第一百二十八條、第一百二十八條之一），其僅屬維持公共秩序、防止危害發生為目的之臨檢，立法者當無授權警察人員得任意實施之本意。是執行各種臨檢應恪遵法治國家警察執勤之原則，**實施臨檢之要件、程序及對違法臨檢行為之救濟，均應有法律之明確規範，方符憲法保障人民自由權利之意旨**」，換句話說，因臨檢要件、程序與救濟未有法律明確規定，指示於解釋後 2 年內改善，爰訂定警察職權行使法以為因應。

大法官釋字第 535 號解釋

警察勤務條例第三條至第十條乃就警察執行勤務之編組、責任劃分、指揮系統加以規範，第十一條則對執行勤務得採取之方式予以列舉，**除有組織法之性質外，實兼具行為法之功能**。查行政機關行使職權，固不應僅以組織法有無相關職掌規定為準，更應以行為法（作用法）之授權為依據，始符合依法行政之原則，警察勤務條例既有行為法之功能，尚非不得作為警察執行勤務之行為規範。依該條例第十一條第三款：「臨檢：於公共場所或指定處所、路段，由服勤人員擔任臨場檢查或路檢，執行取締、盤查及有關法令賦予之勤務」，臨檢自屬警察執行勤務方式之一種。**惟臨檢實施之手段：檢查、路檢、取締或盤查等不問其名稱為何，均屬對人或物之查驗、干預，影響人民行動自由、財產權及隱私權等甚鉅。**

人民之有犯罪嫌疑而須以搜索為蒐集犯罪證據之手段者，依法尚須經該管法院審核為原則（參照刑事訴訟法第一百二十八條、第一百二十八條之一），其僅屬維持公共秩序、防止危害發生為目的之臨檢，立法者當無授權警察人員得任意實施之本意。是執行各種臨檢應恪遵法治國家警察執勤之原則，實施臨檢之要件、程序及對違法臨檢行為之救濟，均應有法律之明確規範，方符憲法保障人民自由權利之意旨。

二、警察職權行使法的定位

（一）警察作用法的性質

　　警察職權行使法屬於**警察作用法**，是規範警察行使職權的活動，查證身分、鑑識身分、蒐集資料、通知、管束、驅離等，而與規範警察組織的**組織法**有所區別（例如：警察法），所謂警察組織法是規範警察機關內部的組織與權限（權限是指本機關與他機關之間的權限分配）。

（二）危害防止的階段

　　警察維護治安之任務主要可以區分為「**危害防止**」與「**犯行追緝**」二階段，警察在執行職務時，如果發現犯罪事實則進入犯行追緝階段，例如：發現通緝犯、現行犯等，並且依據刑事訴訟法相關規定辦理。而警察職權行使法所規範者，是在危害防止階段，當警察行使職權為達到危害防止任務時，若有涉及人民自由權利的情形時，警察職權行使法就會將干預性措施之要件、程序與救濟等一一規範。（**危害防止→犯行追緝；警職法→刑事訴訟法**）

（三）現行警察作用法的普通法

　　警察職權行使法相對於其他警察法規僅居於「**相互補充**」的**普通法**地位，其他法律有不同規定時，則適用各該法律之規定，但若他法缺乏明確規範，警察職權行使法對此卻有程序或要件規定時，則有警察職權行使法的適用，例如：警察勤務條例有關臨檢之規範，集會遊行法有關務品之扣留，警察職權行使法之規定具有補充他法不足之處。

警察職權行使法條

第 1 條（立法目的）

　　為**規範警察依法行使職權**，以**保障人民權益，維持公共秩序，保護社會安全**，特制定本法。

一、強調依法行政原則（依法行使職權）
（一）法律優位原則（消極依法行政）
（二）法律保留原則（積極依法行政）

二、立法目的
（一）保障人民權益
（二）維持公共秩序
（三）保護社會安全

第 2 條（名詞定義）

　　本法所稱警察，係指警察機關與警察人員之總稱。

　　本法所稱警察職權，係指警察為達成其法定任務，於執行職務時，依法採取查證身分、鑑識身分、蒐集資料、通知、管束、驅離、直接強制、物之扣留、保管、變賣、拍賣、銷毀、使用、處置、限制使用、進入住宅、建築物、公共場所、公眾得出入場所或其他必要之公權力之具體措施。

　　本法所稱警察機關主管長官，係指地區警察分局長或其相當職務以上長官。

一、警察定義
　　（一）本法所稱的警察係指「警察機關」與「警察人員」的總稱，且都是採取**狹義觀點（形式上、組織上**的觀點），所以不包含消防、海巡人員，也不包含

消防、海巡機關等。

（二）此處的**警察機關**除了警政署、專業警察局（如：刑事警察局、鐵路警察局、航空警察局、國道公路警察局等）之外，當然包括直轄市、各縣市警察局。**警察分局**雖然不具有「單獨法定地位之組織」，但其具有對外行文之權限，且社會秩序維護法、集會遊行法等警察法規，有賦予警察分局**處分的權限**，所以警察分局符合警職法第 2 條所稱的警察機關。

二、警察職權

（一）警察為達到法定任務，得採取作用或行為方式種類極多，大致上可以分為「**意思表示決定**」與「**物理性措施**」，**前者**例如：對違反社會秩序維護法案件的行為人處以罰鍰、命令非法集會遊行的民眾解散等，多屬警察命令、警察處分，**後者**例如：攔停、查證身分等，**警察職權行使法主要就是在規範後者，明訂行使各職權的要件與程序，明訂行使各物理性措施的要件與程序，避免任意侵害人民權益，所以警察職權行使法的規範的職權並沒有包括「意思表示決定」之措施。**

（二）警察職權行使法第 2 條第 2 項針對警察職權係採**類型化措施**，最後再以「**其他必要之公權利之具體措施**」概括方式立法，基本上，警職法的警察職權可歸類如下：

1. 對**人**：查證身分（§6-8）、鑑識身分、蒐集資料（§9-13）、通知（§14）、管束（§19-20）、驅離（§27）、直接強制。

2. 對**物**：扣留（§21）、保管（§22）、變賣、拍賣、銷毀（§23-24）、使用、處置、限制其使用（§25）。

3. 對**處所**：進入（§26）。

4. **其他**：定期查訪（§15）、資料傳遞（§16）、資料利用（§17）、註銷或銷毀（§18）、**概括規定（§28）**。

（三）警察職權大致也可分為「**行政處分**」與「**事實行為**」二大類，換句話說，**並不是所有公權力具體措施都會等同行政處分。**

1. 行政處分

(1) 部分警察職權是具有命令或禁止之處分性質存在，當警察下令民眾作為或不作為義務時，當事人就有義務配合，例如：警察攔停民眾並對之查證身分、檢查其身體或所攜帶之物。

(2) 有學者將此種行政處分稱為「**程序效力之行政處分**」[1]，因為此種警察職權所展現的是一種強制性命令或禁止處分，要求相對人一定之行為或不行為，與一般產生「**實質效力之行政處分**」不同，因為「實質效力之行政處分」會使人民的權利產生得、喪、變、更的效果（例如：勒令歇業、停止營業、核發執照、註銷證照等），而程序效力之行政處分只是程序上的效力，當事人對此種下令或禁止處分負有一定之行為或不行為義務，**而且一執行即完畢，並沒有實質持續的效力（進入處所、實施驅離、進行臨檢）**，所以通常會提起續行確認訴訟，而不提起撤銷訴訟。

2. 事實行為

部分警察職權缺乏命令或禁止處分的性質，例如：通知到場、治安顧慮人口的查訪等，都屬於事實行為；又部分警察職權不須獲得民眾義務上的配合，例如：執行對人實施管束、使用警銬或戒具、扣留危險物品、驅離或禁止進入等，也都是事實行為。

三、警察機關主管長官定義

（一）係指地區**警察分局長或其相當職務以上長官**，包括：直轄市、縣市警察局之局長、副局長、督察長、分局長、刑事、交通、保安警察大隊長、少年警察隊長、婦幼警察隊長等人員，專業警察機關比照。

---

1 蔡震榮（2016）。警察職權行使法概論，五南。

（二）警察職權行使法所稱警察機關主管長官，依據該法第二條第三項規定，係指「地區警察分局長或其相當職務以上長官」。由於警察行使職權，諸如：臨檢場所、路段及管制站之指定等，均涉及人民自由權利，必須由地區警察分局長或其相當職務以上長官之核准，方可實施，而所謂「**其相當職務以上長官**」，**必須兼顧警察機關組織特性及其實際勤務運作之指揮監督層級，並非以職務等階、陞遷序列為唯一衡量基準**。是以，如在機關組織及實際勤務運作之指揮監督層級上，與地區警察分局長相當層級以上者，即屬「其相當職務以上長官」。

（三）連江縣係屬偏遠離島地區，其警察局之組織，基於轄區特性及人口結構等因素，並無分局之設置；惟該警察局所屬警察所所長，不論是組織層級（同屬一級單位主管）或實際勤務運作之指揮監督層級，均與臺灣省各縣市警察局所屬分局長相當，故警察所所長該當與地區警察分局長相當職務之長官。

第3條（比例原則）

警察行使職權，不得逾越所欲達成執行目的之必要限度，且應以對人民權益侵害最少之適當方法為之。

警察行使職權已達成其目的，或依當時情形，認為目的無法達成時，應依職權或因義務人、利害關係人之申請終止執行。

警察行使職權，不得以引誘、教唆人民犯罪或其他違法之手段為之。

一、比例原則

比例原則是設定警察行為界線的重要依據，行政程序法第7條提到，行政行為，應依下列原則為之：**1、採取之方法應有助於目的之達成；2、有多種同樣能達成目的之方法時，應選擇對人民權益損害最少者；3、採取之方法所造成之損害不得與欲達成目的之利益顯失均衡。**

（一）適當性原則（合目的性原則）

警察行使職權達到目的之手段是否適當問題。

（二）必要性原則（最小侵害原則）

選擇侵害最小手段。

（三）狹義比例原則（衡平原則）

「所要達成的目的」與「對人民權利的侵害」應該有相當的平衡，或者不能擺明大小差很多。正如法諺「不能用大砲打小鳥」的說法一樣，國家不能為了達成一個小的目標，而犧牲人民相對巨大的權利。

警察大人提醒你

◎考量順序：適當性→必要性→狹義比例。

二、目的已達成或無法達成之終止執行

本條第 2 項是針對警察已採取之措施加以考量，例如：警察為了查證身分，民眾也很配合出示證件，這時目的就已經達成；又例如：警察針對特種行業進行臨檢，某 KTV 仍然勒令歇業中，臨檢目的顯然無法達成。

三、義務人、利害關係人之申請

義務人或利害關係人若認為目的已經達成或無法達成時，得陳明理由並檢附相關文件，向執行警察申請終止執行。

四、誘捕偵查、陷害教唆

（一）誘捕偵查（釣魚式偵查）

係**「機會提供型」**，行為人原本就具有犯意，偵查人員僅係提供機會讓其犯罪，於其犯罪時間予以逮捕而言，又稱**「釣魚式」**偵查，常見的偵辦手法會出現在毒品買賣、網路援交、機車搶劫等案類。

（二）陷害教唆

係「**創造犯意型**」，對於**原無犯意之人民**，由執法者以**引誘或教唆**之不正當手段，使原無犯罪故意之人因而萌生犯意而實施犯罪，再進而蒐集其犯罪證據而予以逮捕偵辦。

（三）**實務見解：**

1. 92 年台上字第 4558 號判決—陷害教唆、誘捕偵查（釣魚式偵查）

所謂「陷害教唆」，係指行為人**原不具犯罪之故意，純因司法警察之設計教唆，始萌生犯意，進而實施犯罪構成要件之行為者而言**。申言之，因「陷害教唆」係司法警察以引誘或教唆犯罪之不正當手段，使原無犯罪故意之人因而萌生犯意而實施犯罪，再進而蒐集其犯罪之證據或予以逮捕偵辦；**縱其目的係在於查緝犯罪，但其手段顯然違反憲法對於基本人權之保障，且已逾越偵查犯罪之必要程度，對於公共利益之維護並無意義，其因此等違反法定程序所取得之證據資料，應不具有證據能力**。乃原判決理由竟謂：「所謂『陷害教唆』，於販毒案件中，自屬在不違反上開憲法上基本權之保障原則下，為使國家社會免於毒品之危害，所不得不採行之偵查手段，此與憲法上之比例原則無違，因之，在此等案件中，由『陷害教唆』所蒐集而來之證據資料，自得顯現於公判庭，採為法院論罪科刑之依據，其證據能力殊無疑問」云云，其見解殊有謬誤。**又「陷害教唆」與警方對於原已具有犯罪故意並已實施犯罪行為之人，以所謂「釣魚」之偵查技巧蒐集其犯罪證據之情形有別，自不得混為一談。**

2. 99 年台上第 3771 號判決—誘捕偵查

(1) 犯意誘發型誘捕偵查；(2) 機會提供型誘捕偵查。

司法警察機關之任務在於打擊、追訴犯罪，依「國家禁反言」之原則，自不能容認司法警察**為了追訴犯罪而挑唆發生或製造犯罪**，故而警察職權行使法第三條第三項明文揭示：**「警察行使職權，不得以引誘、教唆人民犯罪或其他違法之手段為之」**，以資規範。誘捕偵查類型中之**「犯意誘發型」**，因係司法警察或所吸收之線民以引誘、教唆犯罪之不正當手段，**使原無犯罪意思或傾向之人因而萌**

生犯意而實行犯罪行為，嚴重違反刑罰預防目的及正當法律程序原則，應認屬於違法之誘捕偵查，其因此所取得之證據不具正當性，對於公共利益之維護並無意義，應予絕對排除，以強化被誘捕人基本權利之保護密度。

至於為因應不同犯罪類型之「**機會提供型**」誘捕偵查，**乃行為人原已具有犯罪之意思或傾向，僅因司法警察或其線民提供機會，以設計之方式，佯與之為對合行為，使其暴露犯罪事證，俟著手於犯罪行為之實行時，予以逮捕偵辦**，實務上稱之為「**釣魚偵查**」，歸類為偵查技巧之一環，**因而被評價為合法之誘捕偵查**。

惟刑事法以不處罰單純之犯意為原則，行為人之所以著手實行犯罪行為，係因司法警察之加工介入，故此類誘捕偵查所取得之證據，自**仍應就司法警察之蒐證作為，檢驗其取證要件是否符合法定程序，包括司法警察介入之程度如何，資為判斷其之證據適格**，應否透過刑事訴訟法第一百五十八條之四為衡酌，並非一概即可無條件承認其證據能力。

小結：

由此可知，誘捕偵查仍不須違背法定程序，始為法之所許，否則仍受到刑事訴訟法第 158 條之 4 證據排除法則之適用，而無證據能力。（**犯意誘發型→絕對排除；機會提供型→合法偵查，但仍考量取證要件有無違背法定程序。**）

第 4 條（明示身分）

- **警察行使職權時，應著制服或出示證件表明身分，並應告知事由。（此處是應，並非得）**
- **警察未依前項規定行使職權者，人民得拒絕之。**

　　一、行政程序法第 5 條規定：「**行政行為之內容應明確**」，因此警職法第 4 條規定出示證件、表明身分、告知事由，以取得身分確證，與公權力介入的事由。

　　二、所謂告知的「事由」，必須與所行使之警察職權有正當的合理連結，以遵守「**不當連結禁止**」原則，即警察所施行之措施行為應事出有因、師出有名，

例如：為了查證身分因而攔停民眾、為了救護民眾進入私人住宅。

三、警察若未依第 4 條規定表明身分出示證件，民眾不予開門或不配合其他執法措施，不得作為妨害公務或其他歸責之基礎。

第 5 條（救助義務）

警察行使職權致人受傷者，應予必要之救助或送醫救護。

一、須為警察行使職權之情形。

二、警察行使職權與該人民受傷有因果關係。

第 6 條（公共或合法進入場所得查證其身分之對象）

警察於**公共場所或合法進入之場所**，得對於下列各款之人查證其身分：

一、**合理懷疑**其有犯罪之嫌疑或有犯罪之虞者。

二、**有事實足認**其對已發生之犯罪或即將發生之犯罪知情者。

三、**有事實足認**為防止其本人或他人生命、身體之具體危害，有查證其身分之必要者。

四、滯留於**有事實足認**有陰謀、預備、著手實施重大犯罪或有人犯藏匿之處所者。

五、滯留於應有停（居）留許可之處所，而無停（居）留許可者。

六、行經指定公共場所、路段及管制站者。

前項第六款之指定，以防止犯罪，或處理重大公共安全或社會秩序事件而有必要者為限。**其指定應由警察機關主管長官為之。**

警察進入**公眾得出入之場所**，應於營業時間為之，並不得任意妨礙其營業。

警察大人提醒你

一、第 1 項各款說明

（一）第 1、2、3 款：防止具體危害。

（二）第 4、5 款：防止潛在危害。

（三）第 6 款：授權由「警察機關主管長官」依據實際情況，認為有**防止犯罪，處理重大公共安全或社會秩序事件**而有必要者，得指定公共場所、路段、管制站，對行經者實施臨檢。

二、公共場所

不特定多數人可以公共使用或聚合，例如：公園、廣場、車站、航空站、道路等場所。

三、公眾得出入之場所

不特定人得隨時出入之場所，例如：三溫暖、旅館、KTV、遊藝場、電影院、夜總會、酒家、舞廳、酒吧、電動玩具業等。

四、合法進入之場所

指警察依**刑事訴訟法**（搜索、扣押）、**行政執行法**（即時強制）、**社會秩序維護法**（營業場所違序行為調查）等相關法律規定進入之場所，至於**私人居住之空間，應受住宅相同之保障**，警察不得任意進入。

五、實體要件

（一）合理懷疑其有犯罪之嫌疑或有犯罪之虞者

1. 合理懷疑（reasonable suspicion）：

合理懷疑是不確定法律概念，**必須依客觀之事實作為判斷基礎，並非單純臆測，必須是整體狀況（totality of circumstances）考量，非個別單一因素考量**，合理懷疑之事實基礎有：

(1) 情報判斷之合理懷疑

警察由曾經提供情報的線民口中得知，某人於假釋期間仍隨身攜帶武器且車上藏有毒品，因而對其實施攔車盤查。

(2) 由現場觀察之合理懷疑

警察深夜於曾經發生縱火地區巡邏，發現某人手持打火機並提著一桶汽油，在騎樓下逗留排徊，而懷疑可能從事縱火犯罪。

(3) 由環境與其他狀況綜合研判之合理懷疑

警察於濱海公路執行夜間巡邏，發現某車內滿座有大陸口音之乘客，其駕駛人見警巡邏有企圖逃避或不正當之駕駛行為，且該車輛顯現超載或車內有人企圖藏匿，又當時濱海地區的海象狀況正適合船隻接駁靠岸，因而懷疑該車內可能載有有大陸偷渡人民。

(4) 由可疑行為判斷之合理懷疑

警察於深夜時段，在一個高犯罪區域的街道上，發現某人所離開之公寓，是曾多次藏匿武器或毒品罪犯之犯罪處所，且該某看到警察時，立刻將小紙袋藏入衣內，神色慌張，迅速走避，而懷疑該某有藏匿毒品的嫌疑。

2. 犯罪之嫌疑：

已有犯罪發生，某人被合理懷疑認為是犯罪嫌疑人。

3. 犯罪之虞者：

合理懷疑即將有犯罪可能。

4. 合理懷疑、相當理由：

「合理懷疑」與「相當理由」在隱私權侵犯程度、搜索方式及強制力之行使、犯罪嚴重性、事實證據確定性、急迫性等有不同程度的考量。警察若對於事實情況產生「合理環疑」，可以進行攔停、詢問、逮捕，進一步發現具體違法犯罪情事，心證程度則轉化成相當理由，可加以逮捕、搜索、扣押。

合理懷疑 有事實足認	相當理由	確信
攔停 詢問 出示證件 檢查	搜索 扣押 逮捕	有罪判決

（二）有事實足認其對已發生之犯罪或即將發生之犯罪知情者

「**有事實足認**」和「**合理懷疑**」同樣屬於抽象規範，心證程度相差不遠，係指需有事實存在足認有理由採取各項警察措施，例如 KTV 包廂傳來塑膠味，研判有客人在內從事拉 K 行為，警方又於包廂內發現不明粉末，這時警方可依據警職法第 6 條第 1 項第 2 款規定對於同桌之人查證身分。

（三）有事實足認為防止其本人或他人生命、身體之具體危害，有查證其身分之必要者

1. 具體危害係指「在具體案件中之行為或狀況，依一般生活經驗客觀判斷，預料短期間內極可能形成傷害的一種狀況」，因此，案件必須具體，危害發生有**不可遲延性、可能性及傷害性**，具體危害要件方能夠成。

2. 警察所防止之危害並不限於「具體危害」，可擴及「潛在危害」（潛在危害是危害可能產生之前期階段）。

(1) 具體危害

① 合理懷疑有犯罪之嫌疑或犯罪之虞者。

② 有事實足認其對已發生之犯罪或即將發生之犯罪知情者。

③ 有事實足認為防止其本人或他人生命、身體之具體危害，有查證其身分之必要者。

(2) 潛在危害

① 滯留於有事實足認有陰謀、預備、著手實施重大犯罪或有人犯藏匿之處所者。

② 滯留於應有停（居）留許可之處所，而無停（居）留許可者。

（四）滯留於有事實足認有陰謀、預備、著手實施重大犯罪或有人犯藏匿之處所者。（目的在於防止**潛在危害**。）

（五）滯留於應有停（居）留許可之處所，而無停（居）留許可者。

1. 目的在於防止**潛在危害**。

2. 對於未經主管機關許可而進入停留或居留者，得進行身分查證，因此，

本款因為身分與停留地點不相稱時,即得對其查證身分,例如:機場之管制區域、國營事業油庫、電廠、海岸或山地管制區域,若任意滯留於處所,得依法進行查證身分。

(六)行經指定公共場所、路段及管制站者

1. 本款可作為**集體盤查**依據。

2. 管制站通常是指臨時設置的,例如:集會遊行之際,警察於路口設置管制站,以檢查參加民眾有無攜帶攻擊性器械;為緝捕重大要犯而設置管制站等。

3. 員警進行**個別盤查**時,可自行決定是否達「合理懷疑」或「有事實足認」之程度,以啟動查證身分之措施;但進行**集體盤查**時,合理性基礎則是由警察機關主管長官指定之,但須「**以防止犯罪,或處理重大公共安全或社會秩序事件而有必要者為限**」。

4. 地點(公共場所、路段、管制站)由**警察機關主管長官**指定之,但警察機關主管長官應依合義務之裁量,不可不分時間和地點任意設置。

大法官釋字第535號解釋

上開條例有關臨檢之規定,**並無授權警察人員得不顧時間、地點及對象任意臨檢、取締或隨機檢查、盤查之立法本意**。除法律另有規定外,警察人員執行場所之臨檢勤務,**應限於已發生危害或依客觀、合理判斷易生危害之處所、交通工具或公共場所為之**,其中處所為私人居住之空間者,並應受住宅相同之保障;對人實施之臨檢則須以有相當理由足認其行為已構成或即將發生危害者為限,且均應遵守比例原則,不得逾越必要程度。

六、程序要件

(一)查證身分階段

警察職權行使法給予警察發動職權,通常是在犯罪與危害尚未發生、有發生之虞或即將發生階段,警察在查證身分時有進一步發現,且符合刑事訴訟法之規定,可決定採取下一步驟(例如:逮捕、搜索或扣押)。

（二）查證身分時間

　　警察進入公眾得出入之場所，應於**營業時間**為之，並不得任意妨礙其營業（營業時間係以該場所**實際從事營業之時間**為準）。

（三）查證身分地點

　　警察於公共場所或合法進入之場所，得基於本條法定 6 種合理性事由，進行查證身分。

第 7 條（查證人民身分得採取之必要措施）

　　警察依前條規定，為查證人民身分，得採取下列之必要措施：

一、**攔停**人、車、船及其他交通工具。

二、**詢問**姓名、出生年月日、出生地、國籍、住居所及身分證統一編號等。

三、**令出示身分證明文件。**

　　四、若有明顯事實足認其有攜帶足以自殺、自傷或傷害他人生命或身體之物者，得**檢查**其身體及所攜帶之物。

　　依前項第二款、第三款之方法顯然無法查證身分時，警察得將該人民**帶往勤務處所**查證；帶往時非遇抗拒不得使用強制力，且其時間自攔停起，不得逾三小時，並應即向該管警察勤務指揮中心報告及通知其指定之親友或律師。

警察大人提醒你

一、本條勤務措施依序為：攔停→詢問→出示文件→檢查→帶往勤務處所等。

二、攔停（stop）。

（一）此處攔停係指為**查證身分，將行進中人、車、船及其他交通**工具，加以攔阻使其停止行進；或使非行進中之人停止其動作而言。

（二）攔停（stop）並非逮捕（arrest），前者需合理懷疑，後者需相當理由。

三、詢問（questioning）

（一）**詢問範圍**：姓名、出生年月日、出生地、國籍、住居所及身分證統一編號等，又因「詢問」（questioning）不等同「訊問」（interrogation），所以不必先行給予米蘭達警告。

（二）**罰則**：若有不實答覆或不為答覆之情形，依據社會秩序維護法第 67 條第 1 項第 2 款規定處罰。

（三）若超出上述詢問範圍（例如：人之行為、物之狀況、事實現象），執法人員僅能任意性詢問，受詢問者並無回答之義務。

▌社會秩序維護法 第 67 條

有下列各款行為之一者，處三日以下拘留或新臺幣一萬二千元以下罰鍰：

一、禁止特定人涉足之場所之負責人或管理人，明知其身分不加勸阻而不報告警察機關者。

二、於警察人員依法調查或查察時，就其姓名、住所或居所為不實之陳述或拒絕陳述者。

三、意圖他人受本法處罰而向警察機關誣告者。

四、關於他人違反本法，向警察機關為虛偽之證言或通譯者。

五、藏匿違反本法之人或使之隱避者。

六、偽造、變造、湮滅或隱匿關係他人違反本法案件之證據者。因圖利配偶、五親等內之血親或三親等內之姻親，而為前項第四款至第六款行為之一者，處以申誡或免除其處罰。

四、令出示身分證明文件

避免造成客體錯誤。

五、檢查

（一）**「若有明顯事實足認其有攜帶足以自殺、自傷或傷害他人生命或身體之物者，得檢查其身體及所攜帶之物」**，此處的**檢查**相當於美國警察實務的「**拍搜**」（frisk），係以手觸摸其身體衣服及所攜帶物品外部，不得有**侵入性動作**（例如：以手觸摸身體衣服內部或未得當事人同意逕行取出所攜帶之物品）。

（二）拍搜（frisk）不同搜索（search），前者僅止於**保護**執法者或他人安全目的而授權進行檢查，後者是刑事訴訟法授權澈底搜查。

六、帶往勤務處所

（一）顯然無法查證身分時，警察得將該人民帶往勤務處所查證，**一般稱為「同行」**[2]。自攔停時起，不得逾 3 小時，除非遇有抗拒，不得使用強制力，並應報告勤務指揮中心，通知指定親友或律師。

（二）**同行處所**：警察勤務處所。

（三）**同行時間**：自攔停時起，不得超過 3 小時。

（四）**同行告知**：勤指中心＋指定親友或律師。

（五）**強制力程度**：在帶往時，非遇抗拒不得使用強制力。

大法官釋字第 535 號解釋

臨檢應於現場實施，**非經受臨檢人同意或無從確定其身分或現場為之對該受臨檢人將有不利影響或妨礙交通、安寧者，不得要求其同行至警察局、所進行盤查**。其因發現違法事實，應依法定程序處理者外，身分一經查明，即應任其離去，不得稽延。

2　告知其提審權利，填寫及交付帶往勤務處所查證身分通知書，並通知受檢人及其指定之親友或律師。

第 8 條（攔停交通工具之要件與措施）

　　警察對於**已發生危害**或**依客觀合理判斷**易生危害之交通工具，得予以攔停並採行下列措施：

一、要求駕駛人或乘客出示相關證件或查證其身分。

二、檢查引擎、車身號碼或其他足資識別之特徵。

三、要求駕駛人接受酒精濃度測試之檢定。

　　警察因前項交通工具之駕駛人或乘客有異常舉動**而合理懷疑其將有危害行為時，得強制其離車；有事實足認其有犯罪之虞者，並得檢查交通工具。**

警察大人提醒你

一、立法目的：

　　（一）本條第 1 項是作為警察攔檢交通工具之發動基礎，第 2 項是在避免交通工具經攔停之後，因駕駛人或乘客有異常舉動有危害執勤員警或其自身可能時，得強制其離車之權。

（二）本法第 6、7 條攔停車輛是以預防犯罪為目的，本條是以交通違法為目的，二者顯然不同。

二、交通工具攔停後，**得依法查證駕駛人及乘客身分→檢查車輛資料→酒精檢測→強制駕駛者或乘客離車→檢查交通工具。**

三、已發生危害或**依客觀合理判斷**易生危害

　　客觀合理判斷，係以執勤員警經驗、現場之客觀事實，或其他環境狀況之整體性考量，所形成合理性之基礎。

四、**強制離車**

　　強制離車並非是為了維護交通秩序或取締交通違規所定，而是為了攔停交通工具後能順利查證，並確保執法安全，故不僅規定**駕駛人**有此配合義務，亦包括**乘客**在內。

五、檢查交通工具

（一）「有事實足認其有犯罪之虞者，並得檢查交通工具」，此處「檢查」與刑事訴訟法規定之「搜索」、警職法第 7 條對於攔停之人或其所攜帶之物進行「檢查」、警職法第 8 條第 1 項第 2 款「檢查」引擎、車身號碼或其他足資識別之特徵不同。

六、刑事訴訟法的搜索是法官保留原則；警職法第 7 條的「檢查」是為了保護執勤人員民眾安全，對攔停之人衣服外部或所攜帶之物進行拍搜（frisk）；警職法第 8 條第 1 項第 2 款「檢查」是針對引擎、車身號碼或其他足資辨別特徵；此處「檢查」交通工具必須基於「有事實足認其有犯罪之虞者」，而目視檢查交通工具之置物箱或後車廂。

例 1：警察依法攔停車輛，看到有注射針筒，經詢問而無正當理由時，因**有事實足認為**有犯罪之虞，便可以檢查交通工具，要求打開置物箱或後車廂，但不能達到搜索程度。

例 2：警察依法攔停車輛，看到有白色粉末，經詢問而無正當理由時，因有**相當理由**認為持有毒品，且深怕該白色粉末有被湮滅之虞，可依據刑事訴訟法進行搜索。

第 9 條（集會遊行活動資料之蒐集）

警察**依事實足認集會遊行**或**其他公共活動**參與者之行為，對公共安全或秩序有危害之虞時，於該**活動期間**，得予攝影、錄音或以其他科技工具，蒐集參與者現場活動資料。**資料蒐集無法避免涉及第三人者，得及於第三人。**

依前項規定蒐集之資料，**於集會遊行或其他公共活動結束後，應即銷毀之。**但為**調查犯罪或其他違法行為**，而有保存之必要者，不在此限。

依第二項但書規定保存之資料，除經起訴且審判程序尚未終結或違反組織犯罪防制條例案件者外，至遲應於資料製作完成時起**一年內銷毀之。**

一、依事實足認為

並非是抽象的經驗法則或是員警個人的猜測，而是應有事實足以作為預估相關人之舉動有危害公共安全或秩序之虞，才屬成立。

二、集會遊行

（一）集會，係指於公共場所或公眾得出入之場所舉行**會議、演說或其他聚眾活動**。

（二）遊行，係指於市街、道路、巷弄或其他公共場所或公眾得出入之場所之**集體行進**。

三、公共活動

以教育、娛樂或其他目的，不侷限特定參加人數，所組織集合而成的活動，例如：婚、喪、喜、慶等活動，因為此類活動不須經集會遊行法的申請許可，但有可能引發危害或犯罪之虞，所以可使用現代科技工具蒐集有關資料。

四、活動期間

集會遊行或其他公共活動開始至結束的期間，依學者之看法，**至少應包括緊接在活動前後之時刻**，但活動之預備階段則不屬之。

五、攝影、錄音或其他科技工具

若僅採用觀察或利用其他器具（例如：望遠鏡），而無攝影、錄音等作用，尚非屬對人權之干涉，無本條之適用。

六、蒐集資料對象

原則上是危害肇因者，也就是滋擾者，而未參與滋擾行動者或旁觀者，僅在事實上或技術上無法避免時，才准許之。

七、涉及基本權利

攝影、錄音等蒐集資料活動，涉及個人資訊自決權與集會遊行權，因此，此種攝影、錄音具有干預性質之活動，須有法律之授權，始得為之。

八、活動結束後資料立即銷毀

於集會遊行或其他公共活動結束後，資料應即銷毀之，除非是**調查犯罪**或**其他違法行為**，不在此限。（原則上立即銷毀。）

九、**保存期限為一年**

本條第 3 項規定，除經起訴且審判程序尚未終結或違反組織犯罪防制條例案件者外，至遲應於資料製作完成時起一年內銷毀之。

十、**攝影錄音蒐證之發動權限，由誰決定**

現場執法警察依事實情況決定。

第 10 條（裝設監控設備要件）

警察對於**經常發生或經合理判斷可能發生**犯罪案件之**公共場所或公眾得出入之場所**，為維護治安之**必要時**，得協調相關機關（構）**裝設監視器**，或以**現有之攝影或其他科技工具**蒐集資料。

依前項規定蒐集之資料，除**因調查犯罪嫌疑或其他違法行為**，有保存之必要者外，**至遲應於資料製作完成時起一年內銷毀之。**

一、**裝設要件**

經常發生或經合理判斷可能發生犯罪案件之場所，「**經常發生**」乃屬於發生頻率問題，「**合理判斷**」則是基於警察經驗，為防止公共場所或公眾得出入之場所發生危害。由此可知，警察只要「經合理判斷可能發生犯罪事件」及可要求裝設監視器，**不必以具體危害為前提**。

二、**場所**

公共場所係指不特定多數人共同使用或聚集的處所，重點在於公用，公眾得出入之場所係指不特人得出入之處所，例如：商店、餐廳、飯店、百貨公司等，重點在於出入。

三、**必要性之考量**

並非是任意設置，而是公益與私益的考量，**維護治安**與**個人行動自由權、個人資訊自決權**間的考量，又本條是基於預防犯罪而設置的，基於目的性原則，**本條不可作為其他用途**，例如裝設監視錄影器來取締交通違規車輛。

四、對象

第 10 條之監視錄影與**第 9 條之攝影錄音**有本質上之不同，第 9 條之設錄影音，係針對具有共同一致目的之公共活動的參與者為對象，目的在於蒐集可能的違法行為，**對象及目的均屬特定**。第 10 條之監視錄影，是一種開放空間的監視，以防制一般犯罪，對象僅是過往的人車，或是一般性、目的非合致的單純一群人，**對象及目的雖可確定但非特定**。

五、資料處理

第 10 條為了確保禁止他用，因此蒐集之資料除有保存之必要者外（調查犯罪嫌疑或其他違法行為），至遲應於資料製作完成時起「**一年內銷毀**」。（而第九條集會遊行活動資料之蒐集，原則上是應立即銷毀。）

模擬試題

___ 1. 下列何者**非**警察職權行使法制定之立法目的？

(A) 保護社會安全

(B) 制裁違序行為

(C) 規範警察依法行使職權

(D) 保障人民權益。

___ 2. 警察職權行使法所稱**警察**，係下列何者之總稱？

(A) 警察機關

(B) 警察人員

(C) 警察機關與警察人員

(D) 調查員、警察人員及憲兵

___ 3. 警察職權行使法第二條所列舉之**職權**類型，不包括下列何者？

(A) 查證身分

(B) 管束

(C) 直接強制

(D) 安置

___ 4. 警察行使職權時，應著制服或出示證件表明身分，並須告知事由，下列敘述何者錯誤？

(A) 屬於正當法律程序之規定

(B) 可獲得相對人之信賴

(C) 符合行政之明確性

(D) 行使職權須經分局長同意

___ 5. 《警察職權行使法》所稱警察機關主管長官，含所謂「其相當職務以上長官」，此在認定上須兼顧警察機關之下列何特性？

(A) 以職務等階、陞遷序列為衡量

(B) 組織特行及其實際勤務運作之指揮監督層級

(C) 以上級授權、官階層級為衡量

(D) 組織所屬及是否執行重點性之特種勤務單位

___ 6. 依警察職權行使法第 3 條之規定：「警察行使職權，不得以引誘、教唆人民犯罪或其他違法之手段為之。」為下列何種法律原則之適用？

(A) 比例原則

(B) 信賴保護原則

(C) 平等原則

(D) 誠信原則

___ 7. 依警察職權行使法第 3 條之規定，警察行使職權，不得逾越所欲達成執行目的之必要限度，且應以對人民權益侵害最少之適當方法為之，是下列何種法律原則？

(A) 比例原則

(B) 法律保留原則

(C) 平等原則

(D) 公益原則

___ 8. 依目前最高法院之見解，警察以「**釣魚**」方式辦案，下列敘述何者正確？

(A) 係指對於原已犯罪或具有犯罪故意之人，以設計引誘之方式，使其暴露犯罪事證而加以逮捕或偵查而言

(B) 學理上謂之陷害教唆

(C) 其手段已逾越偵查犯罪之必要程度

(D) 其所取得之證據資料，應不具有證據能力

___ 9. 依警察職權行使法第三條，警察行使職權，不得以何方法為之？

(A) 蒐集資料

(B) 直接強制

(C) 引誘、教唆人民犯罪

(D) 限制使用

___ 10. 警察職權行使法所稱之「警察職權」，下列敘述何者不正確？

(A) 屬干預行政之性質

(B) 為具體措施

(C) 廣義警察亦得行使之

(D) 屬公權力行政之

___ 11. 依據警察職權行使法之規定，警察行使職權時，應著制服或出示證件表名身分，並應告知事由。此項規定係實現下列何種行政法原理？

(A) 人民之行政救濟權

(B) 正當法律程序

(C) 信賴保護原則

(D) 誠實信用原則

___ 12. 依據警察職權行使法規定，警察行使職權致人受傷者，應予必要之救助或送醫救護。此項上述工作應歸屬於下列何種警察任務？

(A) 犯行追緝

(B) 危害防止

(C) 警察職務協助

(D) 警察保護私權

___ 13. 依警察職權行使法之規定，警察行使職權，下列何者有誤？

(A) 不得以引誘，教唆人民犯罪或其他違法之手段為之

(B) 未依規定著制服或出示證件表明身分，告知事由，人民得拒絕之

(C) 致人受傷者，應予必要之救助或送醫救護

(D) 已達成目的，應貫徹執行，不得終止

___ 14. 警察職權行使法第 6 條所規定之得實施身分查證措置情形，何者不以對象人存在具體的危險或嫌疑為必要？（複選題）

(A) 對象人行經指定公共場所、路段及管制站者

(B) 對象人滯留於應有停（居）留許可之處所，而無停（居）留許可者

(C) 對象人滯留於有事實足認有陰謀、預備、著手實施重大犯罪之處所者

(D) 對象人滯留於有事實足認有人犯藏匿之處所者

___ 15. 依據《警察職權行使法》之有關規定，下列何者為警察得據以查證身分之對象？（複選題）

(A) 合法進入之場所，合理懷疑其有犯罪之嫌疑者

(B) 於公共場所，合理懷疑其有犯罪之虞者

(C) 有事實足認其對已發生之犯罪或即將發生之犯罪知情者

(D) 滯留於應有停留許可之處所，而無停留許可者

(E) 行經指定之公共場所、路段及管制站者

___ 16. 警察基於維護國家元首安危之考量，指定正、副總統座車行經路段進行人別查證，符合下列何規定之要件？

(A)《警察職權行使法》第 6 條第 1 項 1 款

(B)《警察職權行使法》第 6 條第 1 項 2 款

(C)《警察職權行使法》第 6 條第 1 項 6 款

(D)《警察職權行使法》第 7 條

___ 17. 根據司法院大法官會議釋字第 535 號解釋，就警察人員對執行「場
所」之臨檢勤務，應限於已發生危害或依客觀合理判斷易發生危害之①
公共場所②處所③路段④交通工具⑤管制站為之，下列答案何者正確？
（複選題）

(A) ①②③

(B) ①②④

(C) ①③④

(D) ①③⑤

___ 18. 下列何者是《警察職權行使法》第 7 條授權查證身分之措施？（複選題）

(A) 攔停

(B) 詢問

(C) 令出示身分證件

(D) 管束

(E) 照相

___ 19. 根據「警察職權行使法」第 7 條第 1 項第 4 款之規定，進行「檢查」之
界限，下列何者正確？

(A) 該「檢查」相當於海關緝私條例之「司法搜索」

(B) 該「檢查」相當於刑事訴訟法之「行政搜索」

(C) 得就目視所及範圍加以檢視，並對當事人身體外部及所攜帶物品之內
容進行盤問，要求當事人任意提示

(D) 必要時，得以手觸摸其身體衣服及所攜帶物品外部，但須先經被檢查
人之同意始得為之

___ 20. 依據法令規範之期間先後或法律之邏輯，下列四種規定之先後順序應為
如何？甲、大 法官釋字第五三五號解釋；乙、警察法；丙、警察勤務條例；
丁、警察職權行使法。

(A) 甲乙丙丁

(B) 乙丙甲丁

(C) 丙甲乙丁

(D) 乙丙丁甲

___ 21. 警察於**公共場所或合法進入之場所**，得對人民**查證身分**之事由，不包括下列何者原因？

(A) 有事實足認為防止其本人身體之具體危害，有查證其身分之必要

(B) 有事實足認為防止其本人財產之具體危害，有查證其身分之必要

(C) 有事實足認為防止他人生命之具體危害，有查證其身分之必要

(D) 合理懷疑其有犯罪之嫌疑

___ 22. 依據警察職權行使法第六條規定，下列何者非該條明定警察得實施查證身分措施之對象？

(A) 合理懷疑其有犯罪嫌疑者

(B) 有事實足認其對即將發生之犯罪知情者

(C) 行經指定之路段者

(D) 於夜間尚滯留於營業場所者

___ 23. 警察對下列何者查證身分，係基於防止**潛在危害**之目的？

(A) 合理懷疑其有犯罪之嫌疑

(B) 有事實足認其對已發生之犯罪知情

(C) 行經指定之管制站

(D) 滯留於有事實足認有人犯藏匿之處所

___ 24. 依「警察職權行使法」規定，下列何者**不屬於**由警察執法人員於公共場所經由個別判斷以決定是否進行查證身分之情形？

(A) 合理懷疑其有犯罪之嫌疑或有犯罪之虞者

(B) 有事實足認其對已發生之犯罪或即將發生之犯罪知情者

(C) 行經指定公共場所、路段及管制站者

(D) 有事實足認為防止他人生命之具體危害，有查證其身分之必要者

___ 25. 依司法院大法官釋字第 535 號解釋意旨，下列有關臨檢執法之敘述，何者正確？（複選題）

(A)「警察勤務條例」非單純之組織法，兼有行為法之性質

(B) 臨檢屬警察執行勤務方式之一種

(C) 實施臨檢之要件、程序及救濟，均應有法律明確規範

(D) 私人居住之空間者，並應受住宅相同之保障

(E) 警察臨檢得對已發生危害或依客觀、合理判斷易生危害之交通工具為之

___ 26. 依司法院大法官釋字第 535 號解釋意旨，警察臨檢實施之手段，對人或物之查驗、干預，影響人民下列何種權利甚鉅，應恪遵法治國家警察執勤之原則？（複選題）

(A) 行動自由

(B) 居住自由

(C) 財產權

(D) 隱私權

(E) 平等權

___ 27. 依據警察職權行使法第 6 條第 1 項第 6 款之規定：警察得對行經指定公共場所、路段及管制站者查證身分。此處「**指定公共場所、路段及管制站」之指定者**，不包括下列何者？

(A) 桃園市政府警察局刑事警察大隊大隊長

(B) 桃園市政府警察局少年警察隊隊長

(C) 桃園市政府警察局大溪分局偵查隊隊長

(D) 桃園市政府警察局交通警察隊隊長

28. 下列有關警察職權行使法之敘述，何者正確？

(A) 警察職權行使法係依「警察法」規定制定的

(B) 本法於其他司法警察人員執行職務時，準用之

(C) 本法所稱警察，係指警察機關與警察人員之總稱

(D) 本法所稱警察機關主管長官，限指地區警察分局長，不含相當職務以上長官

29. 依警察職權行使法規定，為查證人民身分，警察得將該人民帶往勤務處所，惟其時間不得逾 3 小時，此時間自何時起算？

(A) 自攔停時起算

(B) 自到達勤務處所時起算

(C) 依第 7 條第 2 款、第 3 款之方法顯然無法查證身分時起算

(D) 自通知其指定之親友或律師到達時起算

30. 警察依警察職權行使法第 6 條第 1 項第 6 款規定，對於行經指定公共場所、路段及管制站者，得查證其身分。其中所謂之「指定」，下列何者具有指定權限？

(A) 警察分局長

(B) 警察分局業務組長

(C) 警察派出所長

(D) 執行之基層員警中職位最高者

31. 依警察職權行使法第七條，警察依前條規定，為查證人民身分，得採取下列之何種必要措施？

(A) 攔停人、車、船及其他交通工具

(B) 詢問姓名、出生年月日、出生地、國籍、住居所及身分證統一編號等

(C) 令出示身分證明文件

(D) 以上皆是

___ 32. 下列何者為「警察職權行使法」**第7條**所規定為查證人民身分，得採取之必要措施？（複選題）

(A) 攔停交通工具

(B) 詢問姓名及行為意圖

(C) 令出示身分證明文件

(D) 為安全而檢查其身體及所攜帶之物

(E) 要求駕駛人接受酒精濃度測試之檢定

___ 33. 警察依警察職權行使法查證人民身分之相關規定，下列敘述何者錯誤？

(A) 查證人民身分時，應著制服或出示證件表明身分，並應告知事由

(B) 未隨身攜帶身分證，致無法查證人民身分時，得將該人民強制帶往警察勤務機構查證

(C) 依法帶往警察勤務處所查證人民身分之時間，自攔停時起算不得逾三小時

(D) 依法帶往警察勤務處所查證身分時，應即向該管警察勤務指揮中心報告並通知其指定之親友或律師

___ 34. 警察依警察職權行使法規定查證某甲身分，某甲於受檢時拒不配合查證，警察遂將某甲帶回派出所查證，某甲刻意將查證時間拖延將近三小時，始陳述不實之身分資料，警察經查身分不符，但其時間已屆 3 小時，警察應如何處置最為適當？

(A) 依警察職權行使法應任其離去

(B) 依刑法妨害公務逮捕移送法辦

(C) 依社會秩序維護法逕行調查，並依第 67 條妨害安寧秩序裁罰

(D) 依行政執行法實施管束

___ 35. 依據警察職權行使法規定，警察詢問姓名、出生資料等或令出示身分證明文件，依此顯然無法查證身分時，警察得採取許多必要措施並應符合法定程序，下列何者**並非**此必要措施或法定程序？

(A) 得將人民移由地方法院檢察署審理

(B) 得將人民帶往警察勤務處所查證

(C) 帶往時非遇抗拒不得使用強制力

(D) 查證時間自攔停起，不得逾 3 小時

___ 36. 依據警察職權行使法規定，警察對於**已發生危害或依客觀合理判斷易生危害之交通工具**，得予以攔停並採取必要措施。請問下列何者並非此法定措施之？

(A) 要求駕駛人出示相關證件

(B) 開啟後車箱並進行檢查

(C) 檢查引擎、車身號碼

(D) 要求駕駛人接受酒測

___ 37. 下列何者係屬警察職權行使法所稱警察機關之主管長官？（複選題）

(A) 內政部警政署保安警察第六總隊第一警官大隊大隊長

(B) 直轄市政府警察局所屬分局偵查隊隊長

(C) 鐵路警察局高雄分局分局長

(D) 澎湖縣警察局望安分局分局長

(E) 內政部警政署保安警察第二總隊刑事警察大隊大隊長

___ 38. 警察為查證人民身分，得採取之必要措施，下列何者屬之？

(A) 強制其離車

(B) 詢問其連絡電話

(C) 要求接受酒精濃度測試之檢定

(D) 必要時，得檢查其身體及所攜帶之物

___ 39. 警察人員依「警察職權行使法」行使職權時，下列敘述何者正確？

(A)依該法第 4 條規定，警察行使職權時，應著制服且出示證件表明身分，並應告知事由

(B)按該法第 6 條第 1 項第 6 款規定之性質，係屬集體攔停，警察執行路檢勤務，因路檢地點業經警察機關主管長官指定，故對行經路檢點者無須合理懷疑，即應全數攔停查證身分

(C)按該法第 8 條第 1 項規定之性質，係屬隨機攔停，故必須「合理懷疑」交通工具「已發生具體危害」或「依客觀合理判斷易生危害」，始得對駕駛人實施攔停

(D)警察於公共場所看見一名駕駛人牽機車之際，經合理懷疑有毒品犯罪嫌疑或有犯罪之虞，即查證其身分，惟未發現毒品等事證，但聞到該民眾身上散發酒味，依該法第 8 條規定，應要求該民眾接受酒精濃度測試檢定

___ 40. 警察於集會遊行活動期間，認為參與者之行為對公共安全或秩序有危害之虞時，得予攝影、錄音或以其他科技工具，蒐集參與者現場活動資料的執法依據為何？

(A) 集會遊行法
(B) 警察法
(C) 刑事訴訟法
(D) 警察職權行使法

___ 41. 依警察職權行使法第九條，警察依事實足認集會遊行或其他公共活動參與者之行為，對公共安全或秩序有危害之虞時，於該活動期間，得予攝影、錄音或以其他科技工具，蒐集參與者現場活動資料。資料蒐集無法避免涉及第三人者，該如何處理？

(A) 不得及於第三人
(B) 得及於第三人
(C) 得及於第三人惟須經第三人同意
(D) 得及於第三人惟須將第三人部分刪除

___ 42. 依警察職權行使法第九條，蒐集之資料，於集會遊行或其他公共活動結束後，如非調查犯罪或其他違法行為，應如何處理資料？

(A) 保存三年
(B) 保存一年
(C) 銷毀
(D) 沒有規定

___ 43. 依據警察職權行使法之規定，下列警察取得之資料何者原則上應於製作完成時起 1 年內銷毀？

(A) 參與遊行者之現場活動資料
(B) 遴選第三人秘密蒐集所得之資料
(C) 治安顧慮人口之查訪資料
(D) 公共場所監視錄影器所蒐集之資料

___ 44. 依警察職權行使法第十條，警察對於經常發生或經合理判斷可能發生犯罪案件之公共場所或公眾得出入之場所，為維護治安之必要時，得協調相關機關（構）裝設監視器，或以現有之攝影或其他科技工具蒐集資料。依前項規定蒐集之資料，除因調查犯罪嫌疑或其他違法行為，有保存之必要者外，至遲應於資料製作完成時起多久內銷毀之？

(A) 六個月

(B) 一年

(C) 二年

(D) 三年

___ 45. 依據警察職權行使法第 10 條裝設之監視器所蒐集之資料，除因調查犯罪嫌疑或其他違法行為，有保存之必要者外，至遲應於資料製作完成時起多久內銷毀之？

(A) 立即銷毀

(B) 一個月

(C) 三個月

(D) 一年

答案：1B 2C 3D 4D 5 B 6D 7A 8A 9C 10C 11C 12B 13D 14ABCD 15ABCDE 16C 17B 18ABC 19C 20B 21B 22D 23D 24C 25ABCDE 26ACD 27C 28C 29A 30A 31D 32ACD 33B 34C 35A 36B 37ACDE 38D 39C 40D 41B 42C 43D 44B 45D

第 11 條（以監視方法蒐集重罪虞犯生活言行資料）

警察對於下列情形之一者，為防止犯罪，認有必要，**得經由警察局長書面同意後**，於一定期間內，對其**無隱私或秘密合理期待之行為或生活情形**，以目視或科技工具，**進行觀察及動態掌握**等資料蒐集活動：

一、有事實足認其有觸犯最輕本刑五年以上有期徒刑之罪之虞者。

二、有事實足認其有參與**職業性、習慣性、集團性或組織性犯罪**之虞者。

前項之期間每次不得逾一年，如有必要得延長之，**並以一次為限**。已無蒐集必要者，應即停止之。

依第一項蒐集之資料，於達成目的後，**除為調查犯罪行為**，而有保存之必要者外，應即銷毀之。

一、立法目的：

（一）警察偵查犯罪時難免對偵查對象實施跟監，跟監執行要領雖規定在警察偵查犯罪手冊第 6 章第 4 節，惟跟監有可能侵害個人隱私權，原訂定警察職權行使法第 11 條作為授權依據。

（二）警察職權行使法第 11 條規定**並不包含通訊監察**，警察如須實施通訊監察自應依「通訊保障及監察法」相關規定辦理。

二、防止犯罪：

警察為防止犯罪，採取監視措施，但並非所有犯罪都可以採取此種類型的措施，須限定於「最輕本刑五年以上有期徒刑之罪」、「職業性、習慣性、集團性或組織性犯罪」二大類。

三、無秘密或合理隱私期待之行為或生活情形：

（一）係指一個人對其行為或生活情形，**在主觀上**，是否反映出保持秘密或有隱私之期待，**在客觀上**，所期待的秘密或隱私，必須社會認為是合理的。例如：

在緊密的空間或私人住宅內活動，皆屬於**合理的隱私期待**，若未經當事人同意就蒐集住宅內的動態，則屬於**侵犯個人的合理隱私期待**[3]。

（二）例如：一個人在公共電話亭打電話，不把門拉上，且講話時旁若無人；此時，其電話中談論內容，即不得主張有秘密或合理隱私期待。又如，一個人在家裏裸露身體，未將窗簾拉起來，且其房間玻璃又是透明的，正巧被其對面鄰居看到，則其裸露行為，亦屬無秘密或合理的隱私期待可言。

四、監視方式：

以目視或科技工具。

五、進行觀察或動態掌握：

警察監視活動可分為**靜態**與**動態**監視二種情形，前者係就固定處所，就特定人進行秘密監視，後者係指跟蹤，亦即以特定人車為對象，以徒步或車輛尾隨對象，蒐集其活動資料。**本條「進行觀察或動態掌握」，已包含靜態與動態監視之意涵**，但絕不容許進入私人住宅裝設竊聽、錄影設備，以進行秘密蒐集資料活動。

六、有事實足認其有觸犯最輕本刑五年以上有期徒刑之罪之虞者：

「有事實足認」是指除了警察經驗判斷外，還須符合一定的事實作為佐證，另所犯最輕本刑 5 年以上有期徒刑始能以監視方法蒐集資料。

七、有事實足認其有參與職業性、習慣性、集團性或組織性犯罪之虞者：

（一）職業性：以職業之意思傾向，反覆實行同種行為之犯罪。

---

3 美國加州警察去撿嫌犯放在院子垃圾桶裏面的東西，天天去蒐集，結果有一天發現毒品分裝袋，警察就拿該分裝袋去化驗，結果有毒品反應，即據以向法官聲請搜索票，後被告主張警察翻閱院子裏的垃圾桶是非法搜索，因為被告對垃圾桶有隱私期待。這個案子，加州最高法院認定是非法搜索，過被美國聯邦最高法院推翻，**因美國聯邦最高法院認為，放在院子內的垃圾隨時可能被貓、狗咬出，根本不可能有秘密或合理的隱私期待。**

（二）**習慣性**：以習慣性之意思傾向，反覆或繼續實行同種行為之犯罪，竊盜慣犯、搶奪慣犯、煙毒慣犯等。

（三）**集團性**：3人以上以集體方式或分工方式，共同從事不法的犯罪行為，**排除個別不法行為與偶發共犯**。例如：竊車犯罪集團，其犯罪成員包括竊盜、贓物、偽造文書及走私等罪犯；另信用卡盜刷案件，亦多屬集團性之經濟犯罪

（四）**組織性**：組織犯罪條例第2條所稱犯罪組織，指三人以上，以實施強暴、脅迫、詐術、恐嚇為手段或最重本刑逾五年有期徒刑之刑之罪，所組成具有持續性及牟利性之有結構性組織。有結構性組織，指非為立即實施犯罪而隨意組成，不以具有名稱、規約、儀式、固定處所、成員持續參與或分工明確為必要。

八、程序要件：

（一）須有**警察局長書面同意**。（僅限警察局長的同意）

（二）遵守期間限制：警察採行監視措施，應於一定期間內為之，所為一定期間，**每次不得逾一年，若有延長必要時，以一次為限**。

（三）監視蒐集資料處理：於達成目的後，**除為調查犯罪行為**，而有保存之必要者外，**應即銷毀之**。

九、綜合整理

項目	資料銷毀	資料保存
第9條 集會遊行、公開活動資料蒐集	集會遊行、其他公共活動**結束後**，應即銷毀之。	1. 為**調查犯罪、其他違法行為**，而有保存必要者 2. 除經**起訴且審判程序尚未終結**或**違反組織犯罪防制條例案件**者外，至遲應於資料製作完成時起1年銷毀之。
第10條 裝設監控設備之要件	至遲應於資料製作完成時起**一年內**銷毀之	**因調查犯罪嫌疑、其他違法行為**，而有保存必要

| 第 11 條 犯罪情報蒐集要件 | **達成目的**後應即銷毀 | **除為調查犯罪行為，而有保存必要者** |

第 12 條（線民蒐集個人資料 -1）

警察**為防止危害或犯罪**，認對**公共安全、公共秩序或個人生命、身體、自由、名譽或財產**，將有危害行為，或有觸犯刑事法律之虞者，得遴選第三人秘密蒐集其相關資料。

前項資料之蒐集，必要時，得及於與蒐集對象接觸及隨行之人。

第一項所稱第三人，係指**非警察人員**而經警察遴選，志願與警察合作之人。經遴選為第三人者，**除得支給實際需要工作費用外，不給予任何名義及證明文件，亦不具本法或其他法規賦予警察之職權**。其從事秘密蒐集資料，**不得有違反法規之行為**。

第三人之遴選、聯繫運用、訓練考核、資料評鑑及其他應遵行事項之辦法，由內政部定之。

一、實體要件

（一）須認為特定個人將有危害行為或有觸犯刑事法律之虞時

警察運用第三人蒐集個人資料時，必須以該個人之行為，將會危害公共安全、公共秩序或個人生命、身體、自由、名譽、財產者，或其行為有觸犯刑事法律之虞時為限，又運用第三人蒐集個人資料時，如果有必要，得及於與蒐集對象接觸及隨行之人。

（二）第三人工作須警察特別請託

第三人必須**不具有警察人員身分**，且經警察遴選，**志願**與警察合作之人，由此可知，第三人之工作並非是自發性的，而是由警察特別委託蒐集資料。

二、程序要件

（一）第三人身分須經遴選核准

經該管**警察局長、警察分局長**核准後，始得運用第三人蒐集資料。

（二）第三人義務

經遴選為第三人者，**除得支給實際需要工作費用外，不給予任何名義及證明文件，亦不具本法或其他法規賦予警察之職權**。其從事秘密蒐集資料，不得有違反法規之行為。

（三）其他遵行事項

第三人之遴選、聯繫運用、訓練考核、資料評鑑及其他應遵行事項之辦法，由**內政部**定之。

※ 警察遴選第三人蒐集資料辦法

▌第 1 條

本辦法依**警察職權行使法**（以下簡稱本法）第十二條第四項規定訂定之。

▌第 2 條（警察局長或警察分局長之核准）

警察遴選第三人時，應以**書面**敘明下列事項，**陳報該管警察局長或警察分局長核准後實施**：

一、遴選第三人蒐集資料之原因事實。

二、蒐集對象之基本資料。

三、蒐集資料之項目。

四、第三人個人資料及適任理由。

五、指定專責聯繫運用之人員（以下簡稱專責人員）及其理由。

第三人之真實姓名及身分應予**保密，並以代號或化名為之**，警察製作文書時不得記載第三人之年齡、住居所、國民身分證統一編號或護照號碼及其他足資識別其身分之資料。第三人之簽名以捺指印代之。

專業警察遴選第三人及核准程序，準用前二項規定。

第3條（查核事項）

警察遴選第三人，應查核下列事項：

一、忠誠度及信賴度。

二、工作及生活背景。

三、合作意願及動機。

第4條（第三人之訓練）

遴選第三人經核准後，除最近二年內曾任第三人者外，應實施下列訓練：

一、蒐集資料之方法及技巧。

二、保密作為。

三、狀況之處置。

四、相關法律程序及法律責任。

五、本法規定及其他注意事項。

前項訓練由專責人個別指導。

第5條（告知事項）

第三人完成訓練後，應以口頭或其他適當方式交付任務，並告知下列事項：

一、簡要案情狀況。

二、蒐集對象資料及其可能從事之危害或犯罪行為。

三、蒐集資料項目。

四、任務起迄時間。

五、聯繫方法。

六、其他應行注意之事項。

▌第 6 條（運用期限）

　　警察遴選第三人蒐集資料之期間不得逾一年。認有繼續蒐集必要時，得於期間屆滿前依第二條第一項程序報准延長之。**但延長期間不得逾一年，以一次為限**。

▌第 7 條（終止關係）

　　警察遴選第三人蒐集資料，有下列情形之一者，應依第二條第一項程序，報請終止合作關係，並即告知第三人：

一、原因事實消失者。

二、蒐集目的達成者。

三、有事實足認不適任者。

▌第 8 條（警察與第三人之連繫）

　　警察與第三人聯繫，應注意保密，並主動探詢其蒐集資料情形。

　　第三人之陳述有保全之必要，得經其同意後，予以錄音留存；其交付之證據資料，應載明取得之過程與方法。

　　第二項之錄音紀錄或證據資料，應依第十一條規定管理。

▌第 9 條（適時檢討）

　　警察應隨時考核第三人之忠誠度及信賴度，**並適時檢討其工作成效**。

　　前項工作成效未達預期者，得視案情狀況，加強其蒐集資料技巧及方法之訓練。

　　第三人之忠誠度、信賴度或工作成效經評估認為已不適任者，**應停止執行，並依第七條報請終止合作關係**。

第 10 條（評鑑蒐集資料之可信性）

警察對第三人所蒐集之資料，應客觀判斷其取得過程及方法，參酌經驗及結果事實情況，評鑑其可信性。

前項資料經研判認為可信，且具證據價值者，應依下列方式處理：

一、資料欠詳盡者，應告知繼續蒐集；必要時，應予適當之指導。

二、資料足資證明特定人有危害或犯罪行為者，應依法處理。

第一項資料經研判認為不可信者，依前條規定處理。

第 11 條（專案建檔）

警察遴選第三人及第三人蒐集之資料，**應注意保密，專案建檔**，並指定**專人依機密檔案管理辦法**管理之。

前項檔案文件，除法律另有規定者外，**不得**供閱覽或提供偵查、審判機關以外之其他機關、團體或個人。

第一項文件供閱覽時，應由啟封者及傳閱者在卷面騎縫處簽章，載明啟封及傳閱日期，並由啟封者併前手封存卷面，重新製作卷面封存之。

第 12 條

依本法第十二條第三項規定支給第三人實際工作需要費用時，**應以專責人員名義具領後，親自交付第三人。**

前項經費由各警察機關自行編列預算支應。

第 13 條

本辦法自中華民國九十二年十二月一日施行。

第 13 條（以線民蒐集個人資料 -2）

　　警察依前條規定遴選第三人秘密蒐集特定人相關資料，應敘明原因事實，經該管**警察局長或警察分局長**核准後實施。

　　蒐集工作結束後，警察應與第三人**終止合作關係**。但新發生前條第一項原因事實，而有繼續進行蒐集必要且經核准者，得繼續合作關係。

　　依前條第一項所蒐集關於涉案對象及待查事實之資料，**如於相關法律程序中作為證據使用時，應依相關訴訟法之規定**。該第三人為證人者，適用關於**證人保護法**之規定。

　　一、核准權：

　　警察局長或警察分局長有核准權力，本條不同於第 11 條之規定，針對「以監視方法蒐集重罪虞犯生活言行資料」，僅有警察局長才有核准權力。

　　二、證據使用：

　　蒐集關於涉案對象及待查事實之資料，**如於相關法律程序中作為證據使用時，應依相關訴訟法之規定**。

　　三、證人保護：

　　第三人為證人者，適用關於**證人保護法**之規定。

※ 第三人之運用

一、目的：警察為防止危害或犯罪，認對公共安全、公共秩序或個人生命、身體、自由、名譽或財產，將有危害行為，或有觸犯刑事法律之虞者，得遴選第三人秘密蒐集其相關資料，**且該人須非警察人員。**

二、查核：警察遴選第三人，應查核**忠誠度及信賴度、工作及生活背景、合作意願及動機**等事項。

三、核准：遴選之後，須經**警察局長與警察分局長**核定。

四、待遇：支給實際需要工作費用。

五、身分：不給予任何名義及身分證明文件。

六、職權：不具警察職權行使法或其他法規所賦予的警察職權。

七、期限：警察遴選第三人蒐集資料之期間**不得逾一年**。認有繼續蒐集必要時，得於期間屆滿前報准延長之。但延長期間不得逾一年，以一次為限。

八、終止：原因事實消失者、蒐集目的達成者、有事實足認不適任者。

九、檢討：警察應隨時考核第三人之忠誠度及信賴度，並適時檢討其工作成效。

十、建檔：警察遴選第三人及第三人蒐集之資料，應注意保密，專案建檔，並指定專人依**機密檔案管理辦法**管理之。

第14條（得通知到場之對象）

警察對於下列各款之人，得以口頭或書面敘明事由，**通知**其到場：

一、有**事實足認其能提供警察完成防止具體危害任務之必要資料者。**

二、有**事實足認為防止具體危害，而有對其執行非侵入性鑑識措施之必要者。**

依前項通知到場者，應**即時**調查或執行鑑識措施。

一、**影響權利**：通知某人到場，並要求其提供資訊或執行非侵入性鑑識措施，已牽涉個人資訊自決權，故訂定第 14 條以作為法律依據。

二、**通知**

（一）**定義**：所謂通知是要求某人於特定時間至警察單位報到，也就是法條中的「到場」，目的是為了**提供資料**與**執行非侵入性鑑識措施**。

（二）**性質**：此處的通知應是行政處分或事實行為？因本條文內容針對不到場之行為，**並無任何罰則規定，亦不可使用強制力**，所以定位為「**事實行為**」較宜。

（三）**對象**：有關案件之事實，形成、經過與事實狀況，若有當事人或是第三人，比警察機關更為知悉或掌握正確資料者，為經濟及效率考量，可藉由**法律課予人民協力義務或負擔**。因此，被通知人可能包括「製造危害的人」、「對危害知情的證人」，也可能包括「其他關係人」，所以**不限於製造危害或本身產生危害之人**。

（四）**方式**：警察職權行使法第 14 條所定之通知，僅規定敘明事由，且得以**口頭或書面**為之，並未嚴格要求一定的要式記載。因此只要敘明**事由**及**到場之時間、地點**為已足；惟如以口頭通知，宜有書面紀錄（例如：電話紀錄），以明權責。

（五）**目的**：警察職權行使法第 14 條目的在於「**要求人民提供資料**」和「**對人民執行非侵入性鑑識措施**」，但不得逾越行政程序法第 39 條規定「**調查事實與證據**」之範圍，而任意擴張。

三、**要件**

（一）**有事實足認其能提供警察完成防止具體危害任務之必要資料者**

1. 警察之通知，必須和特定案件具體案件相關連，**排除一般性探詢或探聽消息為目的之通知**。

2. 案例：近來菜市場深夜有縱火情事發生，幸好未釀成災害，為防止具體危

害，警察請鄰近加油站業者，提供最近深夜民眾拿汽油桶加油的影像資料。

（二）有事實足認為防止具體危害，而有對其執行非侵入性鑑識措施之必要者

1. 非侵入性鑑識措施包括**量身高體重、照相、錄音、錄影、採取指紋、掌紋**，並不包括採取驗「**唾液**」，主要目的是用來「**確認身分**」。（如果警察違反民眾的意願，要採取毛髮、唾液、聲調、吐氣，以作為犯罪之證據，則需要有刑事訴訟法之授權，不可依據警察職權行使法第**14條**）

2. 案例：失智老人走在車水馬龍的街頭，極易引起車禍事故，若其身上並無身分證明文件，又無法意識清楚回答警方的問話，警察就有必要以非侵入性鑑識措施，採集其身高、體重資料，發布後請家屬領回。

第15條（查訪治安顧慮人口）

警察為維護社會治安，並防制下列治安顧慮人口再犯，得**定期**實施查訪：

一、曾犯殺人、強盜、搶奪、放火、**妨害性自主**、恐嚇取財、擄人勒贖、**竊盜、詐欺、妨害自由**、組織犯罪之罪，**經執行完畢或假釋出獄者**。

二、受毒品戒治人或曾犯**製造、運輸、販賣、持有**毒品或槍砲彈藥之罪，**經執行完畢或假釋出獄者**。

前項查訪期間，以刑執行完畢或假釋出獄後**三年內為限**。但假釋經撤銷者，其假釋期間不列入計算。

治安顧慮人口查訪項目、方式及其他應遵行事項之辦法，由內政部定之。

一、新加入**詐欺**與**妨害自由罪**，配合修法刪除**常業竊盜罪**，改新增**竊盜罪**。

二、**本條內容：**

（一）**任意性措施**：警察職權行使法第15條並**未賦予警察機關任何強制力**，所以查訪治安顧慮人口的行為乃是「**任意性措施**」，並沒有課予受查訪人接受查訪義務之強制力，**當事人若拒絕警察之查訪，警察只能用其他資料蒐集之手段**，所以「查訪治安顧慮人口」並非是行政處分，而是**事實行為**。

（二）**行政指導**：警察在查訪治安顧慮人口時，是在蒐集治安顧慮人口的工作、交往、生活情形，及其他有助於維護社會治安及防制對象再犯之必要資料，所以是一種**資料蒐集活動**，若警察發現查訪對象有違法之虞時，**應以勸告或其他適當方法，促其不再犯，故此時是具有「行政指導」之性質**（行政程序法第166條），如果受查訪人明確拒絕指導時，警察應停止，並不得據此對受查訪人作出不利之處置。

行政程序法第 165 條

本法所稱**行政指導**，謂行政機關在其職權或所掌事務範圍內，為實現一定之行政目的，**以輔導、協助、勸告、建議或其他不具法律上強制力之方法，促請特定人為一定作為或不作為之行為。**

行政程序法第 166 條

行政機關為行政指導時，應注意有關法規規定之目的，不得濫用。

相對人明確拒絕指導時，行政機關應即停止，並不得據此對相對人為不利之處置。

※ 治安顧慮人口查訪辦法

第 1 條

本辦法依警察職權行使法（以下簡稱本法）第十五條第三項規定訂定之。

第 2 條

依本法第十五條第一項規定得定期實施**查訪對象**如下：

①曾犯刑法第二百七十一條或第二百七十二條之殺人罪者。

②曾犯刑法第三百二十八條至第三百三十二條之強盜罪者。

③曾犯刑法第三百二十五條至第三百二十七條之搶奪罪者。

④曾犯刑法第一百七十三條第一項、第一百七十四條第一項、第一百七十五條第一項或第二項之放火罪者。

⑤曾犯刑法第二百二十一條、第二百二十二條、第二百二十四條至第二百二十七條、第二百二十八條或第二百二十九條之妨害性自主罪者。

⑥曾犯刑法第三百四十六條之恐嚇取財罪者。

⑦曾犯刑法第三百四十七條或第三百四十八條之擄人勒贖罪者。

⑧曾犯刑法第三百二十條或第三百二十一條之竊盜罪者。

⑨曾犯刑法第三百三十九條、第三百三十九條之一、第三百三十九條之二、第三百三十九條之三或第三百四十一條之詐欺罪者。

⑩曾犯刑法第二百九十六條、第二百九十六條之一、第三百零二條、第三百零四條或第三百零五條之妨害自由罪者。

⑪曾犯組織犯罪防制條例之罪者。

⑫毒品危害防制條例第二十五條第二項所定之受毒品戒治人。

⑬曾犯毒品危害防制條例所定製造、運輸、販賣、持有毒品之罪者。

⑭曾犯槍砲彈藥刀械管制條例所定製造、運輸、販賣、持有槍砲彈藥之罪者。

前項查訪期間，以刑執行完畢或假釋出獄後**三年內**為限。

▋ 第 3 條

警察實施**查訪項目**如下：

一、**查訪對象之工作、交往及生活情形。**

二、**其他有助於維護社會治安及防制查訪對象再犯之必要資料。**

▋ 第 4 條

治安顧慮人口由**戶籍地警察機關**每個月實施查訪一次。**必要時，得增加查訪次數。**

戶籍地警察機關發現查訪對象**不在戶籍地**時，**應查明及通知所在處所之警察機關協助查訪**；其為行方不明者，**應通報直轄市、縣（市）政府警察局協尋。**

第 5 條（比例原則）

警察實施查訪，應選擇適當之時間、地點，**以家戶訪問或其他適當方式為之，**並應注意避免影響查訪對象之**工作及名譽**。

第 6 條

警察實施查訪，**應於日間為之**。但與查訪對象約定者，不在此限。

第 7 條

警察實施查訪時，**應著制服或出示證件表明身分，並應告知事由**。

第 8 條

警察發現查訪對象有違法之虞時，應以勸告或其他適當方法，促其不再犯。

第 9 條

警察依本法第六條至第十條規定實施身分查證及資料蒐集，發現**行方不明治安顧慮人口之第三條所定資料時，應通報其戶籍地警察機關。**

第 10 條

本辦法自中華民國九十二年十二月一日施行。

本辦法修正條文自發布日施行。

第 16 條（資料傳遞）

警察於其行使職權之目的範圍內，必要時，**得依其他機關之請求，傳遞與個人有關之資料。其他機關亦得依警察之請求，傳遞其保存與個人有關之資料。**

前項機關對其傳遞個人資料之正確性，應負責任。

一、目的範圍內

本條規定須在警察行使職權之目的範圍內，必要時，得傳遞與個人有關資料給其他行政機關，所以只能對於維持公共安全、社會秩序有幫助之目的為限。

二、相互傳遞

機關間相互傳遞個人資料，原則上應由需求機關請求，此屬機關間之職務協助。

第 17 條（資料利用）

警察對於依本法規定所蒐集資料之利用，**應於法令職掌之必要範圍內為之，並須與蒐集之特定目的相符**。但法律有特別規定者，不在此限。

一、警察蒐集之資料

警察有多種蒐集資料的方法，但是蒐集資料目的與方法，應符合機關任務需求及法律之授權，例如：警察利用科技工具，針對「有事實足認為觸犯最輕本刑5年以上有期徒刑之罪之虞者」，加以動態掌握或進行觀察，對於所錄影的影像，僅能供防止犯罪之用，若超過合理範圍，供其他人觀賞或其他目的之使用（政治情蒐、個人私領域），明顯已侵害個人的權利。

二、目的拘束原則

對個人資料之利用，應適用「目的性原則」，**警察機關使用個人資料應於法令執掌之必要範圍內，並應與蒐集之特定目的相符**。

▌個資法第 5 條

個人資料之蒐集、處理或利用，應尊重當事人之權益，依誠實及信用方法為之，**不得逾越特定目的之必要範圍，並應與蒐集之目的具有正當合理之關聯**。

第 18 條（資料註銷）

警察依法取得之資料對警察之完成任務不再有幫助者，應予以**註銷或銷毀**。但資料之註銷或銷毀將危及被蒐集對象值得保護之利益者，不在此限。

應註銷或銷毀之資料，不得傳遞，亦不得為不利於被蒐集對象之利用。除法律另有特別規定者外，所蒐集之資料，**至遲應於資料製作完成時起五年內註銷或銷毀之**。

一、關於個人資料之處理，註銷、銷毀是原則，保存是例外。

二、**註銷、銷毀原則**

警察職權行使法第 18 條規定，警察為維護治安、調查違序行為所蒐集的個人資料，至遲應於資料製作完成時起**五年內註銷或銷毀之，如果有較短期規定者，應優先從其規定**。例如：警職法第 9 條「集會遊行或其他公共活動結束後，**應即銷毀之**，但為調查犯罪嫌移或其它違法行為，而有保存之必要者，不在此限。……除經起訴且審判程序尚未終結或違反組織犯罪防制條例案件者外，至遲應於資料製作完成時起**一年內銷毀之**」，警職法第 10 條「除因調查犯罪嫌疑或其他違法行為，有保存之必要者外，至遲應於資料製作完成時起**一年內銷毀之**」。

第 19 條（對人管束）

警察對於有下列情形之一者，得為**管束**：

一、瘋狂或酒醉，非管束不能救護其生命、身體之危險，或預防他人生命、身體之危險。

二、意圖自殺，非管束不能救護其生命。

三、暴行或鬥毆，非管束不能預防其傷害。

四、其他認為必須救護或有危害公共安全之虞，非管束不能救護或不能預防危害。

警察為前項管束，應於危險或危害結束時終止管束，管束時間最長**不得逾二十四小時**；並應即時以適當方法通知或交由其家屬或其他關係人，或適當之機關（構）或人員保護。

警察依第一項規定為管束時，得**檢查**受管束人之身體及所攜帶之物。

一、即時強制

（一）警察在執行勤務時，大多都會對人民發布處分，例如：指揮交通的手勢、針對非法集會遊行活動下令解散、對於違反社會秩序維護法案件處以罰鍰、沒入或申誡等，但有些緊急情形，基於事件的急迫性，若不即時處置，將有危害公共安全或造成個人生命、身體之即時危害，因此容許警察有例外緊急處理之權力，故產生「**即時強制**」之概念。「即時強制」會有下列特徵：

1. **目的在於保護人民之生命、身體、財產法益或阻止犯罪。**

2. 發動前提前，**須時間上有急迫性**。

3. **得行使實力**，以達成行政目的。

（二）警察職權行使法第 19 條至第 27 條乃是關於「即時強制」之規定，說明如下：

1. 第 19 條：**實施管束**。

2. 第 20 條：使用**警銬**或其他經核定之**戒具**。

3. 第 21 條：對軍器、兇器或其他危險物品之**扣留**。

4. 第 22 條：扣留物之**保管**。

5. 第 23、24 條：扣留之物**變賣**。

6. 第 25 條：**使用、處置或限制其使用**土地、住宅、建築物、物品。

7. 第 26 條：**進入**住宅、建築物、其他處所進行**救護**。

8. 第 27 條：**將人、車暫時驅離或禁止進入**。

（三）**即時強制之性質**

警察職權行使法第三章（第 19 條至第 27 條）是關於**即時強制**之規定，所

謂即時強制是**為了排除目前急迫危害，時間不允許科以義務（例如：作成行政處分），或性質上雖科以義務，但目的同樣難以達成，故逕以實力加諸人民之身體或財產**，管束是即時強制措施之一。

二、立法目的

　　警察為防止危害，對特定人有管束其自由之必要，**故參考行政執行法第 37 條及配合道路交通管理處罰條例第 35 條有關酒醉駕駛之規定**，於第一項及第二項前段規定，明定其實施管束要件及相關時間限制。第 1 項第 4 款「**其他認為必須救護或有危害公共安全之虞，非管束不能救護或不能預防危害**」乃是**概括規定**，包括基於保護逃學或逃家之兒童或少年之安全，於警察尋獲時，必要時亦得為保護性管束。

▎行政執行法第 37 條

　　對於人之管束，以合於下列情形之一者為限：

　　一、瘋狂或酗酒泥醉，非管束不能救護其生命、身體之危險，及預防他人生命、身體之危險者。

　　二、意圖自殺，非管束不能救護其生命者。

　　三、暴行或鬥毆，非管束不能預防其傷害者。

　　四、其他認為必須救護或有害公共安全之虞，非管束不能救護或不能預防危害者。

　　前項管束，不得逾二十四小時。

一、管束

（一）定義

　　1. 管束係基於特定行政目的，在符合一定條件或情形下，**違反當事人意願或未經其同意，暫時拘束人身自由的即時措施**，而管束不一定拘束於警察勤務處所之內，只要非短時間內拘束自由即屬之。

2.管束與逮捕之區別：管束是行政機關暫時拘束人身自由之措施，就手段而言，管束雖然會拘束人身自由，但目的是因為救護或維持社會秩序，非屬於犯罪偵查日的，與刑事強制處分中的「**逮捕**」不相同。

（二）類別

1.保護性管束

「保護」依其文意，在於維護該人生命、身體或財產安全，而警察的保護，屬於臨時及一時性的保護，例如：**瘋狂**（精神病者，拿刀自殘或攻擊他人）、**酒醉**（飲酒過量完全喪失意志）、**意圖自殺**（準備跳樓、開瓦斯、持有刀械）者，警方對其實施管束。

2.安全性管束

安全性管束係為「制止即將發生或發生且持續中的犯罪、違反秩序之行為」，例如：**暴行或鬥毆**（兩派人馬在KTV械鬥），若不加以管束不能中止其繼續械鬥。

3.其他認為必須救護或有危害公共安全之虞的管束

第19條第1項第4款「**其他認為必須救護或有危害公共安全之虞，非管束不能救護或不能預防危害**」之規定，乃是屬於「**概括性管束**」的性質。

例：立法院司法及法制委員會105年12月26日初審民法修正草案，反同與挺同人士齊聚在立法院周遭陳情抗議。一百多名反同人士攀爬欄杆闖入立院，遭警方壓制，並一度以「束帶」反綁雙手「**管束**」留置，後因立院未提出告訴，警方在立院狀況解除後，便讓遭留置民眾離去，此為案例之一。

（三）時間

對於人實施管束，最長時間不得超過24小時，帶在實施管束的過程中，如果危險或危害已經結束，必須即時終止，例如：酒醉喪失意識之人，如果已經清醒、恢復意識，則可以解除管束，由家人領回或由其自行返家。

（四）通知

實施管束時，警察應立即通知、連絡其家人、親屬、關係人、適當機關為後續之保護，如果通知不到家人、親人，而對其有繼續保護者，可通知、移送相關

權責機關，為後續的保護與安置。實務上，通知相關權責機關，最常見的案例有「精神病患保護機關」、「兒童保護機關」等，

（五）實施管束時的附帶措施

本條第 3 項規定「**為管束時，得檢查受管束人之身體及所攜帶之物**」，而此種檢查必須是在「必要時」才可為之，否則會有不當侵害之嫌；同樣本法第 7 條第 1 項第 4 款亦規定「**若有明顯事實足認其有攜帶足以自殺、自傷或傷害他人生命或身體之物者，得檢查其身體及所攜帶之物**」，所以第 19 條對於被管束之人執行「檢查」措施時，也應該是在「**有明顯事實足認為**」的前提之下。

第 20 條（使用戒具之時機）

警察依法**留置**、**管束**人民，有下列情形之一者，於必要時，得對其使用**警銬或其他經核定之戒具**：

一、抗拒留置、管束措施時。

二、攻擊警察或他人，毀損執行人員或他人物品，或有攻擊、毀損行為之虞時。

三、自殺、自傷或有自殺、自傷之虞時。

警察對人民實施查證身分或其他詢問，不得依管束之規定，令其供述。

一、對象

（一）除了被**管束**對象外，尚包括警察**依法留置**者。

（二）**留置**是指警察或秩序機關基於一定目的使用強制力，要求當事人出現或停留於一定場所。

1. **鑑定留置**：鑑定留置係指審判長、受命法官或檢察官因鑑定被告**心神或身體之必要**，依據刑事訴訟法第 203 條第 3 項之規定，預定 **7 日以下之期間**，將被告送入**醫院或其他適當之處所**予以留置實施鑑定之強制處分。

2. **少年留置觀察**：少年事件處理法第55條規定，少年在保護管束執行期間，**違反應遵守之事項，不服從勸導達二次以上，而有觀察之必要者，少年保護官得聲請少年法院裁定留置少年於少年觀護所中，予以五日以內之觀察**。

　　二、**警銬**：警銬為**警械**之一種，依據「**警察機關配備警械種類及規格表**」，其種類歸為「其他器械」之「應勤器械」。

　　三、其它核定之戒具

依據監獄行刑法第22條第2項規定，戒具以**腳鐐、手梏、聯鎖、補繩**4種為限。

　　四、使用情形

　　（一）抗拒留置、管束措施時：

警察採取相關措施時，當事人抗拒此項措施，例如：有民眾酒醉臥倒街頭，警察前往帶走，反遭當事人拳頭相向，或警察處理二派人馬鬥毆情事，當事人拒絕警察的管束措施。

　　（二）攻擊警察或他人，毀損執行人員或他人物品，或有攻擊、毀損行為之虞時：

將酒醉之人於警察局管束時，攻擊或毀損警察辦公之物。

　　（三）自殺、自傷或有自殺、自傷之虞時：

開瓦斯意圖自殺、拿刀自殘、準備跳樓等行為。

• 對於被查證身分之行為人，**不得援引管束之方法**，例如：針對「不供述身分而遭警察帶往勤務處所之人」使用警銬或戒具，因為查證身分與管束之目的、要件均不同，當然不可以任意援用不同之職權措施，而違反法律之授權範圍，造成侵害人權之結果，又例如：警察依第19條規定，檢查行為人之身體及所攜帶之物品時，其前提必須是以行為人已**符合「管束」之要件**，若針對被查證身分之人，在無任何**明顯事實足認其有攜帶足以自殺、自傷或傷害他人生命或身體之物者，當然不可依第19條逕行檢查其身體及所攜帶之物**。

___1. 警察對於身分查證及資料蒐集，下列敘述何者正確？

(A) 查證身分時，對於行經指定公共場所、路段及管制站者，係以防止犯罪，或處理重大公共安全或社會秩序事件而有必要者為限。而其指定應由檢察官為之

(B) 警察對於有事實足認有參與職業性、習慣性、集團性或組織性犯罪之虞者，為了防止犯罪，得經由警察局長口頭同意後，於一定期間內進行觀察及動態掌握等資料蒐集活動

(C) 詢問人民姓名或令出示身分證明文件無法查證身分時，警察得將該人民帶往勤務處所查證

(D) 自攔停起不得逾五小時，且應向該管警察勤務指揮中心報告及通知指定之親友或律師

___2. 下列何者須由警察局長書面同意後方可實施？

(A) 裝設路口監視器

(B) 對特定人無隱私或秘密合理期待之行為或生活情形定期觀察

(C) 指定酒測路檢點

(D) 遴選第三人秘密蒐集資料

___3.「警察職權行使法」明定，下列何種資料蒐集活動，須經由警察局長書面同意後，方可實施？

(A) 遴選第三人秘密蒐集特定人相關資料

(B) 對特定人無隱私之行為或生活情形進行觀察

(C) 蒐集集會遊行參與者現場活動資料

(D) 通知特定人到場實施身分鑑識措施

___ 4. 警察為防止危害或犯罪,認對公共安全、公共秩序或個人生命、身體、自由、名譽或財產,將有危害行為,或有觸犯刑事法律之虞者,得遴選第三人秘密蒐集其相關資料,下列敘述何者正確?(複選題)

(A) 蒐集工作結束後,警察原則仍應與第三人保持合作關係

(B) 第三人之遴選、聯繫運用、訓練考核、資料評鑑及其他應遵行事項之辦法,由警政署定之

(C) 經遴選為第三人者,除得支給實際需要工作費用外,不給予任何名義及證明文件,亦不具 警察職權行使法或其他法規賦予警察之職權

(D) 所稱第三人,係指非警察人員而經警察遴選,志願與警察合作之人

(E) 資料之蒐集,必要時,得及於與蒐集對象接觸及隨行之人

___ 5. 警察行使下列職權,何者應由機關主管長官同意,始能為之?

(A) 遴選第三人秘密蒐集特定人相關資料

(B) 對於已發生危害或依客觀合理判斷易生危害之交通工具,予以攔停

(C) 對滯留於有事實足認有陰謀、預備、著手實施重大犯罪或有人犯藏匿之處所者,查證其身分

(D) 因人民之生命、身體、財產有迫切之危害,非進入不能救護時,進入住宅、建築物或其他處所

___ 6. 依據《警察遴選第三人蒐集資料辦法》之規定,下列何項之敘述正確?(複選題)

(A) 警察遴選第三人時,應以書面敘明指定專責人員及其理由,陳報該管偵查隊長核准後實施

(B) 警察遴選第三人經核准後,由專責人員個別指導實施本辦法所定之相關訓練

(C) 支給第三人實際工作需要費用時,應以專責人員名義具領後,親自交付第三人

(D) 警察遴選第三人及第三人蒐集之資料,應指定專人依機密檔案管理辦法管理之

(E) 警察遴選第三人蒐集資料之期間不得少於 1 年

___ 7. 警察依警察職權行使法遴選第三人蒐集資料，下列敘述何者錯誤？

(A) 警察遴選第三人蒐集資料時，應以書面敘明相關事項

(B) 警察遴選第三人蒐集資料時，陳報該管警察局刑警大隊長核准後實施

(C) 警察遴選第三人及第三人蒐集之資料，應注意保密，專案建檔，並指定專人依機密檔案管理辦法管理之

(D) 警察遴選第三人蒐集資料之期間不得逾 1 年。有繼續必要時，得報准延長，延長期間不得逾 1 年，以 1 次為限

___ 8. 依據「警察遴選第三人蒐集資料辦法」，下列敘述何者錯誤？

(A) 警察遴選第三人蒐集資料辦法為法規命令

(B) 警察遴選第三人時，應以書面陳報該管警察局長或警察分局長核准後實施

(C) 警察遴選第三人蒐集資料之期間不得逾二年。認有繼續蒐集必要時，得於期間屆滿前報准延長之。但延長期間不得逾一年，以一次為限

(D) 警察遴選第三人及第三人蒐集之資料，應列為極機密文件，專案建檔

___ 9. 警察為防止危害或犯罪，得遴選第三人秘密協助蒐集所需資料。下列有關警察遴選第三人蒐集資料之敘述，何者正確？

(A) 警察遴選第三人時，應以書面敘明相關事項，陳報該管警察局長或警察分局長核准後實施

(B) 警察遴選第三人係為防止危害或犯罪，情況可能相當緊急，只要當事人有意願，不需詳細了解其基本資料

(C) 第三人係屬協勤性質，不必對其實施相關訓練

(D) 警察遴選第三人蒐集資料期間，最長可達三年

___ 10. 警察遴選第三人及第三人秘密蒐集之資料，應專案建檔，並指定專人依下列何法規予以管理？

(A) 國家機密保護法

(B) 行政程序法

(C) 機密檔案管理辦法

(D) 限閱資料規則

___ 11. 依「警察遴選第三人蒐集資料辦法」規定,下列何者**不屬於**警察遴選第三人應查核事項?

(A) 忠誠度及信賴度

(B) 經濟及交友狀況

(C) 工作及生活背景

(D) 合作意願及動機

___ 12. 依據警察遴選第三人蒐集資料辦法第 3 條之規定,警察遴選第三人,應查核之事項,下列何者為非?

(A) 動機

(B) 素行

(C) 工作

(D) 忠誠度

___ 13. 有關警察遴選第三人蒐集資料之規定,下列敘述何者最正確?

(A) 限經由該管警察局長書面核准後方得實施

(B) 第三人因係志願與警察合作之人,故不得支給任何費用

(C) 警察遴選第三人蒐集資料之期間,最長不得逾 2 年

(D) 第三人蒐集之資料,應列為機密文件,專案建檔

___ 14. 有關警察遴選第三人秘密蒐集資料之職權,下列敘述何者正確?

(A) 應以書面陳報該管警察局長或警察分局長核准後實施

(B) 蒐集之資料,應列為機密文件,專案建檔

(C) 經遴選為第三人者,得給予必要之證明文件

(D) 期間最長不得逾 3 年

___ 15. 依《警察職權行使法》之規定，下列對於遴選第三人蒐集資料之敘述，何者正確？（複選題）

(A) 第三人，係指非警察人員而經警察遴選，志願與警察合作之人

(B) 經遴選為第三人者，得支給實際需要工作費用

(C) 不給予經遴選為第三人者任何名義及證明文件

(D) 警察遴選第三人蒐集資料辦法，由內政部定之

(E) 警察遴選第三人蒐集資料之期間，原則上 1 次報准不得逾 2 年

___ 16. 警察運用第三人（線民）蒐集資料，如第三人侵害他人權益時，則：

(A) 第三人（線民）無罪，警察亦無須負責

(B) 第三人（線民）有罪，警察亦應負連帶責任

(C) 第三人（線民）無罪，警察應負責

(D) 第三人（線民）應自負其責，警察無連帶責任

___ 17. 於有事實足認為能提供警察完成防止具體危害任務之必要資料之人，得通知其到場接受調查，**如無正當理由不到場者**，得採取下列何種措施？

(A) 依社維法科處罰鍰

(B) 依行政執行法代履行

(C) 再次通知到場

(D) 強制到場

___ 18. 職權行使法第 14 條第 1 項第 2 款規定「有事實足認為防止具體危害，而有對其執行非侵入性鑑識措施之必要者」，所謂**非侵入性鑑識措施**包括：①採取指紋②採取唾液③抽血④錄影⑤錄音

(A) ①④⑤

(B) ①③④

(C) ①②④⑤

(D) ②③⑤

___ 19. 何者是警察職權行使法所規定，警察得以實施身分查證及資料蒐集之職權？

(A) 警察於公共場所或合法進入之場所查證身分時，應於晚間九時前為之，避免妨礙公共場所之營業

(B) 警察對於已發生或依客觀合理判斷易生危害之交通工具，得予以攔停，並採行「檢查引擎、車身號碼或其他足資識別之特徵」等措施

(C) 警察認有必要為防止犯罪，對於有事實足認為其有參與職業性、習慣性、集團性或組織性之犯罪，得經分局長以上書面同意後，進行觀察或資料蒐集

(D) 警察對於有事實足認為防止具體危害，而有對其執行非侵入性鑑識措施之必要者，得口頭或書面通知，以強制力帶同到場，即時調查或執行鑑識措施

___ 20. 警察查訪治安顧慮人口之敘述，下列何者正確？（複選題）

(A) 戶籍地警察機關發現查訪對象不在戶籍地時，應查明及通知所在處所之警察機關協助查訪

(B) 治安顧慮人口查訪辦法屬於行政規則

(C) 治安顧慮人口行方不明，應通報直轄市、縣（市）政府警察局協尋

(D) 特定治安顧慮人口情況特殊，必要時，得增加查訪次數

(E) 治安顧慮人口由戶籍地警察機關每個月實施查訪一次

___ 21. 查訪治安顧慮人口，依警察職權行使法及其授權訂定之查訪辦法之規定，下列敘述何者錯誤？

(A) 旨在維護社會治安防止再犯

(B) 原則上由戶籍地警察機關每個月查訪 1 次

(C) 應隱匿身分實施查訪

(D) 查訪對象行方不明者應依法通報協尋

___ 22. 依職權行使法第十五條，警察為維護社會治安，並防制下列何種治安顧慮人口再犯，得定期實施查訪？（複選題）

(A) 曾犯詐欺罪

(B) 曾犯侵占罪

(C) 曾犯性侵害罪

(D) 曾犯傷害罪

___ 23. 治安顧慮人口，警察實施查訪時，應選擇適當之時間、地點，以家戶訪問或其他適當方式執行，並應注意避免影響查訪對象之下列何權利？

(A) 行動及隱私

(B) 居住及信用

(C) 工作及名譽

(D) 集會及通訊

___ 24. 依職權行使法之規定，下列有關治安顧慮人口查訪職權之敘述，何者錯誤？

(A) 以防制再犯為目的

(B) 出獄後 3 年內得為查訪

(C) 由戶籍地警察機關每個月實施查訪一次為原則

(D) 發現查訪對象不在戶籍地時，應通報各地方警察局協尋

___ 25. 有關治安顧慮人口查訪辦法之敘述，何者正確？

(A) 曾犯組織犯罪防制條例之罪者，有關治安顧慮人口查訪期間，以刑執行完畢或假釋出獄後 1 年內為限

(B) 治安顧慮人口由戶籍地警察機關每 3 個月實施查訪 1 次。必要時，得增加查訪次數

(C) 警察發現查訪對象有違法之虞時，應以勸告或其他適當方法，促其不再犯

(D) 查訪對象及其家庭成員之工作、交往及生活情形為治安顧慮人口查訪項目之一

___ 26. 治安顧慮人口查訪對象有違法之虞時，應作如何處置？

(A) 應以勸告或其他適當方法，促其不再犯

(B) 應以威嚇或其他約制方法，促其不再犯

(C) 應即帶至勤務處所，製作筆錄後移送地檢署

(D) 應即帶至勤務處所，調查其違法事證

___ 27. 警察職權行使，下列敘述何者錯誤？

(A) 警察職權行使法所稱之警察機關主管長官為地區警察分局長以上之長官

(B) 警察行使職權，不得逾越所欲達成目的之必要程度

(C) 警察行使職權，應著制服或出示證件，並告知事由

(D) 警察機關對其他機關請求傳遞個人資料，應完全予以拒絕

___ 28. 關於蒐集所得資料之運用，應符合下列那項要求？

(A) 運用前，應經該管警察局長或警察分局長之核准

(B) 其運用應於法令職掌必要範圍內為之，該法令，係指法律、法規命令及行政規則。

(C) 不得傳遞資料給其他機關

(D) 資料之運用應遵守「目的拘束原則」

___ 29. 警察職權行使法第 18 規定，警察註銷或銷毀資料之規定，何者是錯誤？

(A) 警察依法取得之資料對警察之完成任務不再有幫助者，應予以註銷或銷毀

(B) 應註銷或銷毀之資料，可傳遞其他機關供參考

(C) 除法律另有特別規定者外，所蒐集之資料，至遲應於資料製作完成時起五年內註銷或銷毀之。

(D) 應註銷或銷毀之資料，不得為不利於被蒐集對象之利用。

___ 30. 關於依警察職權行使法所取得之資料，下列敘述何者正確？

(A) 對警察之完成任務雖不再有幫助者，仍得予以保存

(B) 資料之註銷或銷毀將危及被蒐集對象值得保護之利益者，得予以保存

(C) 應註銷或銷毀之資料，雖不得傳遞，但得為不利於被蒐集對象之利用

(D) 除法律另有特別規定者外，所蒐集之資料，至遲應於資料製作完成時起一年內註銷或銷毀之

___ 31.《警察職權行使法》規定，警察之實施管束，其目的為何？

(A) 行政制裁

(B) 防止危害

(C) 追究不法

(D) 職務協助

___ 32.《警察職權行使法》之規定，警察於必要時，得依法實施管束，下列敘述何者正確？（複選題）

(A) 管束須符合法官保留原則

(B) 意圖自殺，非管束不能救護其生命者，得對其實施管束

(C) 警察對人實施管束，時間最長不得逾 24 小時

(D) 警察對人民實施查證身分時，得依管束之規定，令其供述

(E) 依法管束時，得檢查受管束人之身體及所攜帶之物

___ 33.《警察職權行使法》之規定，警察人員處理案件依法得檢查該民眾之身體及所攜帶之物， 係指下列何種情形？（複選題）

(A) 合理懷疑足認其有攜帶足以自殺自傷之物者

(B) 相當理由懷疑其有攜帶足以傷害他人生命或身體之物者

(C) 意圖自殺，非管束不能救護其生命

(D) 暴行或鬥毆，非管束不能預防其傷害

(E) 瘋狂或酒醉，非管束不能救護其生命、身體之危險

___34. 警察為防止危害，對特定人有管束其自由之必要，得為管束。下列何者未明定？

(A) 瘋狂或酒醉者
(B) 現行暴力犯罪者
(C) 意圖自殺者
(D) 暴行或鬥毆者。

___35. 依警察職權行使法之規定，警察於必要時，得依法實施管束，下列敘述何者正確？（複選題）

(A) 意圖自殺非管束不能救護其生命者，得為管束，學理上稱為保護性管束
(B) 警察對人實施管束，時間最長不得逾二十四小時
(C) 警察為管束時，應檢查受管束人之身體及所攜帶之物
(D) 被管束人有攻擊、毀損行為之虞，於必要時，得對其使用警銬
(E) 被管束人不服警察管束，不得提起救濟

___36. 警察對於依法留置管束人民使用戒具相關規定，何者錯誤？

(A) 抗拒留置時，得使用警銬或其他經核定之戒具
(B) 警察對人民實施查證身分或其它詢問，得依管束之規定令其供述
(C) 攻擊警察或他人，毀損執行人員或他人物品，得對其使用警銬或其他經核定之戒具
(D) 自殺、自傷或有自殺、自傷之虞時，得對其使用警銬或其他經核定之戒具

答案：1C 2B 3B 4CDE 5A 6BCD 7B 8C 9A 10A 11A 12B 13C 14A 15ABCD
16D 17C 18A 19B 20ACDE 21C 22AC 23C 24D 25C 26A 27D 28D 29B 30B
31B 32BCE 33CDE 34B 35ABD 36B

第 21 條（危險器物之扣留）

警察對**軍器、凶器或其他危險物品**，為預防危害之必要，得**扣留**之。

一、扣留物品：

（一）軍器：係指軍方各種制式武器。

（二）凶器：對人民生命、身體構成傷害，或對社會安全秩序危害之器械，槍砲、刀、劍、汽油彈、硫酸、鹽酸。

（三）其他危險物品：除兇器以外，可造成人身立即危害之固體、液體、氣體之器物。

（四）警察職權行使法第 21 條係針對「軍器、凶器、其他危險物品」等「動產」，未含「不動產」。

二、預防危害之必要：

是指必要性之考量，警察得就具體狀況考量，認為是否有扣留之必要，例如：幫派分子攜帶「刀械」談判，已查為預防危害發生，得扣留之。

三、扣留：

扣留並不是變更物之所有權，只是剝奪支配權。

第 22 條（扣留物品之處理程序）

警察對於**依法扣留之物**，應**簽發扣留物清單**，載明扣留之時間、處所、扣留物之名目及其他必要之事項，**交付**該物之**所有人、持有人或保管人**；依情況無法交付清單時，應製作紀錄，並敘明理由附卷。

依法扣留之物，應加**封緘**或其他標示妥善**保管。因物之特性不適於由警察保管者，得委託其他機關或私人保管之，並通知所有人、持有人或保管人**。必要時，得以處分之相對人為保管人。

前項扣留之物，除依法應**沒收、沒入、毀棄或應變價發還者外，期間不得逾**三十日；扣留原因未消失時，**得延長之，其延長期間不得逾二個月**。

一、依法扣留之物

此處「依法扣留之物」，可扣留物品之範圍，並不限於「軍器、凶器、其他危險物品」，還包括其他警察依法律所可扣留之物，例如：依社會秩序維護法、道路交通管理處罰條例所扣留之物。

二、程序

（一）**簽發**：簽發「扣留物清單」（註記時間、處所、物品名目、其他必要事項），考試常以「危險物清單」、「違禁物清單」混淆「扣留物清單」。

（二）**交付**：交付所有人、持有人、保管人，無法交付時，應製作紀錄。

（三）**封緘**：貼上封緘或其它標示，以證明警察扣留物為原件，警察未再處理過。

（四）**保管**：因物之特性不適於由警察保管者，得委託**其他機關或私人**保管之，並通知所有人、持有人或保管人。

（五）**期間**：原則上扣留時間**不得超過 30 日**，但若扣留之原因尚未消失，執行機關認為有延長之必要時，得延長之，延長期間總共**不得逾兩個月**。

※ 簽發→交付→封緘→保管

第 23 條（扣留器物之變賣要件與程序）

有下列情形之一者，扣留之物得予**變賣**：

（一）**有腐壞或價值重大減損之虞。**

（二）**保管、照料或持有所費過鉅或有其困難。**

（三）**扣留期間逾六個月，無法返還所有人、持有人或保管人，且不再合於扣留之要件。**

（四）經通知三個月內領取，且註明未於期限內領取，將予變賣，而所有人、持有人或保管人未於期限內領取。

前項之物變賣前，應將變賣之程序、時間及地點通知所有人、持有人或保管人。但情況急迫者，不在此限。

物之變賣，**採公開方式行之**。因物之性質認難以賣出，或估計變賣之費用超出變賣所得時，得不經公開方式逕行處置之。第一項第三款、第四款之物，於六個月內未賣出者，**歸屬各該級政府所有，並得將該物提供公益目的使用**；其屬第一項第四款之物者，應將處理情形通知所有人、持有人或保管人。

扣留之物因腐壞、腐敗等理由而不能變賣者，得予**銷毀**之。

第二項通知之規定，於前項情形準用之。

- **變賣**：所謂變賣係指將扣留之物，不經拍賣程序，而以相當價格賣出，而獲取相當之款項。

一、變賣要件

（一）**有腐壞或價值重大減損之虞**。例如：蔬果容易腐敗，或是扣留之車輛已有生鏽毀損情形。

（二）**保管、照料或持有所費過鉅或有其困難**；體積過大、保存不易，例如：大型重機具。

（三）**扣留期間逾六個月，無法返還所有人、持有人或保管人，且不再合於扣留之要件。**（無法返還之情形。）

（四）**經通知三個月內領取，且註明未於期限內領取，將予變賣，而所有人、持有人或保管人未於期限內領取。**（所有人、持有人、保管人不欲領取。）

二、變賣之程序

（一）**原則**：物之變賣**採公開方式為之**，物品變賣前，應將變賣之程序、時間及地點通知所有人、持有人或保管人，但情況急迫者，不在此限。

（二）**例外**：因物之性質認難以賣出，或估計變賣之費用超出變賣所得時，得不經公開方式逕行處置之。例如：**刀械、槍枝因具危險性，通常由警察機關逕行處理。**

三、變賣後之處理

扣留之物未賣出者，其所有權歸屬依法執行扣留之警察機關所屬政府所有，並得將該物提供公益目的使用。

第 24 條（扣留器物或變賣價金之返還）

扣留之物無繼續扣留之必要者，應將該物**返還**所有人、持有人或保管人；所有人、持有人或保管人不明時，得**返還**其他能證明對該物有權利之人。

扣留及保管費用，由物之所有人、持有人或保管人負擔。扣留之物返還時，得收取扣留及保管費用。

物經變賣後，於**扣除扣留費、保管費、變賣費及其他必要費用後**，應返還其價金與第一項之人。第一項之人不明時，經**公告一年期滿**無人申請發還者，繳交各該級政府之公庫。

※ **無繼續扣留之必要**：指依法扣留之原因已經消失，無造成危害之迫切性原因，例如集會遊行已經結束，參與之人所攜帶之木棍，不會再造成有危害之虞，此時，除非物本身仍有違法或依法律規定必須銷毀、變賣者外，應將木棍發還所有人、持有人或保管人。

第 25 條（物之使用、處置與限制使用）

警察遇有天災、事變或交通上或公共安全上有危害情形，**非使用或處置**人民之**土地、住宅、建築物、物品**或**限制其使用**，不能達防護之目的時，得使用、處置或限制其使用。

一、使用、處置、限制使用範圍

警察使用、處置、限制使用第三人土地、物品之範圍，限於**第三人土地、住宅、建築物、物品**，一時使用人民土地、住宅、建築物、物品或限制使用，在合理範圍內，第三人應有忍受之義務，例如：消防隊員為救火，而**侵入鄰宅**或拆除相隔離之圍牆；颱風來襲恐有造成土石流之虞，對於住在該地附近之居民，警察為達防護目的，**限制居民繼續使用**該房舍。

二、相關條文

▌行政執行法第 39 條

遇有天災、事變或交通上、衛生上或公共安全上有危害情形，非使用或處置其土地、住宅、建築物、物品或限制其使用，不能達防護之目的時，得使用、處置或限制其使用。

▌消防法第 19 條

消防人員對火災處所及其周邊之土地、建築物、車輛及其他物品，非使用、損壞或限制其使用，不能達搶救之目的時，得使用、損壞或限制其使用。

第 26 條（進入住宅之救護）

警察因人民之**生命、身體、財產**有迫切之危害，非**進入**不能救護時，得**進入**住宅、建築物或其他處所。

一、**生命、身體、財產之法益：**所危害之法益必須是「生命、身體、財產」之法益，至於其他個人名譽、信用受到損害時則不能為之。

二、**迫切之危害：**即時強制之進入住宅等處所，前提要件應具有急迫性、必要性，不即時進入住宅救護，會造成當事人重大危害，才會有允許進入之職權。

三、**進入：**進入乃是公務員為防止當前危害，在未得土地或建築物所有人、管理人之同意或違反其意思，或為調查物件、調查與蒐集資料目的，而進入個人管有或其營業場所之土地或建築物之意。

第 27 條（暫時驅離、禁止進入）

警察行使職權時，為排除危害，得將妨礙之人、車**暫時驅離或禁止進入**。

一、警察行使職權

警察採取暫時驅離或禁止進入措施，必須是警察合法行使職權時，始得為之，另外行使職權的主體必須是警察，而且僅限於**組織法**上的警察。

二、驅離

（一）所謂驅離是指警察為達成任務，將人、車違反其意思**驅逐出一定範圍或處所之公權力措施**，驅離對於身體行動自由之侵害，係屬較輕微之「**人身自由之限制**」，尚未達到「**剝奪人身自由**」之程度。

（二）驅離乃是將相對人驅逐出一定範圍或處所，只要相對人離該範圍或處所，其欲前往何處均不得予以干涉，但管束措施卻是將相對人拘束於一定處所或範圍，所以「驅離」和「管束」雖然都是為了排除目前危害，但是管束對人身自由之干預程度顯然比驅離強。

三、禁止進入

（一）所謂**禁止進入**係指警察為達任務，將人、車違反其意思禁止進入一定範圍或處所之公權力措施。

（二）**禁止進入**與**驅離**同樣是限制相對人不得處於一定之範圍或處所，處所不同者，在於驅離是**積極**將相對人驅使出一定之範圍或處所，而禁止進入則是**消極**禁止相對人進入一定之範圍或處所，二者都是屬於「**人身自由之限制**」。

第 28 條（概括條款、補充性原則）

警察為制止或排除現行危害公共安全、公共秩序或個人**生命、身體、自由、名譽或財產之行為或事實狀況**，得行使本法規定之職權或採取其他必要之措施。

警察依前項規定，行使職權或採取措施，以**其他機關就該危害無法或不能即時制止或排除者為限**。

一、本條文規範兩種事項：第 1 項是所謂警察的**概括條款**；第 2 項是所謂警察的**補充性條款**。

二、**概括條款**

（一）警察概括條款係指警察為達成法令所賦予的任務，組織法上會明定權限與管轄，而職權法會授予具體職權（例如：查證身分、通知、蒐集資料、管束、扣留等，又可稱為**類型化的職權**），但無論是組織法或職權法的規定，難免都會產生疏漏，所以需要一般性職權條款彌補之，此種一般性職權條款統稱為警察職權「概括條款」，**因此概括條款具有承接規範，即補結構規範遺漏之功能。**

（二）我國警察法令中，最具代表性的概括性規定為「**警察法第 2 條**」與「**警察職權行使法第 28 條**」，在警察職權行使法第 28 條中，並非所有危害防止都屬於警察任務範圍，而是該危害威脅公共安全、公共秩序，或個人**生命、身體、自由、名譽、財產**，在適合於該情況之必要限度內，並得為實力之行使。

（三）在授予警察概括職權時，應受到類型化的職權所制約，例如：警察職權行使法第 2 條規定，**依法採取查證身分、鑑識身分、蒐集資料、通知、管束、驅離、直接強制、物之扣留、保管、變賣、拍賣、銷毀、使用、處置、限制使用、**

進入住宅、建築物、公共場所、公眾得出入場所或其他必要之公權力之具體措施，因此，要**查證人民身分**，應優先使用警察職權行使法第 6 條之規定，要**透過第三人秘密蒐集特定人相關資料**，應優先警察職權行使法第 13 條規定，要**管束暴行或鬥毆之人士**，應優先警察職權行使法第 19 條規定，不可一律以第 28 條作為授權依據。

三、補充性原則

（一）一般行政機關在危害防止的任務分配上，若排除危害之法定管轄機關為其他行政機關時，那麼原則上警察機關僅居於**輔助地位，而僅就該行政機關無法或不能即時排除之危害為補充性、承接性的介入，**若危害已排除，或該行政機關已能自行處理時，應即移由該行政機關處理。

（二）故危害發生時，必須在無法即時由管轄機關予以排除，警察才可以依第 28 條之依據，主動排除該危害，這就是警察依「**補充性原則**」行事。

第 29 條（異議、訴願、行政訴訟）

義務人或利害關係人對警察依本法**行使職權之方法、應遵守之程序或其他侵害利益之情事**，得於警察行使職權時，**當場陳述理由，表示異議。**

前項異議，警察認為有理由者，應立即停止或更正執行行為；認為無理由者，得繼續執行，經**義務人或利害關係人**請求時，應將異議之理由製作紀錄交付之。

義務人或利害關係人因警察行使職權有違法或不當情事，致損害其權益者，得依法提起**訴願及行政訴訟**。

一、異議

（一）人民對警察職權措施不服時，當場以「**口頭**」表示不服之方式，所提出之一種救濟，**但並不會構成執行停止之效果，而且有無異議並不影響事後提起**

訴願之權利。

（二）警職法第29條的「**異議**」與行政執行法的「**聲明異議**」，有類似之處，但不同的是後者的聲明異議，乃是經由原處分機關審查後，如果認為無理由者，送交其直接上級機關審查決定。

二、訴願

憲法第16條給予人民請願、訴願及訴訟之權，當人民認為中央或地方機關之行政處分違法或不當時，致其權利受損害時，可請求原處分機關之上級機關，審查該處分之合法性。

三、行政訴訟

（一）現行行政訴訟制度採取**訴願前置主義**，傳統上被解釋為**訴願是行政訴訟必經之一環**，只是訴願係由原處分之上級行政機關審查，而行政訴訟是由行政法院審理。

（二）一般行政訴訟類型可分為**「撤銷訴訟」**、**「確認訴訟」**、**「給付訴訟」**等三種。

1. **撤銷訴訟**：對有繼續效力之處分行為，因持續性干預人民之自由權利（例如：街道上的錄影設備、透過第三人秘密蒐集特定人資料），有提起撤銷訴訟之利益。

2. **確認訴訟**：

(1) 可分為**無效確認、續行確認、一般確認之訴**，這些確認判決不會具有創設、變更或撤銷之法律效果，只是在確認當事人間法律爭議狀況。

(2) 警察職權類型化的種類有很多種，當具有**法律效果**的職權，人民對其不服時，均可提起救濟，但對一時性的干預措施，例如：查證身分、檢查車輛等，因該措施結束後，即未再繼續干預人民的自由與權利，所以理論上可以提起**「續行確認訴訟」**，確認此項職權是否違法。

3. **給付訴訟**：分成「課予義務之訴」及「一般給付之訴」。

四、警察職權

（一）行政處分

有些警察具體措施，因為具有下命、具體規範之意思表示，所以當事人有行為、不行為或忍受的義務，而產生法律效果，因此視為行政處分，例如：為查證身分之詢問，而實施攔停、要求出示證件、詢問住址等。

（二）事實行為

有些警察具體措施，是屬於所謂以行動為之的「執行」行為，可區分為：

1. 事實的執行行為：警察不必經由當事人的配合，可獨力完成之行為，例如：人的管束、非侵入性鑑識措施。

2. 資料蒐集之行為：資料之比對、傳遞、變更、儲存等。

3. 警察的強制措施：此部分屬於警察即時強制部分，例如使警用警銬管束民眾。

五、大法官釋字第 535 號解釋（受臨檢人、利害關係人提出異議）

（一）摘要

又對違法、逾越權限或濫用權力之**臨檢**行為，應於現行法律救濟機制內，提供訴訟救濟（包括賠償損害）之途徑：在法律未為完備之設計前，應許受臨檢人、利害關係人對執行臨檢之命令、方法、應遵守之程序或其他侵害利益情事，於臨檢程序終結前，向執行人員提出異議，認異議有理由者，在場執行人員中職位最高者應即為停止臨檢之決定，認其無理由者，得續行臨檢，經受臨檢人請求時，**並應給予載明臨檢過程之書面。上開書面具有行政處分之性質**，異議人得依法提起行政爭訟。

（二）研析

本號解釋認為臨檢具有行政處分之效果，並可以提起行政救濟，在**警察行使職權過程中，當事人得當場表示異議，後續並可提起訴願、行政訴訟**。本號大法官解釋之重點，只針對「臨檢」部分，但依警職法之規定，尚有街道裝設監視器、靜態觀察與動態掌握重罪虞犯資料、非侵入性鑑識措施等，所以提出異議與救濟

方式亦有不同，解釋上如果是「當場執行」之措施，得表示異議，請求提供紀錄，如果不是「當場執行」，例如：裝設監視器，可以透過訴願、行政訴訟方式請求救濟。

第 30 條（損害賠償）

警察**違法**行使職權，有國家賠償法所定國家負賠償責任之情事者，人民得依法請求**損害賠償**。警察**違法**行使職權：

一、違反法律要件

人民依具體事件是否可以主張國家賠償？其前提要件須認定警察行使職權，是否符合警察職權行使法之規定，例如：查證身分是否確實依警職法第 6 條規定之要件與程序，警察對於具體案件之執行，如果符合警職法規定則屬依法令之行為，則無國家賠償責任之問題。

二、違反法律原則

警察行使職權的過程中，必須遵守相關的法律原則，例如：警職法第 3 條所列的比例原則、誠信原則、正當程序原則，至於其他原則，例如：目的裁量原則、不恣意原則、禁止不當連結原則等，同樣須要遵守。

▌國家賠償法第 2 條

本法所稱公務員者，謂依法令從事於公務之人員。

公務員於執行職務行使公權力時，因故意或過失不法侵害人民自由或權利者，國家應負損害賠償責任。公務員怠於執行職務，致人民自由或權利遭受損害者亦同。

前項情形，公務員有故意或重大過失時，賠償義務機關對之有求償權。

第 31 條（損失補償）

　　警察**依法**行使職權，因人民**特別犧牲**，致其**生命、身體或財產遭受損失時**，人民得請求補償。但人民有可歸責之事由時，**法院得減免其金額**。

　　前項損失補償，應以**金錢**為之，並以補償**實際所受之特別損失**為限。

　　對於警察機關所為損失補償之決定不服者，得依法提起**訴願及行政訴訟**。

　　損失補償，應於知有損失後，二年內向警察機關請求之。但自損失發生後，經過五年者，不得為之。

一、損失補償

　　行政上之損失補償，乃是行政機關**合法**實施行政權，產生對人民生命、身體或財產遭受損失所為之補償，此與國家賠償法係對於**違法**侵害者不同。

二、依法行使職權

　　本法損失補償範圍及於所有的「警察依法行使職權」，所以也會包含資料蒐集、物的扣押、身分查證在內。

三、特別犧牲

　　主要係針對「**無責任人**」而言，也就是對於該事件並沒有任何責任與義務，但卻因警察依法行使職權時，造成生命、身體、財產有遭受損失的情形，也就是超出「**盡社會義務**」所能容忍的界限，非屬一般社會義務範圍，例如，警察依法行逮捕嫌犯，過程中碰撞不相干人的車輛而造成損害。

四、人民有可歸責事由

　　若人民對於損失補償案件之發生，本身也有過失而疏於防範時，此時法院得減免補償之金額，例如：警察開車追捕逃犯時，若因為人民一時疏忽違規右轉而與警車發生擦撞，則法院得依現場情形裁量之，得減免補償金額。

五、補償範圍

　　國家補償方式應以**金錢**為之，補償之範圍包括對人民生命、身體、財產所造成之損失，補償之限度，以特別犧牲之部分為限，也就是**實際所受的特別損失**。

六、對損失補償不服之救濟

損失補償係就警察行使職權後所生之特別損失酌予補償，而損失補償乃具有行政處分的性質，所以民眾對警察機關所做的損失補償決定不服時，可以提起訴願與行政訴訟。

七、請求權時效

損失補償，應於知有損失後，二年內向警察機關請求之。但自損失發生後，經過五年者，不得為之。

模擬試題

___ 1. 依警察職權行使法第 21 條，警察對軍器、凶器或其他危險物品，為預防危害之必要，得如何？

(A) 沒收

(B) 沒入

(C) 扣留

(D) 無規定

___ 2. 依警察職權行使法第廿二條，扣留之物，除依法應沒收、沒入、毀棄或應變價發還者外，期間不得逾多少日？

(A) 7 日

(B) 14 日

(C) 30 日

(D) 3 個月

___3. 依《警察職權行使法》規定，扣留之物無繼續扣留之必要者，應將該物返還法定有權利之人。該法定有權利之人，不包括下列何者？

(A) 所有人

(B) 持有人

(C) 使用人

(D) 保管人

___4. 依警察職權行使法規定，扣留之物得予變賣之情形，包括下列何者？

（複選題）

(A) 扣留期間逾六個月，無法返還所有人、持有人或保管人，且不再合於扣留之要件

(B) 保管所費過鉅

(C) 經通知二個月內領取，且註明未於期限內領取，將予變賣，而所有人、持有人或保管人未於期限內領取

(D) 經所有人同意

(E) 有腐壞之虞

___5. 下列何種情形，警察得變賣扣留之物？

(A) 保管所費過鉅

(B) 物之特性不適於由警察保管者

(C) 扣留期間逾三個月，無法返還所有人、持有人或保管人，且不再合於扣留之要件

(D) 價值有減損之虞

___6. 警察職權行使法規定之扣留，下列敘述何者正確？

(A) 屬直接強制之性質

(B) 扣留之目的旨在沒入扣留物

(C) 扣留物返還時，得收取扣留及保管費用

(D) 依法扣留之物，均不得以處分之相對人為保管人

___ 7. 依警察職權行使法第 24 條，扣留及保管費用，由何人負擔？

(A) 扣留單位

(B) 法院

(C) 物之所有人

(D) 縣（市）政府

___ 8. 依警察職權行使法第二十五條明定，警察遇有危害情形，非使用或處置人民之土地、住宅、建築物、物品或限制其使用，不能達防護之目的時，得使用、處置或限制其使用，未含下列何種危害情形？

(A) 天災

(B) 事變

(C) 交通上

(D) 公共安全上有危害情形

(E) 衛生上

___ 9.「警察職權行使法」關於警察進入處所之職權，下列敘述何者正確？

（複選題）

(A) 須該處所內正發生違反行政法上義務之狀態

(B) 僅限該處所內已發生危害人民生命、身體、自由之情事，方得進入

(C) 未經屋主同意之強制進入，屬於即時強制之性質

(D) 非進入不能達救護之目的時，方得強制進入

(E) 進入時應著制服或出示證件表明身分，並應告知事由

___ 10. 依警察職權行使法規定，天災、事變或交通上或公共安全上有危害情形而威脅人民生命、身體、財產安全時，警察得採取必要即時強制措施，不含下列何者？

(A) 使用

(B) 處分

(C) 處置

(D) 限制使用

___ 11. 有關警察實施即時強制方法之敘述，下列何者正確？（複選題）

(A) 即時強制之方法對人民權益影響較大，除必須具備緊急性與必要性之一般要件外，更須具 備特別要件

(B) 警察選擇強制方法之種類與強制之範圍或程序，均須符合比例原則

(C) 即時強制之機關必須就該事項有法定職權，並不得逾越其權限範圍而實施

(D) 即時強制與行政上強制執行主要區別，在於人民是否有違反行政法上義務

(E) 即時強制須以人民有違反行政法上義務為前提

___ 12. 一般行政機關對其業務職掌範圍內之危害，無法或不能即時處理時，警察機關始得介入並予輔助，此學理上之原則稱為？

(A) 警察責任原則

(B) 警察公共性原則

(C) 警察消極目的原則

(D) 警察補充性原則

___ 13. 所謂「警察補充性原則」之內涵不包括下列何者？

(A) 其目的係為落實行政一體之精神，填補人權保障之闕漏

(B) 該危害本屬其他行政機關之事物管轄範圍

(C) 警察行使職權，以其他行政機關無法或不能即時制止或排除該危害者為限

(D) 由警察機關依職權發動

___ 14. 依「警察職權行使法」規定，下列何者為警察職權概括條款發動之要件？

(A) 須為制止或排除現行危害

(B) 屬警察機關之事權管轄範圍

(C) 以警察職權行使法明定之職權類型為限

(D) 需有其他機關書面請求

___ 15. 利害關係人對警察行使職權之方法，得於警察行使職權時，當場陳述理由，表示異議。下列何者屬利害關係人？

(A) 營業場所之顧客

(B) 營業場所之出租人

(C) 營業負責人之親戚

(D) 營業場所之鄰居

___ 16. 警察依法行使職權，致人民生命、身體或財產遭受損失時，依法應如何處置？

(A) 以人民實際所受之損失為補償範圍

(B) 應以金錢補償之

(C) 警察機關所為損失補償決定之性質為行政契約

(D) 對於金額不服者，直接向行政法院提起一般給付訴訟

___ 17. 依警察職權行使法規定，義務人或利害關係人對於警察行使職權之行為，得以何種方 式救濟其權利？

(A) 因警察行使職權有違法或不當情事，致損害其權益者，得依法提起訴願及行政訴訟

(B) 有國家賠償法所定國家賠償責任之情事者，得依法請求損害賠償

(C) 因人民特別犧牲，致其生命、身體或財產遭受損失時，人民得請求補償

(D) 以上皆是

___ 18. 依警察職權行使法第廿九條，義務人或利害關係人因警察行使職權有違法或不當情事，致損害其權益者，得依法提起下列何者？

(A) 申訴

(B) 聲明異議

(C) 行政訴訟

(D) 抗告

___ 19. 警察依法實施即時強制致人民遭受損失時，下列補償程序規定何者正確？

(A) 受損人民應向行為人提出請求

(B) 適用民事訴訟程序

(C) 請求範圍以實際所受之特別損失為限

(D) 損失補償請求，應於知有損失後 5 年內提出

___ 20. 依警察職權行使法第 31 條之規定，警察依法行使職權，因人民特別犧牲，致其生命、身體或財產遭受損失時，人民得請求補償，下列相關之敘述何者錯誤？

(A) 損失補償，應以金錢為之

(B) 人民有可歸責之事由時，法院得減免其金額

(C) 人民對於警察機關所為損失補償之決定不服者，不得提起訴願及行政訴訟

(D) 人民應於知有損失後，二年內向警察機關請求之

___ 21. 從學理而言，警察職權行使法第 29 條所規定之表示異議，係……？

(A) 取代訴願程序

(B) 取代行政訴訟程序

(C) 國家賠償之特例

(D) 訴願先行程序

___ 22. 警察職權行使法之異議制度，下列敘述何者正確？

(A) 須以書面陳述理由，表示異議

(B) 由上級機關作成異議決定

(C) 對異議決定不服者可以聲明不服

(D) 利害關係人不得提出異議，只限當事人

___ 23. 警察實施臨檢，對不服受檢人員之處理，何者有誤？

(A) 允許當場提出異議

(B) 由在場最高官階員警決定異議是否有理

(C) 異議有理由者，繼續提起訴願與行政訴訟

(D) 異議無理由者，繼續執行臨檢

___ 24. 義務人或利害關係人對於警察依「警察職權行使法」行使職權之方法、應遵守之程序或其他侵 害利益之情事，得於警察行使職權時，當場陳述理由，表示異議，下列敘述何者錯誤？

(A) 陳述理由表示異議屬人民之基本權利

(B) 陳述理由表示異議時，警察應即停止執行

(C) 陳述理由表示異議，有溝通之效果

(D) 陳述理由表示異議，警察得審查有無理由

答案：1 C 2 C 3C 4 ABE 5A 6 C 7C 8E 9CDE 10B 11ABCD 12D 13D 14A 15B
16B 17D 18C 19C 20C 21D 22C 23C 24B

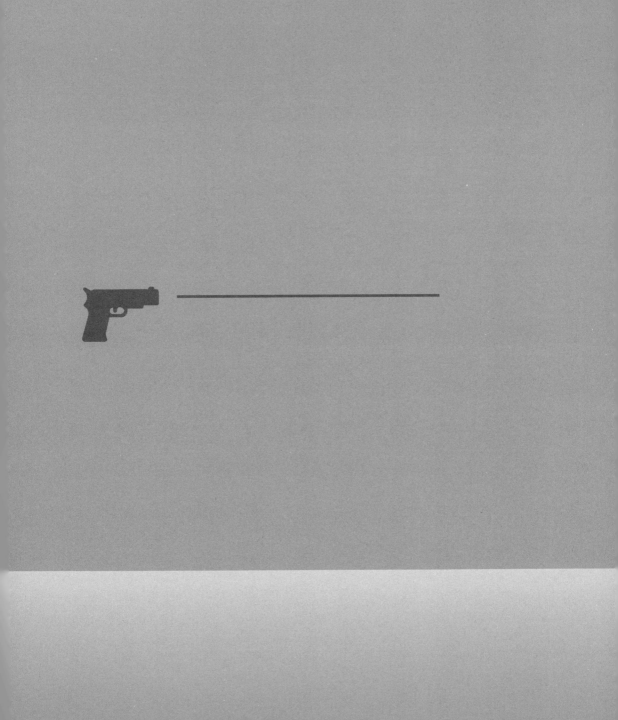

3

警械使用條例

警械意義與種類

警械意義

　　警察人員執行職務時，所用警械為**棍、刀、槍及其他經核定之器械**（第1條），其種類與規格由**行政院**定之。而此處「職務」，包括警察法、警察職權行使法、社會秩序維護法、刑事訴訟法、行政執行法等所規定的警察職務。

警械種類（警察機關配備警械種類及規格表）

1. 棍：警棍，木質警棍、膠質警棍、鋼（鐵）質伸縮警棍。
2. 刀：警刀。
3. 槍：手槍、衝鋒槍、步槍、霰彈槍、機槍、**火砲**。
4. 其他器械：瓦斯器械、電氣器械、噴射器械、**應勤器械（警銬、警繩、防暴網）**。

警察機關配備警械種類及規格表民國 95 年 05 月 30 日修正			
種類		規格	備考
棍	警棍	木質警棍	
		膠質警棍	
		鋼（鐵）質伸縮警棍	
刀	警刀	各式警刀	

槍	手槍	各式手槍	
	衝鋒槍	各式衝鋒槍	
	步槍	半自動步槍	
		自動步槍	
	霰彈槍	各式霰彈槍	
	機槍	輕機槍	
		重機槍	
	火砲	迫擊砲	
		無後座力砲	
		戰防砲	
其他器械	**瓦斯器械**	瓦斯噴霧器（罐）	
		瓦斯槍	
		瓦斯警棍（棒）	
		瓦斯電氣警棍（棒）	
		瓦斯噴射筒	
		瓦斯手榴彈	
		煙幕彈（罐）	
		鎮撼（閃光）彈	
	電氣器械	電氣警棍（棒）（電擊器）	
		擊昏槍	
		擊昏彈包	
	噴射器械	瓦斯粉沫噴射車	
		高壓噴水噴瓦斯車	
		噴射裝甲車	
	應勤器械	警銬	
		警繩	
		防暴網	

討論與研究

1. 上述「**警察機關配備警械種類及規格表**」之法律性質乃是行政程序法第 150 條第 1 項之法規命令（係由行政院依據警械使用條例第 1 條所訂定之授權命令）。

2. 由上可知，警械並無立法解釋，應將「警械」解釋為「警察執行職務所使用的器械」，包括「警察所使用的工具、戒具、武器等」。

3.「警銬」之使用情形：

(1) **警察職權行使法第 20 條：**

警察依法留置、管束人民，有下列情形之一者，於必要時，得對其使用警銬或其他經核定之戒具： 一、抗拒留置、管束措施時；二、攻擊警察或他人，毀損執行人員或他人物品，或有攻擊、毀損行為之虞時；三、自殺、自傷或有自殺、自傷之虞時。警察對人民實施查證身分或其他詢問，不得依管束之規定，令其供述。

(2) **警察人員使用警銬規範**

① 為使警察人員使用警銬有所遵循，以保障民眾權益並兼顧執法需求，特訂定本規範。

② 警察人員執行搜索、扣押、拘提、逮捕、解送、借提或其他法律明定之強制措施時，為避免被告、犯罪嫌疑人或其他依法受拘束之人抗拒、脫逃、攻擊、自殺、自傷或毀損物品，並確保警察人員、在場相關人員或第三人之安全，得使用警銬。

前項情形，警察人員因故無法有效使用警銬時，得使用其他足以達成目的之物品。

③ 對兒童、孕婦、年邁體弱、傷病或肢體障礙者，以不使用警銬為宜。但經審認確有使用之必要者，不在此限。

④ 警察人員使用警銬，除有特殊情形需於腳踝上銬外，應以銬手為原則。其有事實足認有脫逃、被劫持或對他人施強暴脅迫等情形之虞時，**或所犯為死刑、無期徒刑或最輕本刑為五年以上有期徒刑之罪，除銬手外，並得加銬腳踝。**

（民國 110 年 9 月 24 日修正）

⑤ 警察人員使用警銬時，應注意下列事項：

• 不得逾必要之程度，並儘量避免暴露上銬部位。

• 維護使用對象之身體及名譽。

• 對已使用警銬之人，認無繼續使用必要時，儘速解除。

• 不得以使用警銬為懲罰之方法。

4. 警察人員使用防護型應勤裝備使用要點（民國 105 年 11 月 10 日發布）

(1) 內政部警政署（以下簡稱本署）為保障人民權益、維持公共秩序及保護社會安全，規範警察人員合理、合法使用防護型應勤裝備，特訂定本要點。

(2) 本要點所稱防護型應勤裝備，指以**辣椒精、胡椒及芥末等非瓦斯化學成分製造之防護型噴霧器及其他防護型應勤裝備。**

(3) 警察人員依法執行職務遭受強暴、脅迫、抗拒或其他事實需要，認為以使用防護型噴霧器制止為適當時，即得使用。使用防護型噴霧器應先口頭警告相對人，仍不聽從時，即得使用。但情況急迫時，不在此限。

(4) 使用防護型噴霧器時，應注意下列事項：

① **考量地形及地物之狀況，避免造成相對人其他傷害。**

② **於制止或施用警銬逮捕相對人後，避免其臉部接觸地面影響呼吸。**

③ **應注意風向及其他足以影響他人之情事。**

④ **使用原因已消滅，應立即停止使用。**

(5) 使用防護型噴霧器後，應提供必要之救護或醫療協助，並將使用經過情形報告該管長官。

(6) 警察機關應結合本要點之規定辦理教育訓練，遇有使用防護型噴霧器過當案件，應主動撰寫案例，報由本署彙編訓練教材，增進警察人員正當及合理使用之正確觀念。

模擬試題

___1. 依警察機關配備警械種類及規格表規定之應勤器械，包括下列何者？

（複選題）

(A) 交通指揮棒

(B) 警繩

(C) 防暴網

(D) 防彈盾牌

(E) 警銬

___2. 依警察機關配備警械種類及規格表之規定，下列何者**不屬於**警棍之種類規

格？

(A) 電氣警棍

(B) 膠質警棍

(C) 木質警棍

(D) 鋼（鐵）質伸縮警棍

答案：**1BCE 2A**

警械使用主體與時機

使用主體

（一）**警察人員**：原則上係指警察法與警察職權行使法所規定的警察。

（二）**其他司法警察人員**：此些司法警察人員如有使用戒具、器械之特別規定（例如：**海岸巡防機關器械使用條例、內政部入出國及移民署戒具武器之種類規格及使用辦法**等），則不適用警械使用條例之規定。

（三）**憲兵**。

（四）**駐衛警**：依據警察人員人事條例第 40 條，各機關、學校、團體駐衛警察設置管理辦法，由內政部定之，也就是在政府機關、公私立學校、公民營事業機構、公民營金融機構等，**經內政部核准設置的駐衛警察**，準用警械使用條例之規定。

▋ 第 13 條

本條例於其他司法警察人員及憲兵執行司法警察、軍法警察職務或經**內政部**核准設置之駐衛警察執行職務時，**準用之**。（第 13 條）

駐衛警察使用警械管理辦法，由內政部定之（所以該管理辦法是**內政部制定的授權命令**）。

警械使用時機

（一）警棍：指揮與制止。

1. 指揮：**指揮交通、疏導群眾、戒備意外**。

第 2 條

警察人員執行職務時，遇有下列各款情形之一者，得使用警棍指揮：

一、指揮交通。

二、疏導群眾。

三、戒備意外。

2. 制止：

(1) 協助偵查犯罪，**或搜索、扣押、拘提、羈押及逮捕等須以強制力執行時。**

(2) 依法令執行職務，遭受脅迫時。

(3) 其他。

第 3 條

警察人員執行職務時，遇有下列各款情形之一者，得使用警棍制止：

一、協助偵查犯罪，或搜索、扣押、拘提、羈押及逮捕等須以強制力執行時。

二、依法令執行職務，遭受脅迫時。

三、發生第四條第一項各款情形之一，認為以使用警棍制止為適當時。

（二）警刀或槍械使用時機

1. 前提：警察人員執行職務時，得使用警刀或槍械。

2. 時機：

(1) 為避免非常變故，維持社會治安時。

(2) 騷動行為足以擾亂社會治安時。

(3) **依法應逮捕、拘禁之人**拒捕、脫逃，或他人助其拒捕、脫逃時。（依法應逮捕、拘禁之人包括現行犯、通緝犯、被拘提人、受羈押之刑事被告等，若有第三人協助該等人士脫逃時，警察得對其使用槍械）

(4) 警察人員所防衛之**土地、建築物、工作物、車、船、航空器**或他人之**生命、身體、自由、財產**遭受危害或脅迫時。

(5) 警察人員之**生命、身體、自由、裝備**遭受強暴或脅迫，或有事實足認為有受危害之虞時。（**警察人員相關權利不包括財產**）

(6) 持有兇器有滋事之虞者，已受警察人員告誡拋棄，仍不聽從時。

(7) 有前條（第三條）第一款、第二款之情形，非使用警刀、槍械不足以制止時。

3. 必要時，得併使用其他經核定之器械。

第 4 條

警察人員執行職務時，遇有下列各款情形之一者，得使用警刀或槍械：

一、為避免非常變故，維持社會治安時。

二、騷動行為足以擾亂社會治安時。

三、依法應逮捕、拘禁之人拒捕、脫逃，或他人助其拒捕、脫逃時。

四、警察人員所防衛之土地、建築物、工作物、車、船、航空器或他人之生命、身體、自由、財產遭受危害或脅迫時。

五、警察人員之生命、身體、自由、裝備遭受強暴或脅迫，或有事實足認為有受危害之虞時。

六、持有兇器有滋事之虞者，已受警察人員告誡拋棄，仍不聽從時。

七、有前條第一款、第二款之情形，非使用警刀、槍械不足以制止時。

前項情形於必要時，得併使用其他經核定之器械。

___ 1. 有關使用警械之主體，下列何者錯誤？（複選題）

(A) 機關學校團體之駐衛警察，並非正式警察人員，不得使用警械

(B) 保全人員僅得使用警棍或電器警棍

(C) 警察機關內之一般行政人員不得使用警械

(D) 執行軍、司法警察職務之憲兵執行職務時，得使用警械

___ 2. 有關警察人員使用警械之規定，下列敘述何者正確？

(A) 警察得自行購置配用警槍

(B) 警察執行職務時，得依法定時機使用各種警械

(C) 警察使用警棍後，應即時報告長官

(D) 警察戒備意外，得鳴槍制止

___ 3. 警察人員執行職務時，遇有人民何種權利遭受危害或脅迫，得使用警刀或槍械？（複選題）

(A) 自由
(B) 名譽
(C) 財產
(D) 身體
(E) 生命

答案 :1AB　2B　3ACDE

使用警械程序與應注意事項

使用前

1. **執行取締盤查**：警察人員依法令執行取締、盤查等勤務時，如有必要得命其停止舉動或高舉雙手，並檢查是否持有兇器。**如遭抗拒，而有受到突擊之虞時，得依本條例規定使用警械**（由此可知，並非是警察依法執行取締、盤查勤務時應使用警械，是有限制條件的）。

2. **比例原則**：警察人員應基於急迫需要，合理使用槍械，不得逾越必要程度。

▌第 5 條

警察人員依法令執行取締、盤查等勤務時，如有必要得命其停止舉動或高舉雙手，並檢查是否持有兇器。如遭抗拒，而有受到突擊之虞時，得依本條例規定使用警械。

▌第 6 條

警察人員應基於急迫需要，合理使用槍械，不得逾越必要程度。

使用中

1. 原因消滅：警察人員使用警械之原因已消滅者，應立即停止使用。（第 7 條）

2. 警察人員使用警械時，應注意勿傷及其他之人。（第 8 條）

3. 警察人員使用警械時，如非情況急迫，應注意勿傷及其人致命之部位。（**並非是絕對不能傷及其人致命部位**）

4. 由上述「使用前」、「使用中」可知，警械使用條例所明定的基本原則為：**考量比例原則、應注意勿傷及其他之人、應注意勿傷及其人致命之部位**，但**不包含**「基於急迫需要，應事先警告並對空鳴槍」。

▌第 7 條

警察人員使用警械之原因已消滅者，應立即停止使用。

▌第 8 條

警察人員使用警械時，應注意勿傷及其他之人。

▌第 9 條

警察人員使用警械時，如非情況急迫，應注意勿傷及其人致命之部位。

使用後

警察人員使用警械後，應將經過情形，即時報告該管長官。**但使用警棍指揮者，不在此限。**

▌第 10 條

警察人員使用警械後，應將經過情形，即時報告該管長官。但使用警棍指揮者，不在此限。

模擬試題

___1. 依警械使用條例第五條之規定，警察依法對有犯罪嫌疑者執行盤查勤務時，其得行使之職權，下列敘述何者錯誤？

(A) 有必要時得命其停止舉動

(B) 有必要時得命其高舉雙手

(C) 有必要時得檢查其是否持有兇器

(D) 如遭抗拒即得立即使用槍械

___2. 有關「警械使用條例」規定之敘述，下列何者正確？（複選題）

(A) 警察人員依本條例使用警械之行為，為依法令之行為

(B) 警察人員應基於急迫需要，合理使用槍械，不得逾越必要程度

(C) 警察人員執行職務時，得使用警棍指揮交通

(D) 警察人員依法使用警械時，均須依規定穿著制服

(E) 警察人員執行職務時，所用警械以棍、槍為原則

___3. 依《警械使用條例》有關比例原則於警械使用之適用，下列敘述何者正確？（複選題）

(A) 警察應基於急迫需要，合理使用槍械，不得逾越必要程度

(B) 警察使用警械之原因已消滅者，應立即停止使用

(C) 警察使用警械時，應注意勿傷及其他之人

(D) 警察使用警械時，如非情況急迫，應注意勿傷及其人致命之部位

(E) 警察使用警械時，應先行警告射擊，若有受傷，應予救助或救護

答案：**1D 2ABC 3ABCD**

使用警械之法律效果與支給標準

合法使用

1.警察人員依本條例使用警械之行為，**為依法令之行為**，個人均無責任。（並非是緊急避難、正當防衛之行為）

2.不負賠償責任：警察人員依本條例規定使用警械，因而致**第三人受傷、死亡或財產損失者，應由各該級政府支付醫療費、慰撫金、補償金或喪葬費。例如：**警察人員戒護受刑人就醫，因遭遇襲擊而使用警槍制止，流彈誤中路人致死，喪葬費由各該級政府支付。

3.警械使用條例第十一條第一項規定「警察人員依本條例規定使用警械，因而致第三人受傷、死亡或財產損失者，應由各該級政府支付醫療費、慰撫金、補償金或喪葬費。」參據警械使用條例之立法意旨及支付賠（補）償費用之精神，本條規定之「第三人」，須為警察人員合法使用警械對象以外之人，亦即無辜之善意第三人。如路過之民眾、遭歹徒挾持之人等；又，同車之人，如係單純之駕駛與乘客關係，即雙方並無意思聯絡，則駕駛人衝撞員警，導致員警開槍，並致所搭載之乘客受有槍傷，該乘客仍可謂之無辜善意第三人，惟如駕駛人與乘客為共犯關係，具有拒捕、脫逃之犯意聯絡，甚至乘客教唆駕駛人衝撞員警等情，則難謂該乘客為本條所稱之第三人。

4.警察人員合法使用警械之行為，致使第三人財產遭受損失者，予以補償，其性質為損失補償中「基於徵收侵害」之補償。

5.警察人員合法使用警械之行為，致使第三人受傷或死亡者，填補其損失，其性質為損失補償中「基於犧牲侵害」之補償。

非法使用

1. 行政責任：如未傷人或致死者，由主管長官依懲戒標準規定，予以行政處分。

2. 刑事責任：如傷人而致死者，依刑法處罰。

3. **民事責任**：警察人員執行職務違反本條例使用警械規定，因而致人受傷、死亡或財產損失者，**由各該級政府支付醫療費、慰撫金、補償金或喪葬費（不含和解金、賠償費）；其出於故意之行為**，各該級政府得向其求償（出於**過失仍不得求償**），醫療費、慰撫金、補償金或喪葬費之標準，由**內政部**定之。

▌第 11 條

警察人員依本條例規定使用警械，因而致第三人受傷、死亡或財產損失者，應由**各該級**政府支付醫療費、慰撫金、補償金或喪葬費。

警察人員執行職務違反本條例使用警械規定，因而致人受傷、死亡或財產損失者，由各該級政府支付醫療費、慰撫金、補償金或喪葬費；其出於故意之行為，各該級政府得向其求償。

前二項醫療費、慰撫金、補償金或喪葬費之標準，由內政部定之。

▌第 12 條

警察人員依本條例使用警械之行為，為依法令之行為。

支給標準

（一）**警察人員使用警械致人傷亡財產損失醫療費慰撫金補償金喪葬**費支給標準（依據警械使用條例第 11 條第三項訂定）。

（二）**補償標準**：警察人員執行職務依警械使用條例規定使用警械**致第三人受傷或死亡者，醫療費、慰撫金、喪葬費依下列規定辦理。**

1. 受傷者：除支付醫療費外，並給與慰撫金，最高新台幣 50 萬元為限。

2. 身心障礙者：除支付醫療費外，並依下列規定給予一次慰撫金：

(1) 極重度障礙者：新台幣 250 萬。

(2) 重度障礙者：新台幣 150 萬。

(3) 中度障礙者：新台幣 100 萬。

(4) 輕度障礙者：新台幣 70 萬。

3. 死亡者：除給與一次慰撫金新台幣 250 萬元外，並核實支付喪葬費，最高以新台幣 30 萬元為限。（死亡最高補償額度 280 萬）

4.因受傷或身心障礙死亡者，依上述規定補足一次慰撫金差額，並支付喪葬費。

※ 警察人員使用警械致人傷亡財產損失醫療費慰撫金補償金喪葬費支給標準第 2 條

警察人員執行職務依本條例規定使用警械致第三人受傷或死亡者，其醫療費、慰撫金及喪葬費依下列規定辦理：

一、受傷者

除支付醫療費外，並給與慰撫金，最高以新臺幣五十萬元為限。

二、身心障礙者

除支付醫療費外，並依下列規定給與一次慰撫金：

（一）極重度障礙者：新臺幣二百五十萬元。

（二）重度障礙者：新臺幣一百五十萬元。

（三）中度障礙者：新臺幣一百萬元。

（四）輕度障礙者：新臺幣七十萬元。

三、死亡者

除給與一次慰撫金新臺幣二百五十萬元外，並核實支付喪葬費，最高以新臺幣三十萬元為限。

四、因受傷或身心障礙死亡者，依前款規定補足一次慰撫金差額，並支付喪葬費。

前項第一款、第二款醫療費，除病房費以保險病房為準外，核實支付。**第一項第二款所稱障礙等級之鑑定，依身心障礙者保護法及相關規定辦理。**

一、合法使用槍械

（一）補償對象：只限第三人。

（二）補償原因：受傷、死亡、財產損失。

（三）補償範圍：**醫療費、慰撫金、補償金或喪葬費**。

（四）補償單位：各該級政府。

二、非法使用槍械

（一）賠償對象：任何人（第三人與相對人皆包括）。

（二）賠償原因：受傷、死亡、財產損失。

（三）賠償範圍：**醫療費、慰撫金、補償金或喪葬費**。

（四）賠償單位：各該級政府，但**出於故意之行為，各該級政府得向其求償**。

三、警械使用條例與國家賠償法關係

（一）歸責理論：國家賠償法第二條之國家賠償責任，以公務員有故意或過失為要件，而警械使用條例並無以警察人員有故意或過失為要件，採取無過失責任主義。

（二）保護範圍：國家賠償法保護客體的範圍較廣，賠償範圍包含所受損害及所失利益，例如：自由、身體、財產、精神等權利均屬之；而警械使用條例所保護客體較狹隘，只有生命、身體、財產；因此，若警察人員違法使用警械侵害人民自由權利時，僅能依國家賠償法進行求償。

（三）發動方式：國家賠償法必須由人民發動請求而開啟賠償程序，國家處於被動地位，而警械使用條例是以主動地位開啟賠償程序。

（四）賠償方法：國家賠償法第七條規定，以金錢賠償為原則，回復原狀為例外，而警械使用條例僅以金錢賠償為原則，例如：醫療費、慰撫金、補償金、喪葬費等。

（五）賠償標準：國家賠償法並未有賠償支給標準，而內政部訂有「**警察人員使用警械致人傷亡財產損失醫療費慰撫金補償金喪葬費支給標準**」，依該標準進行給付。

（六）求償條件：國家賠償法以公務員故意或重大過失為要件，但警械使用條例僅出於警察人員故意違法使用警械行為時。

模擬試題

___ 1. 警察合法使用警械，因而致第三人財產受有損失者，由各該級政府以金錢補償其實際所受之財產損失。此種國家責任之性質為何？

(A) 公用徵收
(B) 徵收之侵害
(C) 犧牲補償請求權
(D) 準徵收之侵害

___ 2. 警察人員違反規定使用警械，因而致人損害，由各該級政府支付之費用，不包括下列何者？

(A) 理賠金
(B) 醫療費
(C) 慰撫金
(D) 補償金

___ 3. 下列有關警察使用警械致人傷亡責任之規定，何者正確？（複選題）

(A) 警察依法使用警械，因而致人受傷者，應由內政部支付醫療費
(B) 警察依法使用警械，因而致人死亡者，應由政府支付喪葬費
(C) 警察執行職務出於故意違法使用警械，因而致人死亡，政府得向該員警求償
(D) 警械使用有關醫療費、補償金或喪葬費之標準，由內政部定之
(E) 警察依法使用警械，因而致第三人財產損失者，應由各該級政府支付補償金

答案：**1B 2A 3CDE**

警械沒入、定製售賣管理

警械之沒入

（一）**警械沒入規定：警械非經**內政部或其授權之警察機關許可，不得定製、售賣或持有，**違者由**警察機關沒入。**但法律另有規定者，從其規定。**

（二）**前項許可定製、售賣或持有之警械種類規格、許可條件、許可之申請、審查、註銷、撤銷或廢止及其他應遵行事項之辦法，由內政部定之。**

▋第 14 條

警械非經內政部或其授權之警察機關許可，不得定製、售賣或持有，**違者由警察機關沒入**。但法律另有規定者，從其規定。

前項許可定製、售賣或持有之警械種類規格、許可條件、許可之申請、審查、註銷、撤銷或廢止及其他應遵行事項之辦法，由內政部定之。

• 相關管理法條如下：

本辦法依警械使用條例第十四條第二項規定訂定之。（行政命令）

警械許可定製售賣持有管理辦法

▋第 2 條

本辦法規定得申請許可定製、售賣、持有之警械以**警棍、警銬、電氣警棍（棒）（電擊器）、防暴網**為限。

前項警械之許可，**內政部（以下簡稱本部）得授權內政部警政署（以下簡稱警政署）或直轄市、縣（市）政府警察局**辦理。

（本辦法所稱廠商以「公司」限。）

第 3 條

申請製造、售賣警棍、警銬、電氣警棍（棒）（電擊器）、防暴網之廠商，應檢附下列文件經直轄市、縣（市）政府警察局層報本部許可：

一、申請書。

二、負責人資料卡。

三、公司登記證明文件影本。

四、製造廠商應附工廠登記證明文件影本；售賣廠商應附經銷合約書及製造廠商許可文件影本。

五、產品圖示及中文說明書（含型號、圖片）。

六、電氣警棍（棒）（電擊器）、防暴網應附產品樣品。

七、電氣警棍（棒）（電擊器）應附相關政府機關測試結果報告；防暴網應附拋射物單位面積發射動能報告。

依前項規定申請製造、售賣之防暴網，發射動力不得為裝填子彈式，發射裝置亦不得有類似槍枝之撞針結構。

第一項廠商經審查合格後，由本部發給許可文件，許可文件不得影印散發、出租、頂讓、抵押或轉借他人使用。

廠商應自許可之次日起六個月內，申請變更公司登記，增列許可營業項目；製造廠商應變更工廠登記，增列許可營業項目。逾期未申請登記者，廢止其許可。

完成前項登記之廠商，應檢附公司登記證明文件影本；製造廠商另附工廠登記證明文件影本經直轄市、縣（市）政府警察局層報本部備查。

前項經完成備查之製造廠商於製造、售賣新式樣電氣警棍（棒）（電擊器）、防暴網時，應先檢附產品中文說明書及產品樣品；電氣警棍（棒）（電擊器）並附相關政府機關測試結果報告，防暴網並附拋射物單位面積發射動能報告，送經直轄市、縣（市）政府警察局層報本部核准。

製造、售賣電氣警棍（棒）（電擊器）防暴網前，應逐次送經直轄市、縣（市）政府警察局核准。

▍第 7 條

　　僱（任）用警衛、保全人員、巡守人員或依法執行稽查公務人員之機關、機構、學校、公司、行號、工廠、民間守望相助組織，得檢附下列文件向**直轄市、縣（市）政府警察局**申請許可購置**警棍、電氣警棍（棒）（電擊器）、防暴網（不包括警銬）**；其設有分支機構者，應由各該分支機構向直轄市、縣（市）政府警察局申請許可：

　　一、申請書。

　　二、申請單位證明文件。

　　三、許可廠商產品中文說明書。

　　四、申請購置電氣警棍（棒）（電擊器）、防暴網加附使用人在職證明文件及照片三張。

　　前二項申請許可購置**電擊器屬拋射式者，以運送保全人員為限。**

▍第 8 條

　　經依前條申請許可購置之**警棍、電氣警棍（棒）（電擊器）或防暴網**，應集中保管，並列冊送直轄市、縣（市）政府警察局備查。異動時，亦同。

　　電氣警棍（棒）（電擊器）、防暴網不得轉讓或借與他人使用，並由直轄市、縣（市）政府警察局核發警械執照。（不包括警棍）

　　警械執照應每二年換領一次。持有人應隨身攜帶，並不得轉讓或借與他人使用，如有毀損、遺失或滅失，應即向直轄市、縣（市）政府警察局申請補發。

▍第 13 條

　　警政署為辦理警械鑑驗及認定事項，**得設審議會，其委員由警政署遴選之。**

模擬試題

___ 1. 下列何者不屬於「警械許可定製售賣持有管理辦法」得申請許可定製、售賣、持有之警械範圍？

(A) 警棍

(B) 警銬

(C) 防暴網

(D) 警槍

___ 2. 依警械許可定製售賣持有管理辦法規定，申請許可定製、售賣或持有之警械，包含下列何者？（複選題）

(A) 防暴網

(B) 警銬

(C) 模擬槍

(D) 電氣警棍（棒）

(E) 警棍

___ 3. 依現行相關法令規定，下列哪些機關有警械定製、售賣、持有之許可權？（複選題）

(A) 內政部

(B) 直轄市政府

(C) 內政部警政署

(D) 直轄市政府警察局

(E) 縣（市）政府警察局

___ 4. 有關「警械使用條例」第 14 條規定之敘述，下列何者錯誤？

(A) 警械之定製、售賣或持有，依警械性質及危害性，分由內政部或內政部授權之警察機關許 可，始得為之

(B)「警察機關配備警械種類規格表」所列警械，為基於實務需要暨維護社會治安考量

(C) 未經許可而製造電擊器之行為，違反警械使用條例第 14 條第 1 項規定，應沒入該電擊器

(D) 警用槍械須經內政部警政署許可，始得定製、售賣或持有；警棍、警銬外銷，亦須經該署 許可始得辦理

___ 5. 公司行號僱用保全人員，依法得經許可購置警棍。依警械許可定製售賣持有管理辦法第 7 條規定之許可機關為：

(A) 行政院

(B) 內政部

(C) 內政部警政署

(D) 直轄市、縣（市）政府警察局

___ 6. 依警械使用條例及警械許可定製售賣持有管理辦法，下列何者得依法申請購置拋射式電擊器？

(A) 未僱用警衛之金銀珠寶業之負責人

(B) 運送保全之公司

(C) 依法執行稽查公務人員之機關

(D) 民間守望相助組織

___ 7. 依警械許可定製售賣持有管理辦法規定，下列哪些警械須經主管機關核發警械執照？（複選題）

(A) 警棍

(B) 電氣警棍（棒）

(C) 防暴網

(D) 電擊器

(E) 警銬

___ 8. 下列有關「警械許可定製售賣持有管理辦法」之敘述，何者正確？

（複選題）

(A) 得申請許可定製、售賣、持有之警械以警棍、警銬、電氣警棍（棒）（電擊器）、防暴網為限

(B) 臺北市政府警察局得經內政部警政署授權，辦理申請許可定製或售賣警銬

(C) 經所屬單位申請獲准後，警衛保全人員得持有警銬

(D) 經營金銀珠寶業者未僱用警衛者，其負責人得依規定申請購置電氣警棍

(E) 申請許可購置之警棍、警銬，由內政部警政署核發警械執照，警械執照應每二年換領一次

___ 9. 依「警械許可定製售賣持有管理辦法」第 8 條規定，警械執照應每幾年換領 1 次？

(A) 1 年

(B) 2 年

(C) 3 年

(D) 4 年

___ 10. 依「警械許可定製售賣持有管理辦法」規定，警政署為辦理警械鑑驗及認定事項，得設審議會，其委員由下列何者遴選之？

(A) 內政部

(B) 警政署

(C) 各縣（市）政府警察局

(D) 刑事警察局

答案：**1D 2ABDE 3ACDE 4D 5D 6B 7BCD 8AD 9B 10B**

不同主體使用警械管理辦法

使用主體—駐衛警察（駐衛警察使用警械管理辦法）

▌第 1 條（法源依據）

本辦法依警械使用條例（以下簡稱本條例）第十三條第二項規定訂定之。（行政命令）

（**駐衛警使用警械管理辦法**之法源依據為「警械使用條例」第 13 條第 2 項。）

▌第 2 條（駐衛警察之定義）

本辦法所稱駐衛警察，**係指各機關學校團體駐衛警察設置管理辦法核准設置者為限。**

（**各機關學校團體駐衛警察設置管理辦法**之法源依據為「警察人員人事條例」第 40 條）

▌第 3 條（何時可以使用警械）

駐衛警察執行職務，遇有本條例第二條至第四條所列情形時，得使用警械。其使用警械之種類、時機與程序及應注意事項等，悉依本條例之規定。

▌第 4 條（可以使用何種警械）

駐衛警察執行職務時，**以使用警棍為原則；其需用其他警械者，應由設置單位向直轄市、縣（市）警政機關申請配發。**

當地警察局（分局）於治安狀況特殊或情況急迫時，得對駐衛警察逕行配發警械。

第 5 條（得自行購置警棍）

駐衛警察配用**警棍**，得自行購置，並列冊報當地警察局（分局）備查。

第 6 條（配發之警械按季陳報備查）

駐衛警察對配發之警械，應分類造冊登記，按季報當地警察局（分局）備查。

第 7 條（保管警械規定）

駐衛警察保管警械，應遵守警政機關之規定。

第 8 條（應隨帶駐衛警警槍執照）

駐衛警察使用**警槍，應隨帶駐衛警警槍執照。**

前項執照，由設置單位向當地警察局（分局）申請核發之。

第 9 條（辦理訓練、監督、考核單位）

駐衛警察使用警械之訓練、監督、考核，由當地警察局（分局）辦理。

第 10 條（致人受傷、死亡或財產損失規定）

駐衛警察使用警械，因而致人受傷、死亡或財產損失者，**由設置單位依本條例第十一條規定辦理。**

第 11 條

本辦法自發布日施行。

使用主體—警察役役男（警察役男使用警械管理辦法）

▌第 1 條

本辦法依替代役實施條例第五十八條規定訂定之。

▌第 2 條

警察役役男執行勤務，遇有警械使用條例第二條至第四條所定情形時，得使用警械。其使用警械之種類、時機、程序及應注意事項等，**準用警械使用條例之規定**。

擔服矯正機關勤務，遇有使用警械情形時，準用監獄行刑法第二十四條之規定。

▌第 3 條

警察役役男執行勤務時，以使用警棍為原則。但依其勤務特性，**有使用其他警械之必要者，服勤單位為警察機關時，得逕行配發使用**；服勤單位非屬警察機關時，得由服勤單位向當地警察局申請核發。對核發之警械，應分類造冊登記，按季報當地警察局（分局）備查，並依警察機關規定之方式保管。

▌第 4 條

警察役役男配用之警棍，由服勤單位或其上級機關自行購置，並列冊管理，服役期滿應予收繳。

（警察役役男配用之警棍，**由服勤單位或其上級機關自行購置**，駐衛警察配用警棍，**得自行購置。**）

▌第 5 條

警察役役男使用警械之訓練、監督、考核，**由服勤單位或當地警察局（分局）辦理**。

第 6 條

警察役役男使用警械,因而致人傷亡者,準用警械使用條例第十一條規定辦理。

第 7 條

本辦法自發布日施行。

其他注意問題

(一) 警械使用主體

1. 原則:由警械使用條例第 13 條可知,司法警察人員、憲兵執行司法警察、軍法警察職務或內政部核准設置之駐衛警察執行職務時,準用警械使用條例,所以**調查局人員、特勤人員、憲兵、OO 大學駐衛警察、OO 醫院駐衛警等,在執行職務時,都可以準用警械使用條例(不含私人保全人員)。**

2. 另外警察役役男,根據警察役役男使用警械管理法第 2 條規定,警察役役男執行勤務,遇有警械使用條例第二條至第四條所定情形時,得使用警械。其使用警械之種類、時機、程序及應注意事等,**準用警械使用條例之規定。**

3. 例外:但有些司法警察有自己專屬的器械使用條例,所以**不會準用**警械使用條例,舉例如下:

(1) 海關人員:海關緝私器械使用辦法(依據海關緝私條例第 7 條第 1 項訂定)。

(2) 海巡人員:海岸巡防機關器械使用條例。

(3) 移民人員:入出國及移民法。

(二) 併使用其他核定器械

警械使用條例第 4 條第 2 項「前項情形於必要時,**得併使用其他經核定之器械**」,故警察人員依據第 4 條第 1 項各款情形使用警刀或槍械時,必要時可以使用**警械、警繩**等其他經核定之器械。

模擬試題

___ 1. 「駐衛警察使用警械管理辦法」係由下列何者所授權訂定之法規命令？

(A) 警察法

(B) 警察職權行使法

(C) 警械使用條例

(D) 社會秩序維護法

___ 2. 下列有關駐衛警察及其使用警械管理之敘述，何者**錯誤**？

(A)「各機關學校團體駐衛警察設置管理辦法」之法源係「警察人員人事條例」

(B)「駐衛警察使用警械管理辦法」之法源為「警械使用條例」

(C) 駐衛警察使用警械之訓練，由警政署辦理

(D) 駐衛警察配用警棍，得自行購置，並列冊報當地警察局（分局）備查

___ 3. 依警械使用條例及駐衛警察使用警械之規範，下列敘述何者錯誤？

(A) 依法核准設置之駐衛警察，執行職務時使用警械，準用警械使用條例之規範

(B) 駐衛警察配用警棍，不得自行購置，應列冊報當地警察局（分局）核准購置

(C) 當地警察分局於治安狀況特殊或情況急迫時，得對駐衛警察逕行配發警械

(D) 駐衛警察使用警槍，應隨身攜帶駐衛警警槍執照

___ 4. 依「駐衛警察使用警械管理辦法」，駐衛警察執行職務使用警械之規範，下列敘述何者錯誤？

(A) 駐衛警察使用警械，準用警械使用條例之相關規定

(B) 駐衛警察執行職務時，以使用警棍為原則

(C) 駐衛警察如需其他警械，應由設置單位向直轄市、縣（市）警政機關申請配發

(D) 地方警察局（分局）於治安狀況特殊或情況急迫時，應對駐衛警察逕行配發警械

___ 5. 國立大學之駐衛警察執行職務使用警械，因而致人受傷，該大學應依下列
何者之規定辦理補償？

(A) 警察職權行使法第 30 條

(B) 警察職權行使法第 31 條

(C) 警械使用條例第 11 條

(D) 國家賠償法第 2 條

___ 6. 下列何者得準用警械使用條例使用警械？

(A) 海關關員執行職務時

(B) 駐衛警察執行職務時

(C) 移民署人員執行職務時

(D) 保安警察執行職務時

___ 7. 下列何者執行職務時，並非準用警械使用條例之人員？

(A) 警察役役男

(B) 駐衛警察

(C) 特勤人員

(D) 海岸巡防人員

___ 8. 下列何者準用警械使用條例之規定？

(A) 警察役役男

(B) 私人保全

(C) 海關緝私人員

(D) 海岸巡防機關人員

答案：1C 2C 3B 4D 5C 6B 7D 8A

警察人員使用槍械規範說明

規定	說明
一、內政部警政署（以下簡稱本署）為迅速排除對社會治安及人民之急迫危害，並保障警察人員執勤安全，使警察人員合理、合法使用槍械，特訂定本規範。	一、本規範之核心價值及立法目的。 二、警察機關依警察法、刑事訴訟法及相關法令執行職務，協助偵查犯罪、執行搜索、扣押、拘提及逮捕等法定職掌，時有面臨急迫等各種治安情狀，為使警察人員用槍有所準據，爰訂定本規範。
二、各機關對於警察人員使用槍械適法性之判斷基準，應以用槍當時警察人員之合理認知為主，事後調查或用槍結果為輔。	明定警察人員使用槍械適法性判斷基準之原則，避免以事後調查或用槍結果，作為使用槍械適法性之主要判斷考量依據。
三、警察人員執行職務使用槍械，應就現場所認知之全般情況，審酌下列情形綜合判斷： （一）使用對象： 1. 暴力行為或犯罪危害程度。 2. 持有武器或危險物品種類。 3. 有無使用酒類或毒品。 4. 理及精神狀態。 （二）現場參與人數多寡。 （三）現場人、車及建築物等密集程度。 （四）使用其他非致命性武器或攔截圍捕等替代方式之可行性。	為使比例原則具體化，爰明定使用槍械應就現場所認知之各項具體考量因素為綜合判斷。
四、警察人員執行各項職務時，研判自身或他人可能遭受襲擊時，得持槍警戒。 五、警察人員執行職務時，遇有下列各款情形之一者，得鳴槍制止： （一）發生暴力犯罪且持續進行時。	明定警察人員執行職務，得持槍警械之時機。明定警察人員執行職務，得鳴槍制止之時機。

（二）群眾聚集挑釁、叫囂、互毆或意圖包圍警察人員，情勢混亂時。	
（三）犯罪嫌疑人意圖逼近、挾持、攻擊警察人員或他人，或有其他不當舉動時。	
（四）犯罪嫌疑人意圖駕駛交通工具攻擊警察人員或他人，或駕駛行為將危及其他人、車時。	
（五）犯罪嫌疑人持有兇器或其危險物品，受警察人員告誡拋棄，仍不遵從時。	
（六）警察人員防衛之重要設施有遭受危害之虞時。	
（七）其他治安事件於警察人員或他人有遭受危害之虞時。	
六、警察人員執行職務時，遇有下列各款情形之一者，得逕行射擊：	明定警察人員執行勤務，得逕行射擊之時機。
（一）持有致命性武器或危險物品或以暴力、交通工具等攻擊、傷害、挾持、脅迫警察人員或他人時。	
（二）有理由認為犯罪嫌疑人持有致命性武器或危險物品或以暴力、交通工具等意圖攻擊警察人員或他人，不及時制止將危及警察人員或他人生命或身體安全時。	
（三）持有致命性武器或危險物品之犯罪嫌疑人拒捕脫逃，將危及警察人員或他人生命或身體安全時。	
（四）意圖奪取警察人員配槍或其他可能致人傷亡之裝備時。	
（五）其他危害警察人員或他人生命或身體安全，情況急迫時。	

七、警察人員使用槍械後，應於用槍現場為下列之即時處置：	明定警察人員使用槍械後，應迅速救護傷患及保全現場等即時處置之作為。
（一）現場有人員傷亡時，應迅速通報救護或送醫，並作必要之保護或戒護。	
（二）通報並協助保全現場及蒐集證據。	
（三）將經過情形報告該管長官。	
八、警察人員用槍致人傷亡時，所屬警察機關應立即辦理下列事項：	明定警察機關於所屬警察人員使用槍械且致人傷亡時，應立即辦理通知受傷或死亡者之家屬或指定之親友、進行事實調查及用槍適法性之審查、指派專人協助警察人員涉訟法律輔助並提供心理諮商輔導，並依法進行賠償或補償等相關事宜。
（一）通知受傷或死亡者之家屬或指定之親友。	
（二）成立處理小組進行事實調查及用槍適法性之審查。	
（三）指派專人協助警察人員涉訟法律輔助，並提供心理諮商輔導。	
（四）依法進行賠償或補償等相關事宜。	
九、各警察機關辦理用槍教育訓練，應結合警械使用條例及本規範之規定。遇有使用槍械造成重大或敏感之案件，應主動撰寫案例，報由本署彙編訓練教材，以辦理射擊教官講習及提供各警察機關實施訓練，增進警察人員正當、合理用槍之正確觀念，及加強現場執勤時之快速反應能力。	為增進警察人員正當、合理用槍之正確觀念，及現場執勤時之快速反應能力，各警察機關辦理用槍教育訓練，應結合警械使用條例及本規範之規定。如警察機關所屬警察人員使用槍械造成重大或敏感之案件，應主動撰寫案例，報由本署彙編訓練教材，以辦理射擊教官講習及提供各警察機關實施訓練。

___ 1. 下列有關警察人員使用槍械規範之敘述，何者正確？（複選題）

　　(A) 係由內政部訂定公告

　　(B) 係屬於法規命令

　　(C) 警察用槍適法性之判斷基準，應以用槍時之合理認知為主

　　(D) 警察執行職務，發生暴力犯罪且持續進行時，得鳴槍制止

　　(E) 警察使用槍械，應儘速將經過情形報告該管長官

___ 2. 下列有關警察人員使用槍械規範之敘述，何者正確？（複選題）

　　(A) 屬於法規命令之性質

　　(B) 由內政部所發布

　　(C) 對外具有拘束人民自由權利之直接效力

　　(D) 現場參與人數多寡亦屬警察審酌用槍之情形

　　(E) 該規範包括有警察得持槍警戒、得鳴槍制止及得逕行射擊之規定

___ 3. 依《警察人員使用槍械規範》規定，警察人員使用槍械後，應於用槍現場採取之即時處置，不包括下列何者？

　　(A) 現場有人員傷亡時，應迅速通報救護或送醫，並作必要之保護或戒護

　　(B) 通報並協助保全現場及蒐集證據

　　(C) 即時追捕其他嫌犯並通報相關單位

　　(D) 將經過情形報告該管長官

答案：**1CDE　2DE　3C**

未來修法重點

（行政院 109 年 5 月 8 日函請立法院審議「警械使用條例部分條文修正草案」。）

部分條文修正草案其修正要點

警械使用條例（以下簡稱本條例）於二十二年九月二十五日公布施行，其後歷經五次修正，最近一次修正公布日期為九十一年六月二十六日，迄今已逾十七年。本條例係規範我國警察人員執行職務使用警械之準據，考量社會環境已今非昔比，對於規範不足及實務功能欠缺等不合時宜之處，亟須檢討修正，以符合警察勤務需要及民眾合理期待，爰擬具本條例部分條文修正草案，其修正要點如下：

一、警察人員執勤於未攜帶警械、未能有效使用警械或認以不使用警械為適當等情形，得使用現場足以達成目的之物品作為輔助工具，該物品使用時視為警械。（修正條文第一條）

二、內政部應遴聘相關機關（構）代表及專家學者組成調查小組，得依職權或依司法警察機關之申請，就所屬人員使用警械致人死亡或重傷爭議案件之使用時機、過程與相關行政責任進行調查及提供意見。（修正條文第十條之一）

三、現行警察人員執行職務所生損害賠償及損失補償採定額制，未能完全填補被害人所受損害或損失，爰刪除賠償及補償定額制，並擴大損失補償對象，以充分保障人民權益。另警察人員執行職務違反本條例規定使用警械侵害人民權益，人民得向國家請求賠償，故明定人民對於違反本條例規定使用警械之賠償，依國家賠償法規定辦理。（修正條文第十一條）

警械使用條例部分條文修正草案條文對照表

修正條文	現行條文	說明
第一條 警察人員執行職務時得依本條例使用警械；使用時應著制服或出示足資識別之警徽或執行職務之證明文件，但情況急迫時，不在此限。 前項警械，包含警棍、警刀、槍械及其他器械；其種類，由內政部定之。 警察人員執行職務因未攜帶警械、未能有效使用警械或認以不使用警械為適當時，得使用其他足以達成目的之物品，該物品於使用時視為警械。 第四條 警察人員執行職務時，遇有下列各款情形之一者，得使用警刀或槍械： 一、為避免非常變故，維持社會治安時。 二、騷動行為足以擾亂社會治安時。 三、依法應逮捕、拘禁之人拒捕、脫逃，或他人助其拒捕、脫逃時。 四、警察人員所防衛之土地、建築物、工作物、	第一條 警察人員執行職務時，所用警械為棍、刀、槍及其他經核定之器械。 警察人員依本條例使用警械時，須依規定穿著制服，或出示足資識別之警徽或身分證件。但情況急迫時，不在此限。 第一項警械之種類及規格，由行政院定之。 第四條 警察人員執行職務時，遇有下列各款情形之一者，得使用警刀或槍械： 一、為避免非常變故，維持社會治安時。 二、騷動行為足以擾亂社會治安時。 三、依法應逮捕、拘禁之人拒捕、脫逃，或他人助其拒捕、脫逃時。 四、警察人員所防衛之土地、建築物、工作物、車、船、航空器或他人之生命、身體、自由、財產遭受危害或脅迫時。 五、警察人員之生命、身體、自由、裝備遭受強暴或脅迫，或有事實足認為有受危害之虞時。	一、現行條文整併修正後分列第一項及第二項，說明如下： （一）警械為輔助警察人員執行職務之工具，現行第一項為授予警察人員依法使用警械之權力，爰將所定「所用」修正為「得依本條例使用」；現行第二項並規定警察人員依本條例使用警械時，須「依規定」穿著制服，其意旨在於透過制服或出示證件，憑以表彰使用人之執法者身分，足資使人民識別為已足，惟實務上曾滋生制服穿著之式樣及應配帶標識或整潔等細節是否與相關規定相符之爭議，增添執勤員警之困擾，爰參考警察職權行使法第四條第一項規定，修正現行第二項規定使用警械時「應著制服」，上開修正整併後列為第一項。 （二）現行第一項規定警察人員執行職務所用警械種類為「棍、刀、槍及其他經核定之器械」，考量第二條至第四條使用「警棍」、「警刀」、「槍械」等用詞，警察機關配備警械種類及規格表內使用「其他器械」一詞，又現行實務使用之警械無須另為

車、船、航空器或他人之生命、身體、自由、財產遭受危害或脅迫時。

五、警察人員之生命、身體、自由、裝備遭受強暴或脅迫，或有事實足認為有受危害之虞時。

六、持有兇器有滋事之虞者，已受警察人員告誡拋棄，仍不聽從時。

七、有前條第一款、第二款之情形，非使用警刀、槍械不足以制止時。

前項情形於必要時，得併使用第一條第二項所定其他器械。

六、持有兇器有滋事之虞者，已受警察人員告誡拋棄，仍不聽從時。

七、有前條第一款、第二款之情形，非使用警刀、槍械不足以制止時。

前項情形於必要時，得併使用其他經核定之器械。

核定，爰現行第一項刪除「經核定」等文字，並修正為「前項警械，包含警棍、警刀、槍械及其他器械」。

另現行第三項規定警械種類與規格，考量警械之規格內容較為細瑣且避免日後頻繁修正，爰刪除「規格」等文字；而警械種類本應配合各種警察勤業務之特性及需求與時俱進，隨時更新，依據警察法第四條規定：「內政部掌理全國警察行政，並指導監督各直轄市警政、警衛及縣（市）警衛之實施。」以內政部職掌警政事項具有相關專業，且本條例第十四條第二項有關警械定製、售賣或持有等許可係授權由內政部另定辦法管理之，為使事權一致，爰將現行第三項修正由內政部規定警械種類；上開修正整併列為第二項。

二、警察人員執行職務面臨之情境不一，隨時可能遭遇具有危險性、急迫性，且無法事先預料之突發狀況，或未攜帶適當警械；或雖有攜帶，卻發生警棍斷裂、槍枝卡彈、機械故障、狀況過於危急或有事實足認使用現有之警械無法達成目的等未能有效使用或認以不使用為適當等情形。警察人員

基於警察職權行使法、社會秩序維護法等規定得行使行政上之強制力，另依刑事訴訟法規定得行使刑事上之強制力，復按刑法第二十二條（業務正當行為）、第二十三條（正當防衛）及第二十四條（緊急避難）規定之法理等，本得使用現場足以達成目的之適當物品作為輔助行使強制力之工具，為保障該物品使用時之對象或第三人若因此受有損害，得依本條例相關規定提出賠償或補償之請求，爰增訂第三項，規定警察人員執行勤務遇有未攜帶警械、未能有效使用警械或認以不使用為適當等情形，得使用其他足以達成目的之物品，並於使用之際，將該物品視為警械，仍受本條例使用要件與責任規定之拘束，但不受第十四條第一項警械非經許可，不得定製、售賣或持有規定之限制，以杜實務執行之疑慮及爭議。

一、第一項未修正。

二、配合第一條修正，將第二項「其他經核定之器械」修正為「第一條第二項所定其他器械」。

第十條之一 內政部應遴聘相關機關（構）代表及專家學者組成調查小組，得依職權或依司法警察機關之申請，就所屬人員使用警械致人死亡或重傷爭議案件之使用時機、過程與相關行政責任進行調查及提供意見。 前項調查小組得提供司法警察機關使用警械之教育訓練及倫理促進等建議事項。		一、本條新增。 二、警察人員執行職務使用警械是否符合法定客觀情狀、急迫要件及使用程度是否符合比例原則等，均涉及法律、警械之機械物理特性、使用對象與現場情境之危險及急迫性、使用人之生理與心理反應及現場跡證重建等專業領域。為釐清警察人員使用警械之妥適性，爰第一項規定由內政部遴聘相關領域機關（構）代表及專家學者組成任務編組性質之調查小組，依職權或依所屬機關申請就使用警械致人死亡或重傷爭議案件之使用時機、過程與相關行政責任進行調查及提供意見；並為使本條例第十三條規定之「其他司法警察人員」任職機關得向調查小組申請調查，爰明定司法警察機關就所屬人員使用警械致人死亡或重傷爭議案件，得申請本小組調查。至該調查小組之功能、組成及運作方式，另以行政規則定之。三、調查小組透過本機制之運作，可蒐集累積相關案例，對於使用警械之教育訓練及倫理促進等部分，提出具體建議事項供司法警察機關參考，爰為第二項規定。

第十一條
警察人員依本條例規定使用警械，致人民生命、身體或財產遭受損失時，人民得請求補償。但人民有可歸責之事由時，法院得減免其金額。

警察人員執行職務違反本條例規定使用警械，致侵害人民自由或權利時，依國家賠償法規定辦理。

前項情形，為警察人員出於故意之行為所致者，賠償機關得向其求償。

第十一條
警察人員依本條例規定使用警械，因而致第三人受傷、死亡或財產損失者，應由各該級政府支付醫療費、慰撫金、補償金或喪葬費。

警察人員執行職務違反本條例使用警械規定，因而致人受傷、死亡或財產損失者，由各該級政府支付醫療費、慰撫金、補償金或喪葬費；其出於故意之行為，各該級政府得向其求償。

前二項醫療費、慰撫金、補償金或喪葬費之標準，由內政部定之。

一、現行第一項規定之補償對象僅限於第三人受傷、死亡或財產損失之情形，惟如警察人員合法使用警械致人民生命、身體或財產因公共利益已達遭受特別犧牲程度之損失時，參照司法院釋字第六七〇號、第七四七號等解釋意旨及警察職權行使法第三十一條立法例，仍應給予補償，爰修正第一項規定警察人員依本條例規定使用警械，致人民生命、身體或財產遭受損失時，人民得請求補償，不以第三人為限，以擴大合理保障人民權益之範圍。

二、警察人員執行職務違反本條例規定使用警械侵害人民權益，人民得向國家請求賠償，係憲法第二十四條、國家賠償法第二條及警察職權行使法第三十條所明定之國家責任，警察人員執行職務使用警械係行使公權力之行為，因而造成人民損害之賠償責任，本即應由國家擔負。現行第二項規定關於警察違法使用警械之損害賠償原因限於「致人受傷、死亡或財產損失」，填補人民權益損害範圍亦僅有「醫療費、慰撫金、補償金或喪葬費」，賠償額度又受限於警察人員使用警械致人

傷亡財產損失醫療費慰撫金補償金喪葬費支給標準，已不符合應完全填補被害人所受損害之要求，爰修正第二項規定擴大人民損害發生之原因及賠償範圍，明定警察人員執行職務違反本條例規定使用警械，致侵害人民自由或權利時，遭受損害之被害人，依國家賠償法規定由警察人員所屬機關擔負賠償。又本項規定並未限制人民依民法第一百八十六條第一項規定請求賠償，遭受損害之被害人倘併依民法及國家賠償法請求賠償，依法院辦理國家賠償事件應行注意事項第六點及第七點規定，法院將視警察人員違法使用警械係出於故意或過失之行為，分別裁定停止對警察人員之民事賠償訴訟程序或以判決駁回民事訴訟，併予說明。

三、現行第二項後段規定賠償機關對警察人員之求償要件，僅限出於「故意」之行為，係因警察人員身處打擊犯罪、維護民眾安全之前線，執行職務所面對之現場狀況瞬息萬變，員警面對民眾或自身生死攸關之急迫情形，是否使用警械之決斷常在片刻之間，故於本條例立法之初，即規定賠償機關向所屬警察人員求償之要件僅限於故意，係有其特殊考量，並可避免造成

		造成寒蟬效應，員警於具有合法使用槍械情況畏憚用槍，對於維護社會治安造成不良影響，爰有關警察人員違反本條例規定使用警械所生損害賠償，回歸國家賠償法辦理時，就賠償機關對警察人員求償之主觀要件，仍於本條例為國家賠償法第二條第三項之特別規定，至主觀要件以外之其他程序規定、求償權時效等事項，仍依國家賠償法規定辦理；另為期明確，爰酌修文字，並移列為第三項。 四、配合修正第一項與第二項補償及賠償金額不採定額制，就違反本條例規定使用警械之賠償依國家賠償法規定辦理，爰刪除現行第三項規定。原由內政部訂定發布之「警察人員使用警械致人傷亡財產損失醫療費慰撫金補償金喪葬費支給標準」未來將配合予以廢止。

模擬試題

___ 1. 行政院 109 年 5 月 8 日函請立法院審議警械使用條例部分條文修正草案。

下列何者為該草案之修正內容？（複選題）

(A) 設置警械使用調查小組

(B) 擴大損失補償對象

(C) 刪除賠償及補償定額制

(D) 明定警察個人對有請求權人不負賠償責任

答案：**1 ABC**

綜合模擬試題

___ 1. 警械使用條例第 6 條規定，警察人員應基於急迫需要，合理使用槍械，不得逾越必要程度。其內涵體現了何種行政法一般原則？

(A) 緊急避難原則

(B) 比例原則

(C) 信賴保護原則

(D) 明確性原則

___ 2. 警察依法實施酒測路檢，突遇拒絕酒測之駕駛衝撞交通錐並加速逃逸，值勤員警拔槍射中輪胎，造成車輛失速，傾撞分隔島翻覆，所幸駕駛並無大礙；依警械使用條例之精神，下列敘述何者正確？

(A) 警察需支付車損之補償金

(B) 駕駛可申請國家賠償

(C) 駕駛可請求民事賠償

(D) 警察不負補償或賠償責任

___ 3. 依警械使用條例之規定，下列有關使用警械之敘述，何者錯誤？

(A) 使用警械時，如情況急迫可不出示身分證件

(B) 警察依法執行取締、盤查勤務時，如有必要得命其停止舉動或高舉雙手

(C) 使用警棍指揮後，無須將經過情形，即時報告長官

(D) 警察人員使用警械之原因行將消滅者，應立即停止使用

___ 4. 警察查獲有一業者公開販賣以辣椒精、胡椒、芥末等非瓦斯化學成分製造之防身噴霧器（罐）。對此，下列敘述何者正確？

(A) 依警械使用條例沒入

(B) 不適用警械使用條例

(C) 依警械使用條例罰鍰

(D) 依社會秩序維護法處罰

___ 5. 警察人員依警械使用條例規定使用警械，因而致第三人受傷，由各該級政府支付醫療費，理論上稱為：

(A) 國家賠償

(B) 民事賠償

(C) 損失補償

(D) 特別補償

___ 6. 警察人員依警械使用條例規定使用警械，如造成第三人「身心障礙」，除支付醫療費外，並依規定給與慰撫金。有關「身心障礙」等級，應依何種法令認定及辦理：

(A) 身心障礙者保護法

(B) 殘障福利法

(C) 身心障礙者醫療法

(D) 身心障礙等級認定法

___ 7. 警察人員根據警械使用條例使用警械，致第三人受傷時，其醫療費或慰撫金由下列何者負擔？

(A) 各該級政府

(B) 使用警械人員所屬警察分局

(C) 使用警械人員所屬警察局

(D) 內政部警政署

___ 8. 關於警械使用，下列何者不是警械使用條例明文規定的事項？

(A) 應基於急迫需要，合理使用

(B) 應注意勿傷及其他人

(C) 使用前，應鳴槍示警

(D) 使用原因已消滅，應立即停止使用

___ 9. 依警械使用條例之規定，下列何者不是使用警刀或槍械之時機？

(A) 騷動行為足以擾亂社會治安時

(B) 警察人員所防衛之土地遭受脅迫時

(C) 依法應拘禁之人脫逃時

(D) 警察人員之名譽受脅迫時

___ 10. 警察人員依警械使用條例規定使用警械，因而致第三人受傷、死亡或財產損失者，應由各該級政府支付相關費用，下列何者錯誤？

(A) 核實支付全民健康保險特約醫院之醫療費

(B) 造成受傷、身心障礙或死亡之慰撫金

(C) 失能或減少勞動能力之損害賠償費

(D) 財物損失補償金或死亡之喪葬費

___ 11. 對執行職務違反警械使用條例規定，因而致人受傷、死亡或財產損失之警察人員，政府有求償權，對此求償權，下列敘述，何者正確？

(A) 政府應行使求償權，否則圖利員警

(B) 不論故意或過失均求償

(C) 限出於故意時，始得求償

(D) 員警構成刑責始得求償

___ 12. 依警械使用條例，下列何者情形不應使用警刀或槍械？

(A) 協助偵查犯罪，或搜索、扣押、拘提、羈押及逮捕等須以強制力執行時

(B) 依法令執行職務，遭受脅迫時

(C) 戒備意外

(D) 騷動行為足以擾亂社會治安時

___ 13. 依警械使用條例之規定，下列敘述何者正確？

(A) 警械之使用時機由行政院定之

(B) 經內政部許可，得定製、售賣或持有警械

(C) 警察執行路檢勤務，車輛拒檢高速駛離，得為致命性射擊

(D) 員警使用警械致人傷亡之補償費用，統一由內政部支付

___ 14. 依警械使用條例之規定，下列敘述何者錯誤？

(A) 暴民包圍警車，攻擊車內員警，得使用警械突圍

(B) 得使用警棍制止交通違規行為

(C) 符合「急迫、合理、必要」等條件才能用槍

(D) 該條例第 4 條第 2 項得為使用警銬之依據

___ 15. 警察人員執行職務合法使用警械，致第三人財產遭受損失時，應由各該級政府支付下列何種費用？

(A) 無須支付任何費用

(B) 慰問金

(C) 補償金

(D) 賠償金

___ 16. 依「警察人員使用警械致人傷亡財產損失醫療費慰撫金補償金喪葬費支給標準」，警察人員執行職務依法使用警械致第三人死亡者，除給與一次慰撫金 250 萬元外，並核實支付喪葬費，最高以新臺幣多少元為限？

(A) 30 萬元

(B) 50 萬元

(C) 70 萬元

(D) 100 萬元

___ 17. 下列有關「警察機關配備警械種類及規格表」之敘述，何者正確？

(A)「瓦斯電氣警棍」與「瓦斯粉沫噴射車」屬於「瓦斯器械」

(B)「警銬」與「膠質警棍」屬於「應勤器械」

(C)「電氣警棍」與「擊昏彈包」屬於「電氣器械」

(D)「高壓噴水噴瓦斯車」與「煙幕彈」屬於「噴射器械」

___ 18. 依據警械使用條例第 2 條、第 3 條、第 4 條有關使用警棍、警刀、槍械之規定，下列敘述何者錯誤？

(A) 警察人員依法令執行職務，戒備意外時，得使用警棍制止

(B) 警察人員依法令執行職務，遭受脅迫時，得使用警棍制止

(C) 警察人員依法令執行職務，依法應拘禁之人脫逃時，得使用槍械

(D) 警察人員依法令執行職務，協助偵查犯罪，須以強制力執行時，得使用警棍制止

___ 19. 警察人員於執行夜間攔檢勤務時，其中一位受攔檢人自懷中掏出手槍，經執勤人員制止無效，該人並朝執勤人員射擊，**警察人員依警械使用條例規定進行射擊**，因而致該人死亡，下列敘述何者正確？

(A) 應由各該級政府支付喪葬費

(B) 應由警察人員所屬警察分局支付喪葬費

(C) 應由射擊之警察人員支付喪葬費

(D) 無須支付喪葬費

___ 20. 承上題，如果檢察官起訴該名警察人員而法院進行審理，該名執勤人員可以主張射擊行為為下列何者？

(A) 上級公務員命令之職務上行為

(B) 緊急避難

(C) 依法令之行為

(D) 業務正當行為

___ 21. 警察人員使用警械時，下列敘述何者正確？

(A) 事先應報告主管長官，但使用警棍指揮者，不在此限

(B) 使用警械時，依規定須先對空鳴槍示警

(C) 基於急迫需要，合理使用槍械，得逾越必要程度

(D) 警察人員使用警械時，如情況急迫，得傷及歹徒致命之部位

___ 22. 有關使用警械之主體，下列何者錯誤？（複選題）

(A) 機關學校團體之駐衛警察，並非正式警察人員，不得使用警械

(B) 保全人員僅得使用警棍或電器警棍

(C) 警察機關內之一般行政人員不得使用警械

(D) 執行軍、司法警察職務之憲兵執行職務時，得使用警械

___ 23. 下列有關警察人員使用槍械規範之敘述，何者正確？（複選題）

(A) 係由內政部訂定公告

(B) 係屬於法規命令

(C) 警察用槍適法性之判斷基準，應以用槍時之合理認知為主

(D) 警察執行職務，發生暴力犯罪且持續進行時，得鳴槍制止

(E) 警察使用槍械，應儘速將經過情形報告該管長官

答案：1B 2D 3D 4B 5C 6A 7A 8C 9D 10C 11C 12C 13B 14B 15C 16A 17C 18A 19D 20C 21D 22AB 23CDE

第四章

社會秩序維護法

前言

社會秩序維護法前身為「違警罰法」，被司法院大法官宣告兩次違憲：

一、大法官釋字第 166 號解釋

（一）解釋爭點：

違警罰法之拘留、罰役，由何機關裁決？

（二）理由書：

按人民身體之自由，應予保障，除現行犯之逮捕由法律另定外，非經司法或警察機關依法定程序不得逮捕拘禁，非由法院依法定程序不得審問處罰，憲法第八條第一項定有明文。是警察機關對於人民僅得依法定程序逮捕或拘禁，至有關人民身體自由之處罰，則屬於司法權，**違警罰法所定由警察官署裁決之拘留、罰役，既係關於人民身體自由之處罰，即屬法院職權之範圍，自應由法院依法定程序為之**，惟違警行為原非不應處罰，而違警罰法係在行憲前公布施行，行憲後為維護社會安全及防止危害，主管機關乃未即修改，迄今行憲三十餘年，情勢已有變更，為加強人民身體自由之保障，**違警罰法有關拘留、罰役由警察官署裁決之規定，應迅改由法院依法定程序為之，以符憲法第八條第一項之本旨。**

二、大法官釋字第 251 號解釋

（一）解釋爭點：

違警罰法為由警察限制人身自由處分之規定違憲？

（二）理由書：

違警罰法規定由警察官署裁決之拘留、罰役，係關於人民身體自由所為之處罰，應迅改由法院依法定程序為之，以符憲法第八條第一項之本旨，業經本院於中華民國六十九年十一月七日作成釋字第一六六號解釋在案。依違警罰法第二十八條規定所為「送交相當處所，施以矯正或令其學習生活技能」之處分，同屬限制人民之身體自由，其裁決由警察官署為之，亦與憲法第八條第一項之本旨

不符，**應與拘留、罰役之裁決程序，一併改由法院依法定程序為之**。前述解釋之拘留、罰役及本件解釋之處分裁決程序規定，至遲應於中華民國八十年七月一日起失其效力，並應於此期限前修訂相關法律。本院釋字第一六六號解釋應予補充。

法例

一、立法目的

為了**「維護公共秩序」、「確保社會安寧」**，以達成警察任務。

▌第 **1** 條（立法目的）

為**維護公共秩序，確保社會安寧**，特制定本法。

二、效力

（一）處罰必須以行為時法有明定為限，此乃**處罰法定主義**，**另有下列四項子原則：「不溯既往原則」、「處罰條文明確性原則」、「排除習慣法之適用原則」、「禁止類推解釋原則」等。**

▌第 **2** 條（處罰法定原則）

違反社會秩序行為之處罰，以行為時本法有明文規定者為限。

（二）從新從輕主義

1. 從新原則：行為後本法有變更者，適用裁處時之規定。

2. 從輕原則：裁處前之規定有利於行為人者，適用於最有利行為人之規定。

▌第 3 條（從新從輕原則）

行為後本法有變更者，適用裁處時之規定。但裁處前之規定有利於行為人者，適用最有利於行為人之規定。

（三）屬地主義

1. 在中華民國領域（包括**領土、領海、領空**）內違反本法者，適用本法；換句話說，在我國領域內違反社會秩序維護法之規定，**不論本國人或外國人均適用本法之規定**。

2. 在中華民國領域外之中華民國船艦或航空器內違反本法者，以在中華民國領域內違反論。

▌第 4 條（屬地主義）

在中華民國領域內違反本法者，適用本法。

在中華民國領域外之中華民國船艦或航空器內違反本法者，以在中華民國領域內違反論。

三、用語解釋

以上、以下、以內者，俱連本數計算。

▌第 5 條

稱以上、以下、以內者，俱連本數計算。

其他用語解釋

一、裁處確定（違反社會秩序維護法案件處理辦法）

（一）經警察機關處分之案件，受處分人未依法聲明異議者，其處分自處分書送達之翌日起，至第五日期滿時確定。

（二）地方法院或其分院簡易庭（以下簡稱簡易庭）關於聲明異議案件之裁定，於裁定宣示或送達時確定。

（三）簡易庭就本法第四十五條案件所為之裁定，受裁定人於原移送之警察機關未依法提起抗告者，其裁定自裁定書送達之翌日起，至第五日期滿時確定。

（四）地方法院或其分院普通庭（以下簡稱普通庭）關於抗告案件之裁定，於裁定宣示或送達時確定。

（五）捨棄抗告權、撤回聲明異議或抗告之案件，其裁處於捨棄或撤回書狀到達受理機關或原裁處機關時確定。

二、查禁物

本法所稱查禁物，係指刑法第三十八條第一項第一款所定違禁物以外，依法令禁止製造、運輸、販賣、陳列或持有之物。

三、再有違反本法行為

本法第二十六條所稱再有違反本法行為者，不以前後兩次行為均違反本法同條款之規定為限。

四、再次違反

本法分則各章條文中所稱再次違反，係指行為人前次行為與本次行為均違反本法同一條款之規定而言。

五、深夜

凌晨零時至五時。（行政執行法所稱夜間則是指日出前日沒後）

六、情節重大審酌認定標準

（一）手段與實施之程度。

（二）被害之人數與受害之程度。

（三）違反義務之程度。

（四）行為所生危險或損害之程度。

（五）行為破壞社會秩序之程度。

七、噪音

噪音管制法令規定之管制標準以外，不具持續性或不易量測而足以妨害他人生活安寧之聲音。

四、解散命令等之執行

一、前提：

本法分則規定之解散命令、檢查命令、禁止或勸阻之情事，解散命令、檢查命令、禁止屬於下令處分，勸阻非屬下令處分。

二、程序：

1. 行使原則：應以**書面**為之，是一種要式處分。

2. 行使例外：情況緊急時，得以**口頭**為之，此乃要式處分之例外。

三、執行人員

警察機關或該管公務人員，但若是「勸阻」處分，並非仍限於警察機關或該管公務人員，**他人違反本法行為致其權益直接遭受危害之人，亦得為口頭勸阻**。

▌第 6 條

本法規定之解散命令、檢查命令、禁止或勸阻，應以書面為之。但情況緊急時，得以口頭為之。

▌違反社會秩序維護法案件處理辦法第 **2** 條

　　本法規定之解散命令、檢查命令、禁止或勸阻，**由警察機關或該管公務員為之。**

　　因他人違反本法行為致其權益直接遭受危害之人，亦得為**口頭勸阻**。

模擬試題

___ 1. 社維法關於時之效力，行為時與行為後法令有變更者，而處罰有異同時，採取何者？

(A) 以從新主義為原則，從輕主義為例外

(B) 以從輕主義為原則，從新主義為例外

(C) 以從舊主義為原則，從新主義為例外

(D) 以從輕主義為原則，從舊主義為例外

___ 2. 社維法所稱「以上、以下、以內」者，是……？

(A) 不連本數計算

(B) 俱連本數計算

(C) 以最高數計算

(D) 以最低數計算

___ 3. 社維法中查禁物，是指刑法第 **38** 條第一項所訂違禁物以外，依法禁止下列哪些行為之物？（複選題）

(A) 製造

(B) 運輸

(C) 販賣

(D) 陳列

(E) 持有

___ 4. 社維法中「情節重大」審定標準？（複選題）

(A) 手段與實施之程度

(B) 被害之人數與受害之程度

(C) 違反義務之程度

(D) 行為所生危險或損害之程度

(E) 行為破壞社會秩序之程度

___ 5. 違反社會秩序維護法後，該法相關條款有變更者，原則上適用何時之法令？

(A) 行為時

(B) 裁處時

(C) 執行時

(D) 適用有利於行為人之規定

___ 6. 社會秩序維護法第三條，「行為後本法有變更者，適用裁處時之規定。但裁處前之規定有利於行為人者，適用最有利於行為人之規定」，故時之效力係採？

(A) 從新主義

(B) 從輕主義

(C) 從舊主義

(D) 從新兼從舊主義

___ 7. 下列對於社會秩序維護法總則法例之敘述，何者正確？

(A) 違反社會秩序行為之處罰，以裁處時社會秩序維護法有明文規定為限

(B) 行為後社會秩序維護法有變更者，適用裁處時之規定。但裁處前之規定有利於行為人，適用最有行於行為人之規定。稱為從舊從輕原則

(C) 本法規定之解散命令、檢查命令、禁止或勸阻，原則上應以書面為之

(D) 稱以上、以下、以內者，不包括本數計算

答案：**1A 2B 3ABCDE 4ABCDE 5B 6D 7C**

責任

一、責任意思（條件）

（一）違反本法行為，不論出於故意或過失，**均應處罰**。但出於**過失者，不得罰以拘留，並得減輕之**。

（二）釋字第 275 號解釋

　　1. 解釋爭點：認為行政罰不以故意或過失為責任條件之判例違憲？

　　2. 理由書：人民因違反法律上義務而應受之行政罰，係屬對人民之制裁，原則上行為人應有可歸責之原因，故於法律無特別規定時，雖不以出於故意為必要，仍須以過失為其責任條件。但為維護行政目的之實現，兼顧人民權利之保障，應受行政罰之行為，僅須違反禁止規定或作為義務，而不以發生損害或危險為其要件者，推定為有過失，於行為人不能舉證證明自己無過失時，即應受處罰。

二、責任能力

　　（一）絕無責任能力之人（絕對不罰）：未滿 14 歲之人、心神喪失之人，**不罰**。

　　（二）限制責任能力之人（得減輕處罰）：14 歲以上未滿 18 歲人、滿 70 歲人、精神耗弱或瘖啞人，**得減輕處罰**。

　　（三）完全責任能力之人：年齡滿 18 歲、未滿 70 歲之人，又無心神喪失、精神耗弱或瘖啞人。

三、管教、監護及轉嫁罰責任

（一）管教責任

1. 未滿 **14** 歲人有違反本法之行為者，**得責由其法定代理人或其他相當之人加以管教**；無人管教時，得送交**少年或兒童福利機構收容**。

2. **14** 歲以上未滿 **18** 歲之人，於處罰執行完畢後，**得責由其法定代理人或其他相當之人加以管教**。

（二）監護責任

1. 心神喪失人有違反本法之行為者，**得責由其監護人加以監護**；無人監護或不能監護時，**得送交療養處所監護或治療**。

2. 精神耗弱或瘖啞之人，於處罰執行完畢後，**得責由其監護人加以監護**；無人監護或不能監護時，**得送交療養處所監護或治療**。

（三）轉嫁罰責任

1. 未滿十八歲人，心神喪失人或精神耗弱人，因其法定代理人或監護人疏於管教或監護，致有違反本法之行為者，除依上揭規定處理外，**按其違反本法之行為處罰其法定代理人或監護人。但其處罰以罰鍰或申誡為限**。

2. 若滿 **70** 歲之人、瘖啞之人，有違反本法之行為，並無轉嫁處罰之規定。

警察大人提醒你

絕對無責任能力之人或限制責任能力之人，因其法定代理人或監護人疏於管教或監護，致有違反本法之行為者，轉嫁罰其法定代理人或監護人，處罰以罰鍰或申誡為限。

四、併罰責任

（一）經營特種工商業者之**代表、受雇人或其他從業人員**關於**業務**上違反本法之行為，**得併罰其營業負責人（須與業務有關，如係屬個人違序行為，不可併罰，且此處併罰無種類限制）**。

（二）特種工商業，指與**社會秩序**或**善良風俗**有關之營業；其範圍，由**內政部**定之。

（三）特種工商業範圍：理髮業、爆竹煙火業、委託寄售及舊貨業、當鋪業、沐浴業、酒家業、酒吧業、特種咖啡茶室業、舞廳業、舞場業、歌劇、戲劇業、視聽歌唱業、隔間式錄影帶播映場業、電動玩具業、按摩業、妓女戶、警械業。

五、勒令歇業情形

1. 第 18-1 條第 1 項：

（一）**公司、有限合夥或商業之負責人、代表人、受雇人或其他從業人員**，因執行業務而犯刑法**妨害風化罪、妨害自由罪、妨害秘密罪**，或犯**人口販運防制法、通訊保障及監察法**之罪，經判決有期徒刑以上之刑者，得處該公司、有限合夥或商業**勒令歇業**。

前項情形，其他法律已有勒令歇業規定者，從其規定。

2. 第 18-1 條第 2 項：

（二）**立法理由：**

公司、有限合夥或商業之負責人、代表人、受雇人或其他從業人員，動輒利用該公司、商業名義犯刑法上妨害風化罪、妨害自由罪、妨害秘密罪，或犯人口販運防制法、通訊保障及監察法之罪，雖經判決有期徒刑以上之刑責，卻仍以原招牌繼續經營，已嚴重影響社會秩序及民眾觀感，必須予以遏止，以避免其死灰復燃。爰增訂本條規定得處該公司、有限合夥或商業勒令歇業之處罰，且不受刑法第七十六條所定之緩刑效力影響。

六、阻卻違法事由

（一）依法令之行為，不罰。

（二）對於現在不法之侵害，而出於防衛自己或他人權利之行為，不罰。（**正當防衛**）

（三）因避免自己或他人之緊急危難，而出於不得已之行為，不罰。（**緊急避難**）

（四）因不可抗力之行為，不罰。（**不可抗力**）

警察大人提醒你

◎由於社維法並未如刑法針對「正當防衛過當」、「緊急避難過當」有減輕或免罰之規定，故即使「正當防衛過當」、「緊急避難過當」，仍不得依本法加以處罰。

◎以上四種阻卻違法原因，再加上**絕無責任能力人**之行為（**未滿 14 歲、心神喪失**），皆為本法不罰之規定。

七、多人違序行為之責任

多人違序行為乃是相對於個人違序，可分為下列種類：

（一）**共同違序**：二人以上，共同實施違反本法之行為者，**分別處罰**。

※「**共同實施違反本法之行為**」要件有三：

1. 需二以上**有責任能力**之人。

2. 共同行為之決意。

3. 共同實施違序行為。

※ 分別處罰：共同違序人個別負個人之違序責任（獨任主義）。

（二）**利用違序**：其利用他人實施者，**依其所利用之行為處罰之。**

1. 利用人須為有責任能力之人。

2. 被利用人須**為無責任能力之人、無故意之人。**

3. 須利用他人實施違法行為。

（三）**教唆違序**：教唆他人實施違反本法之行為者，**依其所教唆之行為處罰。**

1. 需有被教唆者。

2. 被教唆者須**有責任能力**（若無責任能力，會構成被利用違序之人）。

3. 被教唆人原無違序意思，因教唆而實施違序行為。

（四）**幫助違序**：幫助他人實施違反本法之行為者，**得減輕處罰（並不是依其幫助之行為處罰）。**

1. 須有幫助故意。

2. 須有幫助行為。

3. 幫助者本身未參與實施違序之構成要件。

※ 案例

1. 滿 18 歲之人甲利用未滿 14 歲之乙，任意採摘丙所種植之花木→甲是利用他人違序，依其所利用之行為處罰，也就是依第 88 條第 2 款處罰，但乙未滿 14 歲，是絕無責任能力之人，故不罰。

2. 滿 18 歲之人甲教唆滿 18 歲之乙，任意採摘丙所種植之花木→原本無違序決意乙因為甲之教唆而下定違序決心，則乙依第 88 條第 2 款處罰，甲為教唆違序之人，應依其所教唆之行為處罰，所以同樣是依第 88 條第 2 項處罰。

3. 滿 18 歲之人甲教唆滿 18 歲之乙，任意採摘丙所種植之花木，而甲也亦同參與→甲教唆後又加入和乙共同實施採摘花木之行為，已成立共同違序，其責任應與乙分別處罰。

4. 滿 18 歲之人甲教唆精神喪失之人乙毆打丙→因乙無責任能力，不罰，而甲成立利用他人實施違序行為，應依第 87 條第 1 款處罰。

5. 滿 18 歲之人甲知道滿 18 歲之人乙將實施賭博違序行為，仍將麻將牌予以借用→甲若未參與實施違序之構成要件，乃是幫助乙違序，故得減輕處罰。

模擬試題

___ 1. 違反《社會秩序維護法》行為，不問出於故意或過失，均應處罰。下列有關法理之敘述，何者正確？（複選題）

(A) 行政罰不以故意或過失為責任條件

(B) 行政罰原則上行為人應有可歸責之原因

(C) 人民因違反法律上義務而應受之行政罰，係屬對人民之制裁

(D) 人民違反法律上之義務而應受行政罰之行為，法律無特別規定時，雖不以出於故意為必要， 仍須以過失為其責任條件

(E) 如出於過失者，亦得罰以拘留，惟得減輕之

___ 2. 下列何者絕無責任能力之人？

(A) 未滿 18 歲

(B) 滿 70 歲

(C) 精神耗弱之人

(D) 心神喪失之人

___ 3. 處罰執行完畢後，得責由法定代理人、監護人、或其他相當之人加以管教、監護或治療者，不包括下列何者？

(A)14 歲以上未滿 18 歲

(B) 精神耗弱

(C) 滿 70 歲

(D) 瘖啞人

___ 4. 下列何者非「轉嫁罰」處罰之對象？

    (A) 瘖啞之監護人

    (B) 未滿 18 歲之法定代理人

    (C) 心神喪失之監護人

    (D) 精神耗弱之監護人

___ 5. 有關《社會秩序維護法》之責任規定，下列敘述何者正確？

    (A)15 歲人有違反本法之行為者，不罰

    (B) 瘖啞人得免除處罰

    (C) 心神喪失人有違反本法之行為者，得責由其監護人加以監護

    (D) 精神耗弱人因其法定代理人疏於管教，致有違反本法之行為者，處罰以申誡為限

___ 6. 有關社維法責任能力之定，下列敘述何者錯誤？

    (A) 因過失違反本法者不得處以拘留，並得減輕之

    (B) 心神喪失、精神耗弱、瘖啞人均為本法定之無責任能力之人

    (C) 依法令之行為得為阻卻違法事由

    (D) 特種工商業者之代表、受雇人或其他從業人員關於業務上違反本法之行為，得併罰其營業負責人

___ 7. 依社會秩序維護法第 18 條之 1 規定，公司之負責人因執行業務而犯刑法妨害風化罪，經判決有期徒刑以上之刑者，得處該公司何種處罰？

    (A) 罰鍰

    (B) 勒令歇業

    (C) 停止營業

    (D) 公布名稱

___ 8. 下列何者非社維法阻卻違法事由？

    (A) 依法令之行為

    (B) 正當防衛

    (C) 業務上之行為

    (D) 緊急避難

___ 9. 依「社會秩序維護法」規定，下列哪些違反該法之行為，不罰？（複選題）

(A) 不可抗力之行為

(B) 緊急避難之行為

(C) 依法令之行為

(D)13 歲人之行為

(E) 心神喪失人之行為

___ 10. 有關「社會秩序維護法」責任之敘述，下列何者錯誤？

(A) 依法令之行為，不罰

(B) 因不可抗力之行為，不罰

(C) 因避免自己或他人之危難，而出於不得已之行為，不罰

(D) 對於現在不法之侵害，而出於防衛自己或他人權利之行為，不罰

___ 11. 甲 18 歲，將其健保卡借予 17 歲同學乙，供網咖店員檢查後，二人進入店內消費遊玩，經警察局少年隊臨檢時當場查獲。請依社會秩序維護法之相關規定分析應如何處罰甲、乙二人？

解析

一、依題所示，甲健保卡可用作身分證明之用借予乙使用，乙可能違反社會秩序維護法第 66 條之直接違序行為人，而甲則可能成立幫助犯。

二、依據社會秩序維護法第 66 條，有下列行為之一者，處三日以下拘留或新臺幣一萬八千元以下罰鍰：（一）吸食或施打煙毒或麻醉藥品以外之迷幻物品者；（二）**冒用他人身分或能力之證明文件者。乙明知該健保卡為甲所有，仍予以使用供店員檢查，業已構成要件該當，且乙無阻卻違法與罪責之事由，故乙成立本處罰。**

三、另依據社會秩序維護法第 17 條，幫助他人實施違反本法之行為者，得減輕處罰。甲明知健保卡是甲非乙所有，仍提供乙使用，乙也確實予以使用，故甲成立幫助違序行為，但得減輕之。

___ 12. 下列有關「社會秩序維護法責任規定」之敘述,何者正確?

(A) 滿十四歲人之違序行為不罰

(B) 幫助他人實施違反本法之行為者,得減輕處罰

(C) 對於現在不法之侵害,而出於防衛自己或他人權利之行為,得減輕處罰

(D) 經營特種工商業者之代表、受雇人或其他從業人員關於業務上違反本法之行為,應併罰其營業負責人

___ 13. 社會秩序維護法有關責任之規定,下列敘述何者錯誤?

(A) 違反本法之行為,不問出於故意或過失,均應處罰。出於過失者,得以拘留並減輕其罰則

(B) 精神耗弱或瘖啞者觸犯本法,得減輕處罰。於其處罰執行完畢後,得責由其監護人加以監護;若無人監護或不能監護時,得送交療養處所治療

(C) 未滿十四歲者、心神喪失者,違反本法之規定,不罰

(D) 教唆他人實施違反本法之行為者,依其所教唆之行為處罰

答案:1BCD 2D 3C 4A 5C 6B 7B 8C 9ABCDE 10C 11 解析 12B 13A

處罰

一、處罰種類

（一）拘留

1. 將違序人拘禁於**拘留所**內。（拘留所設置管理辦法，由行政院定之）

2. 僅法院裁定拘留，警察機關無此權力。

3. **自由罰**的一種，一日以上，三日以下；遇有依法加重時，合計不得逾五日。

4. 時間計算：拘留之執行，即時起算，並以二十四小時為一日，前項執行，期滿釋放；但於零時至八時期滿者，得經本人同意於當日八時釋放之。

5. 最長時間之限制：(1) 遇有依法加重時；(2) 裁處多數拘留併執行時；(3) 罰緩易以拘留時。以上情形合計不得超過 5 日。

（二）勒令歇業：

1. 永久剝奪營業權利，屬於**營業罰**之一種，**僅能由法院裁定勒令歇業，警察機關無此職權。**

2. 裁處多數勒令歇業，其營業處所相同者，執行其一；營業處所不同者，併執行之。

（三）停止營業：

1. 暫時剝奪營業權利之一定期間，期間為 **1 日以上、20 日以下**，屬於**營業罰**之一種，勒令歇業或停止營業，應符合比例原則。依本法規定，**僅能由法院裁定停止營業，警察機關無此職權。（故營業罰、勒令歇業、停止營業，都由法院裁定之）**

2. 裁處多數停止營業者，併執行之；同一營業處所停止營業之期間，合計不得逾 20 日。

3. 分別裁處勒令歇業及停止營業，**其營業處所相同者，僅就勒令歇業執行之；營業處所不同者，併執行之。**

（四）罰鍰：

1. 科以違序人繳納一定數額金錢的處罰或制裁，屬於**財產罰**的一種，不論法院或警察機關都可以裁處罰鍰，數額為新台幣 300 元以上、3 萬元以下，遇有加重時，不得超過新台幣 6 萬元。

2. 數額之限制：(1) 遇有依法加重時；(2) 裁處多數罰鍰者；以上情形，不得超過新台幣 6 萬元。

3. 罰鍰之繳納[1]：

(1) 罰鍰應於裁處確定之翌日起十日內完納。

(2) 被處罰人依其經濟狀況不能即時完納者，得准許其於三個月內分期完納。但遲誤一期不繳納者，以遲誤當期之到期日為餘額之完納期限。

（五）沒入：

1. 裁罰機關對於與違序有特定關係之特定物，予以沒入**收歸公庫**之處罰（沒入是行政罰之用語，沒收是刑事罰之用語），屬於**財產罰**之一種，法院和警察機關都可以宣告沒入。

2. 沒入物之種類：

(1) 因違反本法行為**所生**或**所得**之物。（應沒入）

(2) 查禁物。（應沒入）

(3) **供違反本法行為所用之物，以行為人所有者為限，得**沒入之。（得沒入）

3. 沒入，與其他處罰**併宣告之**。但有左列各款情形之一者，得**單獨宣告沒入**：

(1) 免除其他處罰者。

(2) 行為人逃逸者。

(3) 查禁物。

---

1 立法院 108 年 12 月 10 日已修正社會秩序維護法第 20 條規定，依**原社會秩序維護法第 20 條**規定，行為人逾期未完納罰鍰，警察機關得聲請易以拘留，此部分除侵害人民人身自由，也違背**釋字第 588 號**解釋意旨，不符合比例原則及正當法律程序。此外，公法上金錢上給付義務的強制執行，相關規範於行政執行法已相當健全，本法涉及罰鍰執行部分應全歸適用之。

（六）**申誡**：裁處機關以書面或言詞，對違序人予以申明告誡，屬於**精神罰**的一種，法院和警察機關都可以宣告申誡。

第 19 條（處罰種類）

處罰之種類如下：

一、拘留：一日以上，三日以下；遇有依法加重時，**合計不得逾五日**。

二、勒令歇業。

三、停止營業：**一日以上，二十日以下**。

四、罰鍰：**新臺幣三百元以上，三萬元以下**；遇有依法加重時，合計不得逾**新臺幣六萬元**。

五、沒入。

六、申誡：以**書面或言詞**為之。

勒令歇業或停止營業之裁處，應符合比例原則。

處罰方式

（一）**分別處罰**

1. 意義

(1) 共同違序之人分別處罰：

二人以上共同實施違反社維法行為，每人分別就違反條款之法定罰，獨立負起處罰責任。**甲和乙共同強買、強賣物品。（第 68 條）**

(2) 數次違序行為之分別處罰：

同一違序人卻有二個以上獨立之違序行為於**裁處前**或**裁處後未執行完畢前被查獲**，裁處機關對於此些數個（多次）違序行為，分別裁處宣告違序罰，並分別執行。但執行前之數確定裁處，依第 25 條規定執行。

① **甲 10 月 1 日冒用他人身分或能力之證明文件（第 66 條）**，隔天 **10 月**

2 日遭警方攔停查證身分時，又對其姓名、住所不實陳述（第 67 條）；上揭情形乃屬於同一違序人卻有二個以上獨立之違序行為。

　　② 甲 10 月 1 日在公共場所喧嘩滋事且不聽禁止（第 72 條），經警察機關裁處後尚未執行，10 月 10 日又施暴於乙（第 87 條），甲乃是數次違序行為，分別處罰。

　　2. 適用對象

(1) 共同違序之人分別處罰：二人以上。（第 15 條前段）

(2) 數次違序行為分別處罰：獨自一人。（第 24 條第 1 項前段）

▌第 25 條

　　違反本法之數行為，分別裁處並分別執行，**但執行前之數確定裁處**，依左列各款規定執行之：

　　一、裁處多數拘留者，併執行之，**合計不得逾五日**。

　　二、裁處多數勒令歇業，其營業處所相同者，執行其一；營業處所不同者，併執行之。

　　三、裁處多數停止營業者，併執行之；同一營業處所停止營業之期間，**合計不得逾二十日**。

　　四、別裁處勒令歇業及停止營業，**其營業處所相同者，僅就勒令歇業執行之；營業處所不同者，併執行之。**

　　五、裁處多數罰鍰者，併執行之，合計不得逾**新臺幣六萬元**；如易以拘留，**合計不得逾五日**。

　　六、裁處多數沒入者，**併執行之**。

　　七、裁處多數申誡者，**併一次執行之**。

　　八、裁處不同種類之處罰者，併執行之。其中有勒令歇業及停止營業者，依第四款執行之。

（二）加重處罰

1. 意義：依違序行為所違反條款之法定罰量處外，額外增加一部份制裁而處罰之。（法定罰＋加重罰＝執行罰）

2. 適用對象：

(1) 連續違序行為：違反本法之數行為，分別處罰，但是於警察機關通知單送達或逕行通知前，**違反同條款之規定者**，以一行為論，**並得加重其處罰**。(第24條第1項後段)

① 甲男於 **10 月 1 日、3 日、5 日以猥褻言語、舉動調戲辦公室女性同仁，10 月 7 日被檢舉送警查辦後，認為其行為符合第 83 條規定，甲之行為即屬於「連續違序之行為」，以一行為論，並得加重其處罰。**

② 甲男於 **10 月 1 日、3 日、5 日以猥褻言語、舉動調戲辦公室女性同仁，10 月 7 日警方將「社會秩序維護法案件通知單」送達給甲，在尚未裁處前，甲男又於 10 月 9 日以猥褻言語、舉動調戲辦公室女性同仁，甲 1001、1003、1005 之行為，為「連續違序之行為」，以一行為論，並得加重其處罰，而甲 1009 之行為，係另一違序行為，在未裁處前，兩行為應分別處罰。**

(2) 累次違序行為：經依本法處罰執行完畢，**三個月內**再有違反本法行為者，**得加重處罰**。（第26條）

①「**累次違序**」行為與第24條「**多次違序**」（違反本法之數行為，分別處罰）都是屬於數（多）行為，兩者最大不同在於「多次違序」之多次，**必須在未裁處前或裁處後未執行完畢前**，而「累次違序」必須係在前次違序行為已執行完畢，三個月內再有違序行為。

例 A 因強索財物（第68條）被處以拘留 2 日，在拘留所執行期間內，又與 B 相互鬥毆（第 87 條），A 的行為就是「多次違序」，如果 A 出拘留所後（也就是執行完畢），在三個月內又與 B 相互鬥毆，則 A 的行為就是「累次違序」。

②「**累次違序**」並不以前後兩次行為均違反同一條款，而「**再次違反**」則是指行為人前次行為與本次行為均違反同一條款之規定而言。

（三）從一重處罰

1. 意義：違序人實施一行為，發生二項以上違序之事實結果，**且分別違反不同款規定**（異種想像競合違序），裁處機關就該不同款之法定罰予以比較，選擇其中**法定罰最重之違序行為**，予以裁處。

2. 適用對象：異種想像競合違序行為，也就是一行為發生二個以上結果者，從一重處罰。（第 24 條第 2 項前段）

一行為	違反條款與結果	裁處
甲實施一行為，發生右列三種結果：	違反 A 條款，最重	選擇 A 條款予以裁處
	違反 B 條款，次重	
	違反 C 條款，最輕	

例 甲拿石頭施暴於乙（第 87 條），且還毀損路旁的交通號誌（第 75 條），甲之行為屬於「異種想像競合」，從一重處罰，就其加暴行於人予以處罰。

（四）從重處罰

1. 意義：違序人實施一行為，發生二種以上結果，**均違反同條款之規定**（同種想像競合違序），裁處機關就此一條款法定罰規定範圍內，量處**較重之違序罰**。

2. 適用對象：同種想像競合違序，即「一行為而發生二以上之結果者，從一重處罰；其違反同條款之規定者，從重處罰」。（第 24 條第 2 項後段）

一行為	違反條款與結果	裁處
甲實施一行為，發生右列三種結果：	違反 A 條款	從 A 條款法定罰度內，以較重罰度處罰
	違反 A 條款	
	違反 A 條款	

例 甲於 10 月 1 日在台北市、新北市拿石頭施暴乙、丙，經簡易庭裁處 3 日拘留，甲之行為屬於「同種想像競合」違序行為，從重處罰。

違反本法之數行為，分別處罰。但於警察機關通知單送達或逕行通知前，**違反同條款之規定者，以一行為論**，並得加重其處罰。

一行為而發生二以上之結果者，從一重處罰；其違反同條款之規定者，從重處罰。

（五）減輕處罰

1. 意義：裁處機關於量處時，依違序行為所違反條款法定罰之罰度內減輕一部分制裁而處罰之，又可分為「**絕對減輕**」與「**相對減輕**」。

2. 適用對象：

(1) 法定相對減輕（得減輕）：

① **過失行為**（出於過失行為，不得罰以拘留，**並得減輕之**）。

②「**14 歲以上未滿 18 歲**」人之行為。

③「**滿 70 歲**」人之行為。

④ **幫助違序行為**（幫助他人實施違反本法之行為者，**得減輕處罰**）。

(2) 法定絕對減輕（應減輕）：違反本法之行為人，於其行為未被發覺以前自首而受裁處者，**減輕或免除其處罰。（第 27 條）**

(3) 違反本法行為之情節可憫恕者，得減輕或免除其處罰。（第 29 條第 1 項）

情形	處罰
連續違序 於警察機關通知單送達或逕行通知前，違反同條款之規定者，以一行為論。	得加重處罰
累次違序 經依本法處罰執行完畢，三個月內再有違反本法行為者。	得加重處罰
異種想像競合 違序人實施一行為，發生二項以上違序之事實結果，且分別違反不同款規定者。	從一重處罰

同種想像競合違序 違序人實施一行為，發生二種以上結果，均違反同條款之規定	**從重處罰**
法定絕對減輕（應減輕） 違反本法之行為人，於其行為未被發覺以前自首而受裁處者。	**減輕或免除其處罰**
違反本法行為之情節可憫恕者	**得減輕或免除其處罰**

模擬試題

___ 1. 關於「社會秩序維護法」沒入罰之規定，下列敘述何者正確？（複選題）

    (A) 查禁物不問屬於行為人與否，均應沒入

    (B) 因違序行為所生或所得之物，不屬於行為人所有者，得沒入

    (C) 供違序行為所用之物，以行為人所有者為限，得沒入

    (D) 因違序行為所生或所得之物，屬於行為人所有者，應沒入

    (E) 單獨宣告沒入者，警察機關於訊問後，除有繼續調查必要者外，應即作成處分書

___ 2. 有關「社會秩序維護法」停止營業或勒令歇業執行之敘述，下列何者正確？（複選題）

    (A) 涉及停止營業或勒令歇業之案件，警察機關於訊問後，應即移送該管簡易庭裁定

    (B) 採取「其他適當方法」強制其停業或歇業，執行機關固享有判斷餘地，惟應符合比例原則

    (C) 被處罰人經通知後未停止或歇閉其營業者，得製作公告張貼於營業場所之明顯處或以其他 適當方法強制其停業或歇業

    (D) 經法院裁定停止營業或勒令歇業之案件，警察機關應於裁處後即以處分書，命被處罰人於通知送達之翌日起，停止或歇閉其營業

    (E) 處罰之執行，由簡易庭或法院執行處為之

___ 3. 下列何者，非社會秩序維護法之處罰種類？

(A) 罰金

(B) 申誡

(C) 沒入

(D) 拘留

___ 4. 依「社會秩序維護法」規定，得單獨宣告沒入之情形，不包括下列何者？

(A) 因過失違反者

(B) 行為人逃逸者

(C) 查禁物

(D) 免除其他處罰者

___ 5. 有關「社會秩序維護法」之「沒入」規定，下列敘述，何者**有誤**？

(A) 查禁物之沒入，以屬於行為人所有者為限

(B) 查禁物，應宣告沒入

(C) 裁處多數沒入者，併執行之

(D) 沒入物品，得依法留作公用

___ 6. 若行為人違反社會秩序維護法數個行為，下列敘述何者正確？

(A) 分別裁處勒令歇業及停止營業，其營業處所相同者，僅就勒令歇業執
行之；若營業處所不同者，併執行之

(B) 裁處多數拘留者，併執行之，合計不得逾六日

(C) 裁處多數罰鍰者，併執行之，合計不得逾新臺幣五萬元；如易以拘留，
合計不得逾六日

(D) 裁處多數申誡，則分別處罰之

___ 7. 違反社會秩序維護法之數行為，於警察機關通知單送達或逕行通知前，違
反同條款規定者，以一行為論，並得……？

(A) 從重處罰

(B) 加重其處罰

(C) 從一重處罰

(D) 分別處罰

___ 8. 下列何者為「社會秩序維護法」明定得加重處罰之事由？

(A) 在公共場所或公眾得出入之場所，意圖媒合性交易而拉客，情節重大者

(B) 製造經主管機關公告查禁之器械，情節重大者

(C) 經依社會秩序維護法處罰執行完畢，3 個月內再有違序行為者

(D) 於警察機關通知單送達或逕行通知前，違反同條款規定之連續行為

(E) 一行為而發生二以上之結果者

___ 9. 違序案件遇有加重或減輕，得加或減至本罰二分之一。此處之「本罰」係指？

(A) 法定罰

(B) 宣告罰

(C) 執行罰

(D) 紀律罰

___ 10. 一行為而發生二以上之結果，其違反同條款之規定者，依社會秩序維護法之規定，應如何處罰？

(A) 連續處罰

(B) 從重處罰

(C) 從一重處罰

(D) 加重其處罰

___ 11. 違序案件有下列何種情形，依法應減輕或免除處罰？

(A) 違法情節可憫恕

(B) 違序行為人自首

(C) 違序行為人逃逸

(D) 違序行為人死亡

答案：**1ACDE 2ABC 3A 4A 5A 6A 7B 8ACD 9A 10B 11B**

時效

追求時效

（一）定義：違序行為經過一定法定時日，則警察機關之追究權即告消滅或喪失之謂。

（二）期間：違反本法行為，**逾二個月者，警察機關不得訊問、處罰，並不得移送法院。**（第31條）

執行權時效

（一）定義：違序行為自裁處**確定**後，逾法定時間未執行，警察機關對該違序行為之執行權即告消滅或喪失。

（二）時效

1. 拘留：自裁處確定之日起，逾六個月未執行者，免予執行。

2. 勒令歇業：自裁處確定之日起，逾六個月未執行者，免予執行。

3. 停止營業：自裁處確定之日起，逾三個月未執行者，免予執行。

4. 罰鍰：為罰鍰者，自裁處確定之日起，逾三個月未移送行政執行者，免予移送。

5. 沒入：查禁物強制沒入，無時效之適用；非查禁物則自裁處確定之日起，三個月未執行，免予執行。

6. 申誡：自裁處確定之日起，三個月未執行，免予執行。

▌第 32 條 [2]

違反本法行為之處罰,其為停止營業、沒入、申誡者,自裁處確定之日起,逾三個月未執行者,免予執行;為罰鍰者,自裁處確定之日起,逾三個月未移送行政執行者,免予移送;為拘留、勒令歇業者,自裁處確定之日起,逾六個月未執行者,免予執行。

分期繳納罰鍰而遲誤者,前項三個月之期間,自其遲誤當期到期日之翌日起算。

---

2 一、鑑於本法已刪除關於易以拘留之規定,並考量違反本法行為人必須依限清繳所受裁處之罰鍰,屬公法上金錢給付義務,如有已逾清償期而不履行之情形,自有依行政執行法移送強制執行之必要,又為規範主管(警察)機關移送行政執行署強制執行之期限,以求法律關係明確,保障被處罰人時效權益計算,爰於第一項修訂「罰鍰者,自裁處確定之日起,逾三個月未移送行政執行者,免予移送」,以資主管(警察)機關適用;至經主管(警察)機關已移送執行機關強制執行者,其執行時效期間,悉依行政執行法之相關規定。

二、為配合本法刪除第二十條第三項及第四項等關於易以拘留之規定,爰刪除本條第二項後段規定。

模擬試題

___1. 違反「社會秩序維護法」之行為，警察機關不得訊問、處罰，並不得移送法院之法定追究權時效為何？

(A) 1 個月

(B) 2 個月

(C) 3 個月

(D) 6 個月

___ 2. 依法查禁物之時效為？

(A) 無時效限制

(B) 追究權時效 3 個月

(C) 追究權時效 2 個月

(D) 追究權時效 6 個月

答案：1B　2A

管轄

一、土地管轄

（一）**實質領域**：違反本法之案件，由行為地或行為人之住所、居所或所在地之地方法院或其分院或警察機關管轄。

（二）**想像領域**：在中華民國領域外之中華民國船艦或航空器內違反本法者，**船艦本籍地、航空器出發地或行為後停泊地**之地方法院或其分院或警察機關有管轄權。

二、事務管轄

（一）警察機關處分之案件（第 43 條）：

1. 違反本法行為專處罰鍰或申誡之案件。
2. 違反本法行為選擇處罰鍰或申誡之案件。
3. 依前二項之處分，併宣告沒入者。
4. 單獨宣告沒入者。
5. 認為專處、選處罰鍰或申誡之案件應免除處罰者。

▌第 43 條

下列各款案件，警察機關於訊問後，除有繼續調查必要者外，應即作成處分書：

一、違反本法行為專處罰鍰或申誡之案件。
二、違反本法行為選擇處罰鍰或申誡之案件。
三、依第一款、第二款之處分，併宣告沒入者。
四、單獨宣告沒入者。
五、認為對第一款、第二款之案件應免除處罰者。

前項處分書應載明下列事項：

• 行為人之姓名、性別、出生年月日、國民身分證統一號碼、職業、住所或居所。

• 主文。

• 事實及理由，得僅記載其要領。

• 適用之法條。

• 處分機關及年、月、日。

• 不服處分者，得於處分書送達之翌日起五日內，以書狀敘述理由，經原處分之警察機關，向該管簡易庭聲明異議。

▌第 14 條（社維法案件處理辦法）

本法第四十三條第一項各款所列由警察機關處分之案件如下：

一、所稱違反本法行為選擇處罰鍰或申誡之案件，係指本法分則條文法定本罰為選處罰鍰或申誡之案件。

二、所稱併宣告沒入者，係指本法第四十三條第一項第一款、第二款之案件，而依本法第二十三條前段規定併宣告沒入之案件。

三、所稱單獨宣告沒入者，係指依本法第二十三條但書規定得單獨宣告沒入之案件。但依同條第一款規定單獨宣告沒入者，以本法第四十三條第一項第一款、第二款規定之案件為限。

四、所稱認為應免除處罰之案件，係指本法第四十三條第一項第一款、第二款之案件，而依本法規定免除其處罰或得免除其處罰之案件。

（二）簡易庭裁定之案件（第 45 條）

第四十三條第一項所列各款以外之案件，警察機關於訊問後，應即移送該管簡易庭裁定。

三、警察機關之管轄

（一）**案件管轄權**：警察局及其分局，就該管區域內之違反本法案件有管轄權。

（二）**代行管轄權**：在地域遼闊交通不便地區，得由上級警察機關授權該管**警察所、警察分駐所**行使其管轄權。

（三）**專業警察機關管轄權**：專業警察機關，得經**內政部**核准就該管區域內之違反本法案件行使其管轄權。

※ **准予行使違反社會秩序維護法案件管轄權之專業警察機關。（不含刑事警察局）**

1. 保二總隊。

2. 航空警察局。

3. 國道公路警察局。

4. 鐵路警察局。

5. 基隆港務警察總隊。

6. 臺中港務警察總隊。

7. 高雄港務警察總隊。

8. 花蓮港務警察總隊。

（四）競合管轄權：違反本法案件，數警察機關有管轄權者，**由受理在先之警察機關管轄**。但其有繼續調查必要不能及時處分，而行為人之住居所不在其轄區內者，**得移由其住居所地之警察機關處理**。（處理辦法第 15 條）

（五）指定管轄：警察機關管轄案件有爭議者，**由共同直接上級警察機關指定其管轄**（處理辦法第 16 條）。甲縣警察分局 A 與警察分局 B 就某違序案件相互推諉，甲縣警察局可指定由 A 或 B 受理。

四、法院管轄權

（一）地方法院或其分院為處理違反本法案件，視警察轄區及實際需要，分設簡易庭及普通庭。

（二）地方法院或其分院簡易庭（以下簡稱簡易庭），以法官一人獨任行之。地方法院或其分院普通庭（以下簡稱普通庭），**以法官三人合議行之**。

五、牽連管轄

大法官釋字第 808 號解釋

（一）民國 110 年 9 月 10 日，大法官作出釋字 808 號解釋，這是一號違憲解釋，宣告社會秩序維護法第 38 條但書關於「罰鍰」部分，違憲而失效，認為

行為人所為的同一行為已受刑事法律追訴並經有罪判決確定者，如再依**社會秩序維護法第 38 條但書**另處罰鍰，構成重複處罰，違反法治國一罪不二罰原則，故應失其效力。

（二）該號解釋指出，違反社會秩序維護法並涉嫌違反刑事法律的行為，除明定應移送檢察官依刑事法律規定辦理外，其行為應處罰鍰部分，仍依該法相關規定處罰，以防止違反該法規定的行為人藉由較輕刑罰，逃避該法有關停止營業、勒令歇業及罰鍰等處罰。而社會秩序維護法第三編分則所規範的違法行為及其法益侵害，與同一行為事實的犯罪行為及其法益侵害間，應僅為量的差異，非本質的根本不同。因此，就行為人的同一行為已受刑事法律追訴並經有罪判決確定者，若得再依該法處以罰鍰，有違一罪不二罰原則。

▎第 38 條

違反本法之行為，涉嫌違反刑事法律或少年事件處理法者，應移送檢察官或少年法庭依刑事法律或少年事件處理法規定辦理。但其行為應處**停止營業、勒令歇業、罰鍰或沒入之**部分，仍依本法規定處罰。

▎第 18 條（社維法案件處理辦法）

本法第三十八條所稱違反本法之行為涉嫌違反刑事法律或少年事件處理法者，係指同一之行為或牽連之行為涉嫌違反刑事法律或少年事件處理法而言。

前項案件，警察機關之處理程序如下：

一、違反刑事法律或少年事件處理法部分，應即依本法第三十八條規定，移送該管檢察官或少年法庭依法辦理。

二、違反本法應依本法第三十八條但書規定處罰部分，依本法第四十三條第一項及第四十五條第一項規定處理。

模擬試題

___ 1. 下列對於社會秩序維護法法例之敘述，何者錯誤？

(A) 違反社會秩序行為之處罰，以行為時社會秩序維護法有明文規定者為限

(B) 在中華民國領域外之中華民國船艦違反社會秩序維護法，以在中華民國領域內違反論

(C) 社會秩序維護法規定之解散命令、檢查命令、禁止或勸阻，應以口頭為之。

(D) 社會秩序維護法立法目的在為維護公共秩序，確保社會安寧

___ 2. 下列何者屬於違反社會秩序維護法，由警察機關管轄之案件？

(A) 違反行為專處罰鍰之案件

(B) 違反行為專處拘留之案件

(C) 違反行為選處停止營業之案件

(D) 違反行為專處勒令歇業之案件

___ 3. 違反社會秩序維護法案件，數警察機關有管轄權時，由哪一警察機關管轄？

(A) 受理在先之警察機關管轄

(B) 行為發生地之警察機關管轄

(C) 行為結果地之警察機關管轄

(D) 行為人住、居所在地之警察機關管轄

___ 4. 對於違反社會秩序維護法案件，數警察機關均有管轄權時，應由何警察機關管轄？

(A) 由上級警察機關管轄

(B) 由受理在先之警察機關管轄

(C) 由共同直接上級警察機關管轄

(D) 由共同直接上級警察機關指定管轄

___ 5. 警察機關對違反社會秩序維護法之管轄案件有爭議者，應如何處理？

    (A) 由共同直接上級警察機關指定其管轄

    (B) 由受理在先之警察機關管轄

    (C) 由受理在後之警察機關管轄

    (D) 由地方法院簡易庭裁定管轄

___ 6. 關於違反「社會秩序維護法」案件之管轄規定，下列敘述何者正確？

    （複選題）

    (A) 違序行為地之警察分局有管轄權

    (B) 違序被害人住居所地之警察分局有管轄權

    (C) 航空警察局經內政部核准就該管區域內之違序案件有管轄權

    (D) 刑事警察局經警政署核准就全國違序案件有管轄權

    (E) 連江縣警察局得授權該管警察所行使其管轄權

___ 7. 下列有關「社會秩序維護法處罰及管轄規定」之敘述，何者正確？

    (A) 供違反本法行為所用之物，以行為人所有者為限，應沒入之

    (B) 依本法處罰執行完畢，三個月內再有違反本法行為者，得加重處罰

    (C) 專業警察機關，得經警政署核准就該管區域內之違反社會秩序維護法案件行使其管轄權

    (D) 地方法院或其分院簡易庭，以法官三人合議行之

  8. 請依釋字 808 號解釋，論述：違反社會秩序維護法之行為，涉嫌違反刑事法律者，應如何處罰？（申論題）

答案：**1C 2A 3A 4B 5A 6ACE 7B**

調查

一、調查原因

　　警察機關因**警察人員發現、民眾舉報、行為人自首或其他情形**知有違反本法行為之嫌疑者，應即開始調查。

二、證據或應沒入之物處理

（一）裁處確定前

可為證據或應予沒入之物，應妥予保管。

（二）裁處確定後

但在裁處確定後，保管物未經沒入者，予以發還所有人、持有人或保管人；如無所有人、持有人或保管人者，依法處理。

三、通知程序

　　（一）警察機關為調查違反本法行為之事實，應通知**嫌疑人**，並得通知**證人或關係人**。

　　（二）**通知書**應載明下列事項：

1. 被通知人之姓名、性別、出生年月日、籍貫及住所或居所。

2. 事由。

3. 應到之日、時、處所。

4. 無正當理由不到場者，得逕行裁處之意旨。

5. 通知機關之署名。

（三）被通知人之姓名不明或因其他情形有必要時，應記載其足資辨別之特徵；其出生年月日、籍貫、住所或居所不明者，得免記載。

（四）訊問嫌疑人，應先告以通知之事由，再訊明姓名、出生年月日、職業、住所或居所，**並給予申辯之機會**。

（五）嫌疑人於審問中或調查中**得委任代理人到場**。但法院或警察機關認為必要時，**仍得命本人到場**。

四、通知方式

（一）對於現行違反本法之行為人，警察人員得即時制止其行為，並得逕行通知到場。

（二）不服通知者，**得強制其到場**。

（三）但確悉其姓名、住所或居所而無逃亡之虞者，得依第 41 條規定辦理。

模擬試題

___ 1. 警察通知違反社會秩序維護法之行為人到場接受訊問，依社會秩序維護法之規定，下列敘述何者錯誤？

(A) 訊問時應先告以通知之事由

(B) 行為人應親自到場接受訊問，不得委任代理人到場

(C) 訊問時應給予申辯之機會

(D) 訊問應採問答方式並當場製作筆錄

___ 2. 依據社會秩序維護法第 42 條有關對於**現行**違反社會秩序維護法的行為人之規定，下列敘述何者錯誤？

(A) 警察人員得逕行通知其到場

(B) 不服通知者，得強制其到場

(C) 未能強制到場者，得逕行裁處

(D) 確悉行為人之姓名、住居所而無逃亡之虞者，得以通知書通知其到場

___ 3. 有關社會秩序維護法之調查規定，下列敘述何者錯誤？

(A) 對於現行違反本法之行為人，警察人員得即時制止其行為，並得逕行通知到場；其不服通知者，得強制其到場

(B) 警察機關為調查違反本法行為之事實，應電話通知嫌疑人到場，並得通知證人或關係人

(C) 警察機關因警察人員發現、民眾舉報、行為人自首或其他情形知有違反本法行為之嫌疑者，應即開始調查

(D) 嫌疑人於審問中或調查中得委任代理人到場。但法院或警察機關認為必要時，仍得命本人到場

___ 4. 警察機關依法得強制違反社維法人到場之要件，下列敘述何者正確？

(A) 現行違序之人不服警察逕行通知者

(B) 違序嫌疑人經書面通知無正當理由不到場者

(C) 違序情節重大者

(D) 累次違序者

有關《社會秩序維護法》之調查與裁處規定，下列敘述何者正確？

（複選題）

(A) 警察機關因民眾舉報知有違反本法行為之嫌疑，應即開始調查

(B) 可為證據或應予沒入之物，應妥予保管，並依法處理

(C) 單獨宣告沒入者，得由警察機關處分

(D) 處拘留之案件，警察機關於訊問後，應即移送該管簡易庭裁定

(E) 警察機關對於冒用他人身分證明文件之嫌疑人，經合法通知不到場者，得逕行處分

答案：1B 2C 3B 4A 5ABCD

裁處

一、違序案件法院裁定與警察機關處分之管轄範圍

（一）由警察機關處分之案件（警察機關於訊問後，除有繼續調查必要者外，應即作成**處分書**）：

1. 違反社維法專處罰鍰或申誡案件。

2. 違反社維法選處罰鍰或申誡案件。

3. 經罰緩或申誡處分，併宣告沒入者。

4. 單獨宣告沒入者。

5. 認為對 1.2 案件應免除處罰者。

（二）**由法院簡易庭裁定之案件**（警察機關訊問後，應即移送該管簡易庭裁定）：

1. 違反社維法選處拘留或罰鍰案件。
2. 違反社維法選處勒令歇業或停止營業案件。
3. 依1.2案件之裁定併宣告沒入者。
4. 認為1.2案件應免除處罰者。

二、警察機關處分之種類

（一）即時處分

違反社維法之案件，其法定罰則應專處或選處罰鍰、申誡併宣告沒入之案件，除有繼續調查必要，**應即時處分並作成處分書。**

（二）簡易逕行處分

警察機關對於情節輕微而事實明確之違反本法案件，得不經通知、訊問逕行處分。但其處罰以新臺幣一千五百元以下罰鍰或申誡為限。（第44條）

（三）缺席逕行處分

警察機關對於違反本法之嫌疑人，經合法通知，無正當理由不到場者，得逕行裁處之。（第48條，剝奪當事人申辯權）

三、法院簡易裁定之種類

（一）逕行裁定

警察機關受理違反社維法案件，訊問後應即移送該管簡易庭裁定。（第45條）

（二）即時裁定

法院受理警察機關移送之違反本法案件後，除須審問或調查者外，應迅速制作**裁定書**。（第46條）

（三）缺席逕行裁定

警察機關對於違反本法之嫌疑人，經合法通知，無正當理由不到場者，得逕行裁處之。（第48條）

模擬試題

___ 1. 下列何種情形，警察機關得不經調查逕行處分？

(A) 情節輕微案情明確

(B) 證據不足

(C) 嫌疑人不能到案

(D) 行為人自首

___ 2. 當街曬衣物，不聽禁止者，得處3000元以下罰鍰或申誡，下列敘述，何者有誤？

(A) 違反者由警察機關處分之

(B) 均可不經訊問，逕行處分

(C) 得選處申誡

(D) 若不繳納罰鍰，得易以拘留

___ 3. 警察機關關於違序案件，得不經通知、訊問逕行處分（簡易逕行處分）之前提要件為：

(A) 情況急迫者

(B) 行為人嫌疑人逃逸者

(C) 經合法通知，無正當理由不到場者

(D) 情節輕微而事實明確者

___ 4. 警察機關對於違反社會秩序維護法之嫌疑人，經合法通知，無正當理由不到場者，得採取下列何種措施？

(A) 逕行拘提

(B) 逕行移送法院

(C) 強制其到場

(D) 逕行裁處

___ 5. 下列何者因**不符**「公民與政治權利國際公約」第 9 條規定，致已從社會秩序維護法中刪除之？

(A) 管教

(B) 留置

(C) 拘留

(D) 收容

___ 6. 有關《社會秩序維護法》之執行與救濟，下列　述何者正確？（複選題）

(A) 申誡之執行，由警察機關為之

(B) 處罰，於裁處確定後執行

(C) 聲明異議為抗告之先行程序

(D) 被處罰人不服警察機關之處分者，得提起抗告

(E) 拘留，應在拘留所內執行之

答案：**1A 2B 3D 4D 5B 6ABE**

執行

執行的意義

一、**執行單位：處罰之執行，由警察機關為之。罰鍰逾期未完納者**，由警察機關依法移送行政執行。

二、**執行時機：違反社維法案件裁處確定後執行。**

三、**不到場：裁定拘留確定，經通知執行，無正當理由不到場者，強制其到場。**

四、**拘留執行地點：拘留，應在拘留所內執行之。**

五、**拘留所設置管理辦法由行政院定之**（拘留所設置基準由內政部警政署定之）。

▌第 15 條（拘留所設置管理辦法）

拘留所應有該管警察機關主管長官出具之入、出所通知單始得收容或釋放被拘留人。

被拘留人請求攜帶未滿三歲之子女入所者，得准許之。

被拘留人入、出所應登載於被拘留人紀錄表及被拘留人身分資料簿，並通報勤務指揮中心。

第一項入、出所通知單及前項之紀錄表均應編號妥為保存以備查核；被拘留人身分資料簿應按日陳報主管長官核閱。

▌第 50 條（處理辦法）

裁定拘留確定之案件，**警察機關應於確定後即以執行通知單，通知被處罰人到場執行**，其無正當理由不到場接受執行者，得以執行到場通知單強制其到場。

前項被處罰人到場後，警察機關**應作人別訊問，製作筆錄**，送交拘留所執行之。

執行拘留，應由警察機關於二十四小時內，以書面通知被處罰人指定之親友；其不願指定或不能指定者，記錄其事由，並命被處罰人簽名、蓋章或按指印後，附卷備查。

被處罰人為現役軍人者，警察機關應依職權通知當地憲兵隊及該軍人所屬機關、部隊。

▌第 56 條（處理辦法）

被處罰人依其經濟狀況不能即時完納**罰鍰**者，得於**執行通知單**送達之日起五日內，**向執行之警察機關申請許可分期繳納**。

警察機關應於接受申請之日起五日內，斟酌被處罰人之經濟狀況，為分期繳納之准駁，並製作通知書送達之；其准以分期繳納者，並應載明每期應繳納之日期、金額及不按期繳納之法律效果。

前項分期繳納罰鍰，**以十五日為一期，並以罰鍰總額平均分二至六期繳納之**。

▌第 57 條（處理辦法）

裁定停止營業或勒令歇業確定之案件，警察機關應於確定後即以**執行通知單**，命被處罰人於通知送達之翌日起，停止或歇閉其營業。

被處罰人經通知後未停止或歇閉其營業者，**得製作公告張貼於營業場所之明顯處或以其他適當方法強制其停業或歇業**。

▌第 58 條（處理辦法）

申誡之執行，被處罰人在場者，以言詞予以告誡，其未在場者，應將處分書或裁定書送達之。

___ 1. 依據社會秩序維護法規定，下列有關拘留執行之敘述，何者錯誤？

    (A) 女性被拘留人，請求攜帶 3 歲子女入拘留所，得准許之。但男性被拘留人，不得請求攜帶 3 歲子女入所

    (B) 拘留處罰之執行，由警察機關為之。期滿釋放。但於零時至八時間期滿者，得經本人同意於當日八時釋放之

    (C) 拘留由該管簡易庭法官裁定。裁定拘留確定，經通知執行，無正當理由不到場者，強制其到場

    (D) 拘留之執行，即時起算，並以 24 小時為 1 日

___ 2. 下列有關「社會秩序維護法執行」之敘述，何者正確？（複選題）

    (A) 拘留之執行，即時起算，以二十四小時為一日

    (B) 拘留，應在拘留所內執行

    (C) 裁定拘留確定，經通知執行，無正當理由不到場之人，強制其到場

    (D) 違反社會秩序維護法案件之處罰，於裁處後執行

    (E) 處罰之執行，由法院簡易庭與警察機關負責

___ 3. 有關「社會秩序維護法」之處罰與執行規定，下列敘述，何者**有誤**？

    (A) 處罰，於裁處確定後執行

    (B) 處罰之執行，由警察機關為之

    (C) 拘留，應在拘留所內執行之

    (D) 裁處多數申誡者，併執行之

___ 4. 有關違反社會秩序維護法行為之裁處與執行，下列敘述，何者錯誤？

(A) 警察機關對於情節輕微而事實明確之違反本法案件，得不經通知、訊問逕行處分。但其處罰以新臺幣 1500 元以下罰鍰或申誡為限

(B) 於非公共場所或非公眾得出入之職業賭博場所，賭博財物之案件，警察機關於訊問後，應即移送該管簡易庭裁定

(C) 拘留之執行，即時起算，並以 24 小時為一日。前項執行，期滿釋放。但於 0 時至 8 時間期滿者，得經本人同意於當日 8 時釋放之

(D) 裁定停止營業確定之案件，警察機關應於確定後即以執行通知單，命被處罰人於通知送達之翌日起，停止其營業。被處罰人經通知後未停止其營業者，得製作公告張貼於營業場所之明顯處或以其他適當方法強制其停業。

答案：**1A 2ABC 3D 4B**

救濟

一、不服警察機關處分之救濟程序

（一）救濟方式：聲明異議。

（二）提起主體：被處罰人。

（三）救濟期限：得於警察機關處分書送達之**翌日起五日內**，提起聲明異議。

（四）救濟程序：聲明異議，應以書狀敘明理由，**經原處分之警察機關向該管簡易庭為之**。

（五）處理方式：

1. 有理由者：原處分之警察機關認為聲明異議有理由者，**應撤銷或變更其處分**。

2. 無理由者：認為不合法定程式或聲明異議權已經喪失或全部或一部無理由者，應於收受聲明異議書狀之翌日起三**日內**，**送交簡易庭**，並得添具意見書。（處分書送達 5 日內，提聲明異議，與此處時限 3 日不同）

（六）簡易庭裁定駁回：**簡易庭**認為聲明異議不合法定程式或聲明異議權已經喪失者，應以裁定**駁回**之。但其不合法定程式可補正者，應定期先命**補正**。

（七）不得抗告：簡易庭認為聲明異議無理由者，應以裁定駁回之。認為有理由者，以裁定將原處分撤銷或變更之。對於簡易庭關於聲明異議所為之裁定，**不得抗告**。

（八）聲明異議撤回：聲明異議，於裁定前得撤回之。撤回聲明異議，應以書狀向受理機關（簡易庭）為之。但於該案卷宗送交受理機關以前，得向原裁處機關（警察機關）為之。

二、不服簡易庭裁定之救濟程序

（一）救濟方式：抗告。

（二）提起主體：受裁定人、原移送之警察機關。

（三）救濟期限：**抗告期間為五日**，自送達裁定之翌日起算。

（四）救濟程序：提起抗告，應以書狀敘述理由提出於簡易庭為之。

（五）處理方式：受裁定人或原移送之警察機關對於**簡易庭就第四十五條**移送之案件所為之裁定，有不服者，得向**同法院普通庭**提起抗告。

（六）撤回抗告：於裁定前得撤回之，撤回抗告，應以書狀向受理機關為之。但於該案卷宗送交受理機關以前，得向原裁處機關為之。

（七）捨棄抗告：被處罰人或原移送之警察機關，得捨棄其抗告權。抗告捨棄，應以書狀向原裁定機關為之。**對於普通庭之裁定，不得再行抗告。（抗告可**

以撤回、捨棄，聲明異議只能撤回）

三、捨棄抗告權、撤回聲明異議或抗告者，喪失其聲明異議或抗告權。（第 62 條）

模擬試題

___ 1. 依「社會秩序維護法」規定，被處罰人不服警察機關之處分者，得於處分書送達之翌日起幾日內聲明異議？

(A) 5 日

(B) 7 日

(C) 10 日

(D) 30 日

___ 2. 依據社會秩序維護法第 46 條第 2 項之規定，不服地方法院簡易庭關於違反社會秩序維護法案件之裁處者，下列敘述何者正確？

(A) 得向原裁處之地方法院簡易庭提起聲明異議救濟之

(B) 得向原裁處之地方法院簡易庭提起準抗告救濟之

(C) 得經原裁處之地方法院簡易庭向同法院之普通庭提起抗告救濟之

(D) 得經原裁處之地方法院簡易庭向直接上級法院普通庭提起抗告救濟之

___ 3. 被處罰人不服警察機關之處分者，得於處分書送達之翌日起五日內，經原處分機關向簡易庭提出何種救濟？

(A) 聲明異議

(B) 行政訴訟

(C) 訴願

(D) 再審

___ 4. 依據社會秩序維護法第 60 條、第 61 條有關聲明異議與抗告之規定，下列敘述何者錯誤？

(A) 聲明異議權得捨棄

(B) 聲明異議得撤回

(C) 抗告權得捨棄

(D) 抗告得撤回

___ 5. 依據「社會秩序維護法」之規定，冒用他人身分或能力之證明文件者，處三日以下拘留或新臺幣一萬八千元以下罰鍰。下列相關敘述，何者錯誤？

(A) 此案應移送簡易庭裁定

(B) 不服本案之裁處可提起聲明異議

(C) 裁處確定後由警察機關執行

(D) 罰鍰得聲請易以拘留

___ 6. 下列有關「社會秩序維護法案件救濟」之敘述，何者正確：

(A) 抗告期間為十日，自送達裁定之翌日起算

(B) 對法院簡易庭關於聲明異議之裁定，不得抗告

(C) 聲明異議，得逕向該管法院簡易庭提出

(D) 被處罰人不服警察機關之處分，得提出抗告

___ 7. 依據社會秩序維護法第 67 條第 2 款規定：「於警察人員依法調查或查察時，就其姓名、住所或居所為不實之陳述或拒絕陳述者」，處三日以下拘留或新臺幣一萬二千元以下罰鍰。下列敘述**何者錯誤**？

(A) 拘留與罰鍰均屬行政罰法第 1 條及第 2 條之處罰種類

(B) 簡易庭對警察機關移請裁定之案件，如認為不應處罰者，得逕為不罰

(C) 原移送之警察機關不服簡易庭之裁定，得向普通庭提起抗告

(D) 裁定拘留確定之案件，警察機關應於確定後以執行通知單，通知被處罰人到場執行

___ 8. 對社會秩序維護法所稱「裁處確定」之敘述，下列何者正確？（複選題）

(A) 捨棄抗告權案件，其裁處於捨棄書狀交郵當日確定

(B) 地方法院普通庭關於抗告案件之裁定，於裁定宣示或送達時確定

(C) 簡易庭就本法第四十五條案件所為之裁定，受裁定人未依法提起抗告，其裁定自裁定書送達之翌日起，至第五日期滿時確定

(D) 地方法院簡易庭關於聲明異議案件之裁定，於裁定宣示或送達時確定

(E) 經警察機關處分之案件，受處分人未依法聲明異議，其處分自處分書送達之翌日起，至第五日期滿時確定

___ 9. 依社會秩序維護法等相關規定，下列何種案件屬地方法院簡易庭專屬管轄之案件？

(A) 違反社會秩序維護法行為應受處罰之案件

(B) 不服簡易庭之裁定提起抗告之案件

(C) 核駁被處罰人申請分期繳納罰鍰之案件

(D) 核駁罰鍰逾期不完納聲請易以拘留之案件

___ 10.「社會秩序維護法」第 89 條之規定，無正當理由，跟追他人，經勸阻不聽者，處新臺幣 3 千元以下罰鍰或申誡。下列相關敘述，何者正確？

(A) 司法院大法官釋字第 666 號解釋文認該規定無違憲

(B) 違反者應由警察機關處分

(C) 對於警察機關處分不服者，得提起聲明異議

(D) 對於警察機關處分不服者，得提起抗告

(E) 罰鍰不依限繳納，得聲請易以拘留

___ 11. 有關社會秩序維護法之處罰、救濟與執行關係，下列敘述何者**錯誤**？

(A) 由原移送之警察機關執行

(B) 對法院裁定不服不得抗告

(C) 向地方法院提起救濟

(D) 聲明異議期間為 5 日

___12. 違反「社會秩序維護法」案件,被處罰人不服警察機關之處分,應依下列何種程序提出救濟?

(A) 抗告,以書狀敘明理由,經原處分之警察機關向該管普通庭為之

(B) 聲明異議,以書狀敘明理由,經原處分之警察機關向該管簡易庭為之

(C) 申訴,以書狀敘明理由,經原處分之警察機關向該管簡易庭為之

(D) 申復,以書狀敘明理由,經原處分之警察機關向該管上級警察機關為之

答案:1A 2C 3A 4A 5B 6B 7A 8BCDE 9D 10BCE 11B 12B

分則重點整理

一、章節

(一) 妨害安寧秩序。

(二) 妨害善良風俗。

(三) 妨害公務。

(四) 妨害他人財產。

二、重要條文說明

● **妨害安寧秩序**

▌第 63 條

有下列各款行為之一者，處三日以下**拘留**或新臺幣三**萬元以下罰鍰**：

一、無正當理由攜帶具有殺傷力之器械、化學製劑或其他危險物品者。

二、無正當理由鳴槍者。

三、無正當理由，攜帶用於開啟或破壞門、窗、鎖或其他安全設備之工具者。

四、放置、投擲或發射有殺傷力之物品而有危害他人身體或財物之虞者。

五、散佈謠言，足以影響公共之安寧者。

六、蒙面偽裝或以其他方法驚嚇他人**有危害安全之虞者。**

七、關於製造、運輸、販賣、貯存易燃、易爆或其他危險物品之營業，未經主管機關許可；或其營業設備及方法，違反法令規定者。

八、製造、運輸、販賣、攜帶或公然陳列經**主管機關公告查禁之器械者。**

前項第七款、第八款，**其情節重大或再次違反者，處或併處停止營業或勒令歇業。**

（一）情節重大：處理辦法第 10 條。

1. 手段與實施之程度

2. 被害人之人數與受害程度

3. 違反義務程度

4. 行為所生危險或損害程度

5. 行為破壞社會秩序之程度

（二）再次違反：處理辦法第 8 條。

（三）本條管轄機關：法院

（四）第一項第一款「**具有殺傷力之器械、化學製劑或其他危險物品者」**，**包括開山刀、硫酸等**，若是攜帶武士刀、扁鑽等則不適用社維法第 63 條，應適用槍砲彈藥刀械管制條例。

（五）第一項第八款不含「持有」。

第 64 條

有下列各款行為之一者，**處三日以下拘留或新臺幣一萬八千元以下罰鍰：**

一、意圖滋事，於**公園、車站、輪埠、航空站或其他公共場所**，任意聚眾，有妨害公共秩序之虞，已受該管公務員解散命令，而不解散者。

二、非供自用，購買運輸、遊樂票券而轉售圖利者。（**黃牛票**）

三、車、船、旅店服務人員或搬運工人或其他接待人員，糾纏旅客或強行攬載者。

四、交通運輸從業人員，於約定報酬後，強索增加，或中途刁難或雖未約定，事後故意訛索，超出慣例者。

五、主持、操縱或參加不良組織有危害社會秩序者。

第 65 條

有下列各款行為之一者，處三日以下拘留或新臺幣一萬八千元以下罰鍰：

一、船隻當狂風之際或黑夜航行有危險之虞，而不聽禁止者。

二、對於非病死或可疑為非病死或來歷不明之屍體，未經報請相驗，私行殯葬或移置者。

三、**無正當理由，攜帶類似真槍之玩具槍，而有危害安全之虞者。**

四、不注意燃料物品之堆置使用，或在燃料物品之附近攜用或放置易起火警之物，不聽禁止者。

第 67 條

有下列各款行為之一者，**處三日以下拘留或新臺幣一萬二千元以下罰鍰：**

一、禁止特定人涉足之場所之負責人或管理人，明知其身分不加勸阻而不報告警察機關者。

二、於警察人員依法調查或查察時，就其姓名、住所或居所為不實之陳述或拒絕陳述者。

三、**意圖他人受本法處罰而向警察機關誣告者。**

四、關於他人違反本法，向警察機關為虛偽之證言或通譯者。

五、藏匿違反本法之人或使之隱避者。

六、偽造、變造、湮滅或隱匿關係他人違反本法案件之證據者。

因圖利配偶、五親等內之血親或三親等內之姻親，而為前項第四款至第六款行為之一者，處以申誡或免除其處罰。

第 68 條

有下列各款行為之一者，處三日以下**拘留**或新臺幣一萬二千元以下罰鍰：

一、無正當理由，於公共場所、房屋近旁焚火而有危害安全之虞者。

二、端滋擾住戶、工廠、公司行號、公共場所或公眾得出入之場所者。

三、強買、強賣物品或強索財務者。

第 69 條

有下列各款行為之一者，處三日以下**拘留**或新臺幣一萬二千元以下罰鍰：

一、渡船、橋樑或道路經主管機關定有通行費額，而超額收費或藉故阻礙通行者。

二、無票或不依定價擅自搭乘公共交通工具或進入遊樂場所，不聽勸阻或不照章補票或補價者。

第 70 條

有下列各款行為之一者，處三日以下**拘留**或新臺幣一萬二千元以下罰鍰：

一、畜養危險動物，影響鄰居安全者。

二、畜養之危險動物，出入有人所在之道路、建築物或其他場所者。

三、驅使或縱容動物嚇人者。

▌第 72 條

有下列各款行為之一者，**處新臺幣六千元以下罰鍰：**

一、於公共場所或公眾得出入之場所，酗酒滋事、謾罵喧鬧，不聽禁止者。

二、無正當理由，擅吹警笛或擅發其他警號者。

三、製造噪音或深夜喧嘩，妨害公眾安寧者。

（噪音：噪音管制法令規定之管制標準以外，不具持續性或不易量測而足以妨害他人生活安寧之聲音。）

▌第 76 條

有下列各款行為之一者，處新臺幣三萬元以下罰鍰：

一、當鋪、各種加工、寄存、買賣、修配業，發現來歷不明之物品，不迅即報告警察機關者。

二、發現槍械、彈藥或其他爆裂物，而不報告警察機關者。

前項第一款其情節重大或再次違反者，處或併處停止營業或勒令歇業。

▌第 77 條

公共遊樂場所之負責人或管理人，縱容兒童、少年於深夜聚集其內，而不即時報告警察機關者，處新臺幣一萬五千元以下罰鍰；其情節重大或再次違反者，處或併處停止營業或勒令歇業。

處或併處停止營業或勒令歇業情形

	要件	裁處
第 18-1 條 第 1 項	公司、有限合夥或商業之負責人、代表人、受雇人或其他從業人員，因執行業務而犯刑法妨害風化罪、妨害自由罪、妨害秘密罪，或犯人口販運防制法、通訊保障及監察法之罪，經判決有期徒刑以上之刑者。	得處該公司、有限合夥或商業勒令歇業。

第 63 條 第 1 項 第 7 款、第 8 款	一、第 7 款：關於製造、運輸、販賣、貯存易燃、易爆或其他危險物品之營業，未經主管機關許可；或其營業設備及方法，違反法令規定者。 二、第 8 款：製造、運輸、販賣、攜帶或公然陳列經主管機關公告查禁之器械者。 ・**情節重大或再次違反者，**	處或併處停止營業或勒令歇業情形
第 76 條 第 1 項 第 1 款	當鋪、各種加工、寄存、買賣、修配業，發現來歷不明之物品，不迅即報告警察機關者。 ・**情節重大或再次違反者**	處或併處停止營業或勒令歇業情形
第 77 條	公共遊樂場所之負責人或管理人，縱容兒童、少年於深夜聚集其內，而不即時報告警察機關者 ・**情節重大或再次違反者**	處或併處停止營業或勒令歇業情形
第 82 條 第 1 項 第 2 款	於公共場所或公眾得出入之場所唱演或播放淫詞、穢劇或其他妨害善良風俗之技藝者。 ・**情節重大或再次違反者**	處或併處停止營業或勒令歇業情形

・**妨害善良風俗**

▎**第 80 條**

有下列各款行為之一者，**處新臺幣三萬元以下罰鍰：**

一、**從事性交易**。但符合第九十一條之一第一項至第三項之自治條例規定者，不適用之。

二、**在公共場所或公眾得出入之場所，意圖與人性交易而拉客。**

▎**第 81 條**

有下列各款行為之一者，**處三日以下拘留，併處新臺幣一萬元以上五萬元以下罰鍰；其情節重大者，得加重拘留至五日：**

一、**媒合性交易**。但媒合符合前條第一款但書規定之性交易者，不適用之。

二、在公共場所或公眾得出入之場所，意圖媒合性交易而拉客。

第 82 條

有下列各款行為之一者，處三日以下拘留或新臺幣一萬二千元以下罰鍰：

一、**於公共場所或公眾得出入之場所，乞討叫化不聽勸阻者。**

二、於公共場所或公眾得出入之場所唱演或播放淫詞、穢劇或其他妨害善良風俗之技藝者。

前項第二款唱演或播放之處所，為戲院、書場、夜總會、舞廳或同類場所，其情節重大或再次違反者，得處或併處停止營業或勒令歇業。

第 84 條

於非公共場所或非公眾得出入之職業賭博場所，賭博財物者，處新臺幣九千元以下罰鍰。

• 妨害公務

第 85 條

有下列各款行為之一者，處拘留或新臺幣一萬二千元以下罰鍰：

一、於公務員依法執行職務時，以顯然不當之言詞或行動相加，尚未達強暴脅迫或侮辱之程度者。

二、於公務員依法執行職務時，聚眾喧嘩，致礙公務進行者。

三、**故意**向該公務員謊報災害者。

四、**無故撥打警察機關報案專線，經勸阻不聽者。**

第 86 條

於政府機關或其他辦公處所，任意喧嘩或兜售物品，不聽禁止者，處新臺幣三千元以下罰鍰或申誡。

（一）妨害公務僅有第 85 條、86 條，勿與其他章節混淆，命題所在。

（二）第 85 條須注意「故意」（第三條）、「無故」（第四條）之條件。

• 妨害他人身體財產

▌第 87 條

有下列各款行為之一者，**處三日以下拘留或新臺幣一萬八千元以下罰鍰：**

一、加暴行於人者。

二、互相鬥毆者。

三、意圖鬥毆而聚眾者。

▌第 89 條

有下列各款行為之一者，**處新臺幣三千元以下罰鍰或申誡：**

一、無正當理由，為人施催眠術或施以藥物者。

二、無正當理由，跟追他人，經勸阻不聽者。

大法官釋字第 689 解號釋文

社會秩序維護法第八十九條第二款規定，旨在保護個人之行動自由、免於身心傷害之身體權、及於公共場域中得合理期待不受侵擾之自由與個人資料自主權，而處罰無正當理由，且經勸阻後仍繼續跟追之行為，與法律明確性原則尚無牴觸。新聞採訪者於有事實足認特定事件屬大眾所關切並具一定公益性之事務，而具有新聞價值，如須以跟追方式進行採訪，其跟追倘依社會通念認非不能容忍者，即具正當理由，而不在首開規定處罰之列。於此範圍內，首開規定縱有限制新聞採訪行為，其限制並未過當而符合比例原則，與憲法第十一條保障新聞採訪自由及第十五條保障人民工作權之意旨尚無牴觸。又系爭規定以警察機關為裁罰機關，亦難謂與正當法律程序原則有違。

▌第 91-1 條

直轄市、縣（市）政府得因地制宜，制定**自治條例**，規劃得從事性交易之區域及其管理。

前項自治條例，應包含下列各款規定：

一、該區域於都市計畫地區，限於商業區範圍內。

二、該區域於非都市土地，限於以供遊憩為主之遊憩用地範圍內。但不包括兒童或青少年遊憩場。

三、前二款之區域，應與**學校、幼兒園、寺廟、教會（堂）**等建築物保持適當之距離。

四、性交易場所應辦理登記及申請執照，未領有執照，不得經營性交易。

五、曾犯刑法第二百三十一條、第二百三十一條之一、第二百三十三條、第二百四十條、第二百四十一條、第二百九十六條之一、兒童及少年性交易防制條例第二十三條至第二十七條、兒童及少年性剝削防制條例第三十二條至第三十七條或人口販運防制法之罪，經判決有罪者，不得擔任性交易場所之負責人。

六、性交易場所之負責人犯前款所定之罪，經判決有罪者，撤銷或廢止性交易場所執照。

七、性交易服務者，應辦理登記及申請證照，並定期接受健康檢查。性交易場所負責人，亦應負責督促其場所內之性交易服務者定期接受健康檢查。

八、性交易服務者犯刑法第二百八十五條或人類免疫缺乏病毒傳染防治及感染者權益保障條例第二十一條之罪者，撤銷或廢止其證照。

九、性交易服務者經健康檢查發現有前款所定之疾病者，吊扣其證照，依法通知其接受治療，並於治療痊癒後發還證照。

十、不得有意圖性交易或媒合性交易，於公共場所或公眾得出入之場所廣告之行為。

本法中華民國一百年十一月四日修正之條文施行前,已依直轄市、縣(市)政府制定之自治條例管理之性交易場所,於修正施行後,**得於原地址依原自治條例之規定繼續經營。**

依前二項規定經營性交易場所者,不適用刑法第二百三十一條之規定。

直轄市、縣(市)政府應依第八十條、本條第一項及第二項性交易服務者之申請,提供輔導轉業或推介參加職業訓練。

大法官釋字第 666 號解釋文

社會秩序維護法第八十條第一項第一款就意圖得利與人姦、宿者,處三日以下拘留或新臺幣三萬元以下罰鍰之規定,**與憲法第七條之平等原則有違**,應自本解釋公布之日起至遲於二年屆滿時,失其效力。

理由書

憲法第七條所揭示之平等原則非指絕對、機械之形式上平等,而係保障人民在法律上地位之實質平等,要求本質上相同之事物應為相同之處理,不得恣意為無正當理由之差別待遇。法律為貫徹立法目的,而設行政罰之規定時,如因處罰對象之取捨,而形成差別待遇者,須與立法目的間具有實質關聯,始與平等原則無違。

社會秩序維護法第八十條第一項第一款規定(下稱系爭規定),意圖得利與人姦、宿者,處三日以下拘留或新臺幣三萬元以下罰鍰,其立法目的,旨在維護國民健康與善良風俗(立法院公報第八十卷第二十二期第一〇七頁參照)。依其規定,對於從事性交易之行為人,僅以意圖得利之一方為處罰對象,而不處罰支付對價之相對人。

按性交易行為如何管制及應否處罰,固屬立法裁量之範圍,社會秩序維護法係以處行政罰之方式為管制手段,而系爭規定明文禁止性交易行為,**則其對於從事性交易之行為人,僅處罰意圖得利之一方,而不處罰支付對價之相對人,並以主觀上有無意圖得利作為是否處罰之標準,法律上已形成差別待遇**,系爭規定之

立法目的既在維護國民健康與善良風俗，且性交易乃由意圖得利之一方與支付對價之相對人共同完成，雖意圖得利而為性交易之一方可能連續為之，致其性行為對象與範圍廣泛且不確定，固與支付對價之相對人有別，然此等事實及經驗上之差異並不影響其共同完成性交易行為之本質，自不足以作為是否處罰之差別待遇之正當理由，其雙方在法律上之評價應屬一致。

為貫徹維護國民健康與善良風俗之立法目的，行政機關可依法對意圖得利而為性交易之人實施各種健康檢查或宣導安全性行為等管理或輔導措施；亦可採取職業訓練、輔導就業或其他教育方式，以提昇其工作能力及經濟狀況，使無須再以性交易為謀生手段；或採行其他有效管理措施。而國家除對社會經濟弱勢之人民，盡可能予以保護扶助外，為防止性交易活動影響第三人之權益，或避免性交易活動侵害其他重要公益，而有限制性交易行為之必要時，**得**以法律或授權訂定法規命令，為合理明確之管制或處罰規定。凡此尚須相當時間審慎規劃，系爭規定應自本解釋公布之日起至遲於二年屆滿時，失其效力。

▌第 92 條

法院受理違反本法案件，除本法有規定者外，準用刑事訴訟法之規定。

▌第 93 條

違反本法案件處理辦法，由行政院會同司法院定之。
拘留所設置管理辦法、沒入物品處分規則，由行政院定之。

由第 93 條可知，「違反社會秩序維護法案件處理辦法」、「拘留所設置管理辦法」、「沒入物品處分規則」是授權命令。

模擬試題

___ 1. 下列何者不屬於社會秩序維護法分則所規範之行為類型？

(A) 妨害安寧秩序

(B) 妨害善良風俗

(C) 妨害交通秩序

(D) 妨害公務

___ 2. 下列何者不屬於《社會秩序維護法》分則編之違序專章？

(A) 妨害安寧秩序

(B) 妨害善良風俗

(C) 妨害公共衛生

(D) 妨害他人身體財產

___ 3. 某甲在轄區之火車站大廳內，無正當理由攜帶具有殺傷力之器械－西瓜刀一把，被警察查獲。請問該行為之法定罰為何？

(A) 處三日以下拘留或新臺幣三萬元以下罰鍰

(B) 處三日以下拘留或新臺幣一萬八千元以下罰鍰

(C) 處三日以下拘留或新臺幣一萬二千元以下罰鍰

(D) 處新臺幣一萬元以下罰鍰

___ 4. 蒙面偽裝或以其他方法驚嚇他人，要件為？

(A) **有危害安全之虞者**

(B) 影響鄰居安全

(C) 不聽禁止

(D) 不聽勸阻

___ 5. 人民未經許可運輸警棍，如何處罰？

(A) 不罰

(B) 依槍砲彈藥械管制條例處罰

(C) 依警械使用條例處罰

(D) 依社維法處罰

___ 6. 雜貨店公然陳列賭博電玩，但警方查獲時未插電，如何論處？

    (A) 依社維法妨害安寧秩序罪章處罰

    (B) 依社維法妨害善良風俗罪章處罰

    (C) 依刑法賭博罪章處罰

    (D) 無處罰規定

___ 7. 下列何種場所，任意聚眾，有妨害公共秩序之虞，已受該管公務員解散命令，而不解散者，係違反社會秩序違法行為？

    (A) 車站內、一般住宅內

    (B) 車站外、打烊商店內

    (C) 車站內、公園內

    (D) 旅館內、打烊商店

___ 8. 某乙在夜店消費飲酒後，前往超商，未料與其他消費者口角，雙方在場大聲咆哮，附近居民受不了報警，轄區派出所警察獲報到場，在乙腰間發現一把手槍，經查證後，確認是裝 BB 彈匣之玩具槍，有關乙之行為，下列敘述何者正確？

    (A) 未經許可攜帶類似真槍之玩具槍，違反槍砲彈藥刀械管制條例

    (B) 未經許可攜帶類似真槍之玩具槍，違反警械使用條例

    (C) 單純攜帶類似真槍之玩具槍，並無違法

    (D) 無正當理由攜帶類似真槍之玩具槍，有危害安全之虞，違反社會秩序維護法

___ 9. 圖使乙受社維法處罰，而向警察機關誣告者，張三如何處罰？

    (A) 不罰

    (B) 刑法誣告罪處罰

    (C) 處以申誡

    (D) 處三日以下拘留或新臺幣一萬二千元以下罰鍰

___ 10. 胞弟免於社維法處罰，乃將違序證據消滅，如何處罰？

    (A) 處拘留或罰鍰

    (B) 處以申誡或免除其處罰

    (C) 得減輕處罰

    (D) 免除其罰

___ 11. 反社會秩序維護法案件之行為，下列何者屬於由法院簡易庭所管轄者？

    (A) 不依定價擅自搭乘公共交通工具，不聽勸阻

    (B) 無正當理由，擅吹警笛

    (C) 製造噪音，妨害公眾安寧

    (D) 於公共場所酗酒滋事，不聽禁止

___ 12. 秩序維護法之規定，下列何種違序行為，其法定罰種類包含「拘留」？
（複選題）

    (A) 深夜喧嘩，妨害公眾安寧

    (B) 無正當理由，於公共場所焚火而有危害安全之虞

    (C) 藉端滋擾住戶

    (D) 強買、強賣物品

    (E) 於公共場所酗酒滋事，不聽禁止

___ 13. 何者屬於「妨害安寧秩序」之違序行為？

    (A) 故意窺視他人臥室，足以妨害他人隱私

    (B) 以猥褻之言語，調戲異性

    (C) 於公共場所，任意裸體妨害善良風俗，不聽勸阻

    (D) 有驅使或縱容動物嚇人之行為

___ 14. 修配業者，發現來歷不明之物品，不迅即報告警察機關，經人檢舉由派出所警察人員查 獲，請問本案後續如何移送裁罰？

(A) 移送所屬警察分局裁罰

(B) 移送所屬管轄地檢署裁罰

(C) 移送所轄行政法院裁定

(D) 移送所轄地方法院普通庭裁定

___ 15. 何者為「社會秩序維護法」明定得處勒令歇業之事由？（複選題）

(A) 公司之受雇人員，因執行業務而犯刑法妨害秘密罪，經判決有期徒刑以上之刑者

(B) 當鋪業，發現來歷不明之物品，不迅即報告警察機關，情節重大者

(C) 公共遊樂場所之管理人，縱容少年於深夜聚集其內，而不即時報告警察機關，情節重大者

(D) 戲院表演妨害善良風俗之技藝，情節重大者

(E) 禁止特定人涉足之場所負責人，明知特定人身分不加勸阻而不報告警察機關者

___ 16. 依社會秩序維護法第 81 條之規定，在公共場所或公眾得出入之場所，意圖媒合性交易而拉客，處三日以下拘留，併處新臺幣一萬元以上幾萬元以下罰鍰？

(A) 二萬元

(B) 三萬元

(C) 四萬元

(D) 五萬元

___ 17. 依社維法規定，凡害善良風化之賭博違序行為，處罰對象為何？

(A) 公開場所開設職業賭場者

(B) 非公開場所開設職業賭場者

(C) 非公眾得出入之場所開設職業賭場者

(D) 於非公共場所或公眾得出入之職業賭博場所，賭博財物者

____ 18. 依「社會秩序維護法」及其相關法規命令之規定，某甲參與某乙於其自宅內所經營之職業賭博場所，賭博財物，經警查獲屬實，下列相關敘述，何者正確？

    (A) 得處以某甲罰鍰或拘留

    (B) 某乙必須有營利行為

    (C) 某甲應送法院裁定

    (D) 某甲不服裁定得提起抗告

____ 19. 下列何者屬於妨害善良風俗之違序行為？

    (A) 於公共場所任意叫賣物品，妨礙交通，不聽禁止

    (B) 虐待動物，不聽勸阻

    (C) 於公共場所，乞討叫化不聽勸阻

    (D) 強買、強賣物品

____ 20. 下列有關違反「社會秩序維護法」之行為，何者依法係由警察機關處分之？

    (A) 加暴行於人者

    (B) 互相鬥毆者

    (C) 意圖鬥毆而聚眾者

    (D) 於公共場所，酗酒滋事、謾罵喧鬧，不聽禁止者

____ 21. 下列對「司法院大法官釋字第 689 號有關無故跟追他人不聽勸阻之處罰解釋」敘述，何者正確？（複選題）

    (A) 對個人行動自由權利之保護，並不因其身處公共場域，而失其必要性

    (B) 參與社會生活，屬個人之行動自由，有權完全不受他人之干擾

    (C) 個人生活私密領域不受侵擾之自由及個人資料之自主權，屬憲法所保障之權利

    (D) 系爭規定所保護，包括人民免於身心傷害之身體權、行動自由、生活私密領域不受侵擾等

    (E) 免於身心傷害之身體權，屬憲法第二十三條所保障之基本權利

___ 22. 下列對於大法官第 689 號有關「新聞自由與隱私權」之解釋文及理由書敘述，何者正確？（複選題）

(A) 為促進資訊充分流通，滿足人民知的權利，新聞自由乃不可或缺之機制，應受憲法第 11 條所保障，國家不應以法律予以限制

(B) 社會秩序維護法第 89 條第 2 款規定，其意義及適用範圍，非受規範者所難以理解，亦得經司法審查予以確認，與法律明確性原則無違

(C) 新聞自由所保障之新聞採訪自由僅保障隸屬於新聞機構之新聞記者之採訪行為

(D) 新聞採訪者於有事實足認特定事件之報導具一定之公益性，如須以跟追方式進行採訪，且其跟追行為依社會通念非屬不能容忍，該跟追行為即具正當理由

(E) 公眾人物影響社會風氣言行之報導，具一定之公益性，而屬大眾所關切並具有新聞價值

___ 23. 依「社會秩序維護法」第 89 條第 2 款規定：「無正當理由，跟追他人，經勸阻不聽者，處新臺幣三千元以下罰鍰或申誡。」下列適用該法之敘述，何者正確？

(A) 不服裁處者，得提起聲明異議

(B) 違者，應移送簡易庭

(C) 本款規定因違反法律明確性及比例原則而曾被宣告違憲

(D) 勸阻，以口頭為之。必要時，得以書面為之

___ 24. 依據司法院釋字第 666 號解釋理由書認為：國家為避免性交易活動侵害其他重要公益，而有限制性交易行為之必要時，得採何種法規範層級之保留，為合理明確之管制？

(A) 憲法保留

(B) 絕對法律保留

(C) 相對法律保留

(D) 非屬法律保留

___ 25. 司法院大法官釋字第 666 號解釋意旨，認修正前之「社會秩序維護法」第 80 條就處罰意圖得利與人姦、宿者拘留或罰鍰之規定，與平等原則不符。請說明該條之立法規範目的為何？（複選題）

(A) 避免人口販運

(B) 維護國民健康

(C) 提倡正當休閒

(D) 維護善良風俗

(E) 保障工作權益

___ 26. 依司法院釋字第 666 號解釋文指出，修正前之社會秩序維護法之規定，就意圖得利與人姦、宿者，處拘留或罰鍰之規定，違反下列何種原則？

(A) 平等原則

(B) 比例原則

(C) 誠信原則

(D) 明確性原則

___ 27. 對於在公共場所或公眾得出入之場所，意圖媒合性交易而拉客之人，依社會秩序維護法之規定，如何處罰？

(A) 如係在該法第 91 條之 1 規定之通稱「性交易專區」內者，不罰

(B) 處 3 日以下拘留，或新臺幣 1 萬元以上 6 萬元以下罰鍰

(C) 如違反之情節重大者，得加重拘留至 5 日

(D) 處新臺幣 3 萬元以下罰鍰

___ 28. 為符合司法院釋字第 666 號解釋所示平等原則之意旨，乃於 100 年修正社會秩序維護法原只罰娼不罰嫖之規定，修正後，除符合修正條文第 91 條之 1 規定者外，對於娼嫖之處罰規定為何？

(A) 娼嫖俱罰

(B) 娼嫖俱不罰

(C) 罰娼不罰嫖

(D) 罰嫖不罰娼

___ 29. 依社會秩序維護法之規定，直轄市、縣（市）地方自治團體得因地制宜，規劃得從事性交易之區域及其管理，其規劃應以制定法規範方式為之，此法規範係指？
(A) 自治條例
(B) 自治規則
(C) 自律規則
(D) 委辦規則

___ 30. 依據社會秩序維護法規定，下列有關性交易之敘述，何者錯誤？
(A) 原社會秩序維護法第 80 條第 2 項收容、習藝規定，業已刪除
(B) 民國 100 年 11 月 4 日修正後之社會秩序維護法第 80 條第 1 款規定，從事性交易行為，原則上交易雙方均予處罰，但符合自治條例規定之區域及管理者，例外免罰
(C) 性交易原有處罰 3 日以下拘留規定，民國 100 年 11 月 4 日修正為專處罰鍰新臺幣 3 萬元以下
(D) 民國 100 年 11 月 4 日修正施行前，已依各地方政府娼妓管理自治條例管理之性交易場所，於修正施行後，不得於原地址依原自治條例之規定繼續經營

___ 31. 依新修正社會秩序維護法之規定，下列敘述何者正確？（複選題）
(A) 為符合「公民與政治權利國際公約」第 9 條有關人身自由保障之意旨刪除拘留之規定
(B) 第 80 條所稱之「性交易」，指有對價之性交或猥褻行為
(C)「在公共場所或公眾得出入之場所，意圖媒合性交易而拉客」者，屬警察機關管轄案件之種類，由警察機關依法裁處
(D)「在公共場所或公眾得出入之場所，意圖與人性交易而拉客」者，警察機關於訊問後，應即移送簡易庭裁定
(E) 本法修正條文施行前，已依各地方政府制定之自治條例管理之性交易場所，允許其於原地址依原自治條例所定條件繼續經營

___ 32. 下列「社會秩序維護法」有關加重規定之敘述，何者正確？（複選題）

(A) 罰鍰，遇有依法加重時，得處以新臺幣 6 萬元

(B) 因處罰之加重，致拘留有不滿 1 日之零數者，其零數不算

(C) 經依法處罰執行完畢，3 個月內再有違反該法行為者，得加重處罰

(D) 一行為而發生二以上之結果，而違反同條款之規定者，得加重其處罰

(E) 在公共場所意圖媒合性交易而拉客，其情節重大者，得加重拘留至 3 日

___ 33. 有關司法院大法官釋字第 666 號解釋之敘述，下列何者正確？（複選題）

(A) 國家應保障人民在法律上地位之實質平等，要求本質上相同之事物應為相同之處理，不得恣意為無正當理由之差別待遇

(B) 社會秩序維護法係以處行政罰之方式為管制手段，而系爭規定明文禁止性交易行為，則其對於從事性交易之行為人，僅處罰意圖得利之一方，而不處罰支付對價之相對人，並以主觀上有無意圖得利作為是否處罰之標準，法律上已形成差別待遇

(C) 性交易行為如何管制及應否處罰，固屬立法裁量之範圍

(D) 法律為貫徹立法目的，而設行政罰之規定時，如因處罰對象之取捨，而形成差別待遇者，亦與平等原則無違

(E) 憲法第 8 條所揭示之平等原則，指絕對、機械之形式上平等

___ 34. 下列何者為社會秩序維護法授權訂定之現行法規命令？

(A) 地方法院與警察機關處理違反社會秩序維護法案件聯繫辦法

(B) 留置室設置管理辦法

(C) 違反社會秩序維護法案件處理辦法

(D) 拘留所設置基準

___ 35. 依據社會秩序維護法第 92 條之規定，法院受理違反社會秩序維護法案件，除社會秩序維護法有規定者外，準用下列何種法律之規定？

(A) 行政執行法

(B) 行政訴訟法

(C) 民事訴訟法

(D) 刑事訴訟法

___ 36. 警察機關處理違反社會秩序維護法案件，有關文書送達之程序，準用下
列何者之規定？

(A) 行政程序法

(B) 行政訴訟法

(C) 民事訴訟法

(D) 刑事訴訟法

答案：1C 2C 3A 4A 5D 6A 7C 8D 9D 10B 11A 12BCD 13D 14A 15ABCD 16D
17D 18B 19C 20D 21ACD 22BDE 23A 24C 25BD 26A 27C 28A 29A 30D
31BE 32ABC 33ABC 34C 35D 36D

綜合模擬試題

___ 1. 社會秩序維護法所指的「深夜」，定義為何？

(A) 晚上 10 時至凌晨 5 時

(B) 晚上 10 時至凌晨 3 時

(C) 凌晨 0 時至 3 時

(D) 凌晨 0 時至 5 時

___ 2. 違反社會秩序維護法之行為，在何種情形下，處罰之？

(A) 不問出於故意或過失，均應處罰

(B) 只有出於故意，始處罰

(C) 只有出於過失，始處罰

(D) 出於無故意過失，始處罰

___ 3. 依社會秩序維護法規定，下列何者屬得減輕處罰之人？

(A) 未滿 14 歲人

(B) 教唆他人為違序行為之人

(C) 滿 70 歲人

(D) 為避免緊急危難出於不得已行為之人

___ 4. 下列何者並非屬於「特種工商業範圍表」之營業？

(A) 汽機車販售業

(B) 爆竹煙火業

(C) 旅宿業

(D) 理髮業

___ 5. 下列有關社會秩序維護法之敘述，何者錯誤？

(A) 違反本法行為，不問出於故意或過失，均應處罰

(B) 違反本法行為出於過失者，不得罰以拘留，並得減輕之

(C) 經營特種工商業者之代表、受僱人或其他從業人員關於業務上違反本法之行為，得併罰其營業負責人

(D) 為維護公共秩序，確保社會安寧，防止一切危害，增進人民福例特制定本法

___ 6. 下列之人違反社會秩序維護法，何者得減輕處罰？

(A) 未滿 14 歲之兒童

(B) 心神喪失之人

(C) 瘖啞人

(D) 肢體障礙之人

___ 7. 依違反社會秩序維護法案件處理辦法規定，下列何者正確？

(A) 本法第 26 條所稱再有違反本法行為者，係以前後兩次行為均違反本法同一條款之規定而言

(B) 本法所稱深夜，係指凌晨 0 時至 5 時而言

(C) 本法第 72 條第 3 款所稱噪音，係指噪音管制法令規定之管制標準以外，具有持續性而足以妨害他人生活安寧之聲音

(D) 依本法第 8 條第 2 項、第 3 項或第 9 條第 2 項、第 3 項規定責由法定代理人、監護人或其他相當之人加以管教或監護者，得以口頭或書面通知之

___ 8. 有關違反社會秩序維護法之處罰加重減輕規定，下列敘述何者錯誤？

(A) 過失行為不得處以拘留，並得減輕其處罰

(B) 經依本法處罰執行完畢，3 個月內再有違反本法行為者，加重其處罰

(C) 違反本法之行為人，於其行為未被發覺以前自首而受裁處者，減輕或免除其處罰

(D) 一行為而發生二以上之結果者，從一重處罰；其違反同條款之規定者，從重處罰

___ 9. 對於違反社會秩序維護法案件之沒入物品處理敘述，下列何者正確？

（複選題）

(A) 警察機關對於沒入物品，應每一個月處分一次

(B) 沒入物品為拍賣，如為貴重物品價格不易確定者，依市價定之

(C) 沒入物品拍賣者，應預定拍賣日期公告之

(D) 沒入物品無利用價值者，得廢棄或銷燬之

(E) 沒入物品留作公用者，應估定價額，報請上級警察機關核定後價購

___ 10. 下列有關「社會秩序維護法」之敘述，何者**錯誤**？

(A) 處罰之執行，由警察機關為之

(B) 處罰，於裁處確定後執行之

(C) 拘留，應在拘留所內執行之

(D) 罰鍰易以拘留由警察機關處分之

___ 11. 依「社會秩序維護法」規定，下列哪些違反該法行為有得減輕處罰之規定？

(A) 情節可憫恕者

(B) 出於過失者

(C)16 歲人之違反行為

(D) 幫助他人實施違反該法之行為者

(E) 行為未被發覺以前自首而受裁處者

___ 12. 社會秩序維護法規定之沒入，應如何宣告？

(A) 與其他處罰合併宣告

(B) 單獨宣告

(C) 合併宣告為原則，單獨宣告為例外

(D) 單獨宣告為原則，合併宣告為例外

___ 13. 下列何者並非社會秩序維護法中，得處以「保安處置」之對象？

(A) 瘖啞之違序行為人

(B) 未滿十八歲之違序行為人

(C) 精神耗弱之違序行為人

(D) 滿七十歲以上之違序行為人

___ 14. 依社會秩序維護法之規定，下列何者為警察機關裁處之案件？（複選題）

(A) 驅使或縱容動物嚇人者

(B) 冒用他人身分或能力之證明文件者

(C) 於發生災變之際，停聚圍觀，妨礙救助或處理，不聽禁止者

(D) 於公共場所或公眾得出入之場所，酗酒滋事、謾罵喧鬧，不聽禁止者

(E) 深夜遊蕩，行跡可疑，經詢無正當理由，不聽禁止而有危害安全之虞者

___ 15. 下列有關社會秩序維護法之敘述，何者正確？（複選題）

(A) 處罰有二種以上之加重或減輕者，遞加或遞減之

(B) 所稱深夜，指凌晨零時至六時而言

(C) 所稱職業賭博場所，指具有營利性之賭博場所

(D) 所稱查禁物，指刑法第 38 條第 1 項第 1 款所定違禁物以外，依法令禁止製造、運輸、販賣、陳列或持有之物

(E) 條文中所稱再次違反，不以前後兩次行為均違反本法同條款之規定

___ 16. 下列有關「違反社會秩序維護法行為責任」之敘述，**何者錯誤**？（複選題）

(A) 精神耗弱人，得減輕或免除其處罰

(B) 出於過失者，得減輕或免除其處罰

(C) 湮滅配偶違反社會秩序維護法案件之證據者，得減輕或免除其處罰

(D) 違反社會秩序維護法之行為人，於行為未被發覺以前自首而受裁處者，得減輕或免除其處罰

(E) 違反社會秩序維護法行為之情節可憫恕者，得減輕或免除其處罰

___ 17. 下列違反社會秩序維護法之行為，何者應移送法院簡易庭裁處？

（複選題）

(A) 於博物館，口角紛爭，不聽禁止

(B) 吸食煙毒或麻醉藥品以外之迷幻物品

(C) 收容身分不明之人，未即時向警察機關報告，而有危害安全之虞

(D) 冒用他人身分之證明文件

(E) 於自己經營地界內，當通行之處，有溝、井，不設覆蓋

___ 18. 下列有關「拘留所設置管理辦法」之敘述，何者正確？（複選題）

(A) 拘留所設置管理辦法由內政部定之

(B) 拘留所設置基準，由內政部警政署定之

(C) 拘留所服勤員警之調配，每人每次服勤不得連續逾四小時

(D) 被拘留之婦女，請求攜帶未滿三歲之子女入所者，應准許之

(E) 被拘留人有暴行之虞者，得報經主管長官核准使用警銬、警繩

___ 19. 下列有關「社會秩序維護法」名詞定義之敘述，何者錯誤？

(A) 職業賭博場所，係指具有營利性之賭博場所而言

(B) 深夜，係指凌晨零時至六時而言

(C) 再次違反，係指行為人前次行為與本次行為均違反本法同一條款之規定而言

(D) 噪音，係指噪音管制法令規定之管制標準以外，不具持續性或不易量測而足以妨害他人生活安寧之聲音

答案：1D 2A 3C 4 A 5D 6C 7B 8B 9CDE 10D 11ABCD 12C 13D
14CDE 15ACD 16ABCD 17BD 18BCE 19B

第五章

集會遊行法

細說集會遊行法

立法目的

（一）為保障人民集會、遊行之自由，維持社會秩序，特制定本法。

（二）本法未規定者，適用其他法律之規定。

集會遊行定義

（一）本法所稱集會，係指於公共場所或公眾得出入之場所舉行會議、演說或其他聚眾活動。（第2條）

（二）本法所稱遊行，係指於市街、道路、巷弄或其他公共場所或公眾得出入之場所之集體行進。（第2條）

1. 遊行是指三人以上，**有共同的目的或一定意思表示**。

2. 學生或軍隊集體前進，非本法之適用。

3. 若是「請願」，則適用請願法，非本法。

4. 海上聚眾活動不適用本法。（警政署85警署保字第84396號函解釋）

5. 車站、月台或火車上不得作為集會遊行之場所，如有申請警察機關均不予受理。

主管機關

（一）本法所稱主管機關，係指集會、遊行所在地之警察分局。（第3條），所以專業警察機關不可作為集會遊行法主管機關，例如：航空警察局、國道公路警察局等。

（二）集會、遊行所在地跨越二個以上警察分局之轄區者，其主管機關為直轄市、縣（市）警察局。（第3條）

模擬試題

____ 1. 關於集會遊行法之敘述，下列何者錯誤？

(A) 立法目的在保障人民集會、遊行之自由

(B) 寺廟屬於公眾得出入之場所

(C) 軍隊集體行進不屬於本法所稱之「集體行進」

(D) 海上聚眾活動亦有本法之適用

____ 2. 集會遊行之主管機關係下列哪個單位？

(A) 所在地警察分局

(B) 警政廳

(C) 警政署

(D) 當地分駐（派出）所

____ 3. 集會遊行法所稱之主管機關為？

(A) 集會遊行所在地之警察分局

(B) 集會遊行所在地之警察局

(C) 內政部警政署

(D) 各縣市政府

____ 4. 集會遊行如跨越兩個以上（縣）市警察分局之轄區者，其主管機關為？

(A) 警政署

(B) 警政廳

(C) 各該（縣）市政府

(D) 直轄市、（縣）市警察局

答案：**1D 2A 3A 4D**

集會遊行之限制

目的限制

集會遊行不得主張共產主義或分裂國土。（失其效力）

大法官釋字第 445 號解釋文

憲法第十四條規定人民有集會之自由，此與憲法第十一條規定之言論、講學、著作及出版之自由，同屬表現自由之範疇，為實施民主政治最重要的基本人權。國家為保障人民之集會自由，應提供適當集會場所，並保護集會、遊行之安全，使其得以順利進行。以法律限制集會、遊行之權利，必須符合明確性原則與憲法第二十三條之規定。集會遊行法第八條第一項規定室外集會、遊行除同條項但書所定各款情形外，應向主管機關申請許可。同法第十一條則規定申請室外集會、遊行除有同條所列情形之一者外，應予許可。**其中有關時間、地點及方式等未涉及集會、遊行之目的或內容之事項，為維持社會秩序及增進公共利益所必要，屬立法自由形成之範圍，於表現自由之訴求不致有所侵害，與憲法保障集會自由之意旨尚無牴觸。**

集會遊行法第十一條第一款規定違反同法第四條規定者，為不予許可之要件，**乃對「主張共產主義或分裂國土」之言論，使主管機關於許可集會、遊行以前，得就人民政治上之言論而為審查，與憲法保障表現自由之意旨有違**；同條第二款規定：「有事實足認為有危害國家安全、社會秩序或公共利益之虞者」，第三款規定：「有危害生命、身體、自由或對財物造成重大損壞之虞者」，有欠具體明確，對於在舉行集會、遊行以前，尚無明顯而立即危險之事實狀態，僅憑將來有發生之可能，即由主管機關以此作為集會、遊行准否之依據部分，與憲法保

障集會自由之意旨不符，均應自本解釋公布之日起失其效力[1]。

　　集會遊行法第六條規定集會遊行之禁制區，係為保護國家重要機關與軍事設施之安全、維持對外交通之暢通；**同法第十條**規定限制集會、遊行之負責人、其代理人或糾察員之資格；**第十一條第四款**規定同一時間、處所、路線已有他人申請並經許可者，為不許可集會、遊行之要件；**第五款**規定未經依法設立或經撤銷許可或命令解散之團體，以該團體名義申請者得不許可集會、遊行；**第六款**規定申請不合第九條有關責令申請人提出申請書填具之各事項者為不許可之要件，係為確保集會、遊行活動之和平進行，避免影響民眾之生活安寧，均屬防止妨礙他人自由、維持社會秩序或增進公共利益所必要，與憲法第二十三條規定**並無牴觸**。惟集會遊行法**第九條第一項但書**規定：「**因天然災變或其他不可預見之重大事故而有正當理由者，得於二日前提出申請。」對此偶發性集會、遊行，不及於二日前申請者不予許可，與憲法保障人民集會自由之意旨有違**，亟待檢討改進。

　　集會遊行法第二十九條對於不遵從解散及制止命令之首謀者科以刑責，**為立法自由形成範圍**，與憲法第二十三條之規定尚無牴觸。

---

1 申請室外集會、遊行，除有左列情事之一者外，應予許可：
　　一、違反第六條或第十條規定者。
　　二、**有明顯事實足認為**有危害國家安全、社會秩序或公共利益者。
　　三、**有明顯事實足認為**有危害生命、身體、自由或對財物造成重大損壞者。
　　四、同一時間、處所、路線已有他人申請並經許可者。
　　五、未經依法設立或經撤銷、廢止許可或命令解散之團體，以該團體名義申請者。
　　六、申請不合第九條規定者。

警察大人提醒你

◎立法自由形成範圍

1. 有關集會遊行**時間、地點及方式**等未涉及集會、遊行之目的或內容之事項,為維持社會秩序及增進公共利益所必要,屬立法自由形成之範圍,與憲法保障集會自由之意旨尚無牴觸。

2. 集會遊行法第二十九條對於**不遵從解散及制止命令之首謀者科以刑責**,為立法自由形成範圍,與憲法第二十三條之規定尚無牴觸。

妨害集會遊行之禁止

妨害集會遊行於合法舉行之集會、遊行,不得以強暴、脅迫或其他非法方法予以妨害。（第 5 條）

場所之限制

1. 原則禁止,例外許可

2. 集會、遊行不得在左列地區及其週邊範圍舉行。但經主管機關核准者,不在此限:（第 6 條）

(1) 總統府、行政院、司法院、考試院、各級法院及總統、副總統官邸。（不含立法院、監察院）→內政部劃定範圍,300m。

(2) 國際機場、港口。→內政部劃定範圍,300m。

(3) 重要軍事設施地區。→國防部劃定範圍,300m。

(4) 各國駐華使領館、代表機構、國際組織駐華機構及其館長官邸。→外交部劃定範圍,50m。

※ 前項第一款、第二款地區之週邊範圍，**由內政部**劃定公告；第三款地區之週邊範圍，由**國防部**劃定公告。但均不得逾三百公尺。第四款地區之週邊範圍，由外交部劃定公告。但不得逾五十公尺。

人之限制

有下列情形之一者，不得為應經許可之室外集會、遊行之**負責人、其代理人或糾察員：**（第 10 條）

1. 未成年。

2. 無中華民國國籍者。（注意！**有居（停）留證之外國人亦不得擔任**）

3. 經判處有期徒刑以上之刑確定，尚未執行或執行未畢者。（注意！僅限於有期徒刑以上之刑確定，並不包括罰金），**但受緩刑之宣告者，不在此限。**

4. 受**保安處分或感訓處分**之裁判確定，尚未執行或執行未畢者。

5. 受**禁治產宣告**尚未撤銷者。

物之限制

1. 集會、遊行之負責人，其代理人或糾察員及參加人均不得攜帶足以危害他人生命、身體、自由或財產安全之物品。（第 23 條）

2. 第 23 條規定之物品，不問屬於何人所有，均得**扣留**並依法處理。（第 33 條）

許可附帶限制

主管機關許可室外集會、遊行時，得就左列事項為必要之限制：（第 14 條）

1. 關於維護重要地區、設施或建築物安全之事項。

2. 關於防止妨礙政府機關公務之事項。

3. 關於維持交通秩序或公共衛生之事項。

4. 關於維持機關、學校等公共場所安寧之事項。

5. 關於集會、遊行之人數、時間、處所、路線事項。

6. **關於妨害身分辨識之化裝事項。**

模擬試題

___ 1. 對於集會遊行法相關規範之敘述，下列何者錯誤？

(A) 主管機關，係指集會所在地之警察分局

(B) 集會遊行不得主張共產主義，違者不予許可

(C) 遊行，包括於巷弄之集體行進

(D) 集會，包括於室外公共場所舉行會議之活動

___ 2. 依據大法官 445 號解釋，下列何者是實施民主政治最重要的基本人權？

(A) 講學自由

(B) 集會自由

(C) 出版自由

(D) 言論自由

___ 3. 關於司法院釋字第 445 號解釋，下列何者為非？

(A) 集會自由權與憲法第十一條之言論自由權等，皆屬表現自由之範疇

(B) 國家應提供適當場所，並保護集會遊行之安全，使其順利進行

(C) 集會遊行法關於遊行之目的及內容之規定，屬於立法自由形成之內容

(D) 以法律限制集會遊行之權利，須符合明確性原則與憲法第二十三條之要求

___ 4. 關於司法院釋字第 445 號解釋，下列何者為非？

(A) 憲法第十四條規定人民有集會之自由，此與憲法第十一條規定之言論、講學、著作及出版之自由，同屬表現自由之範疇

(B) 憲法第十四條規定人民有集會之自由，為實施民主政治最重要的基本人權

(C) 因天然災變或其他不可預見之重大事故而有正當理由者，得於二日前提出申請。」對此偶發性集會、遊行，不及於二日前申請者不予許可，與憲法保障人民集會自由之意旨無違

(D) 集會遊行法第二十九條對於不遵從解散及制止命令之首謀者科以刑責，為立法自由形成範圍

___ 5. 關於司法院釋字第 445 號解釋，下列何者不予許可事項與憲法保障集會遊行目的不符？

(A) 有事實足認為有危害國家安全、社會秩序或公共利益之虞者

(B) 同一時間、處所、路線已有他人申請並經許可者，為不許可集會、遊行之要件

(C) 未經依法設立或經撤銷許可或命令解散之團體，以該團體名義申請者得不許可集會、遊行

(D) 申請不合第九條有關責令申請人提出申請書填具之各事項者為不許可之要件

___ 6. 關於司法院大法官釋字第 445 號解釋，下列何者為非？

(A) 集會自由權與憲法第 11 條之言論自由權等，皆屬表現自由之範疇

(B) 國家應提供適當場所，並保護集會遊行之安全，使其順利進行

(C) 集會遊行法關於遊行之目的及內容之規定，完全屬於立法自由形成之內容

(D) 以法律限制集會遊行之權利，須符合明確性原則與憲法第 23 條之要求

___ 7. 下列何者非集會遊行法的禁止區？

    (A) 行政院

    (B) 立法院

    (C) 司法院

    (D) 考試院

___ 8. 何者為集會遊行法禁止區？（複選題）

    (A) 監察院

    (B) 立法院

    (C) 考試院

    (D) 副總統府官邸

___ 9. 美國在臺協會集會遊行禁止區周邊範圍以多長為限？

    (A) 500 公尺以內

    (B) 300 公尺以內

    (C) 100 公尺以內

    (D) 50 公尺以內

___ 10. 下列何者不得擔任集會遊行**負責人**？

    (A) 被判處有期徒刑宣告但宣告緩刑者

    (B) 外國人

    (C) 曾受禁治產宣告已撤銷者

    (D) 曾受保安處分執行完畢者

___ 11. 下列何者不得擔任集會遊行**負責人**？

    (A) 未滿 18 歲之人

    (B) 公職人員

    (C) 經判處有期徒刑以上之刑確定，但受緩刑宣告

    (D) 受民事賠償裁判確定尚未執行

___ 12. 依集會遊行法之規定，下列那一種人不得為應經許可之室外集會、遊行
之負責人、其代理人或糾察員？

(A) 受民事賠償裁判確定尚未執行者

(B) 受公務員懲戒處分未滿二年者

(C) 受禁治產宣告尚未撤銷者

(D) 受行政法院敗訴裁判尚未結案者

___ 13. 警察人員維持集會遊行秩序時，發現民眾持有 1 瓶汽油，為預防危害，
得採取何種措施？

(A) 沒收

(B) 沒入

(C) 扣押

(D) 扣留

___ 14. 警察機關許可室外集會遊行，得就下列何種情形必要限制？

(A) 影響商家之營業

(B) 遊行之主張或訴求

(C) 參與遊行者身分

(D) 關於妨害身分辨識之化裝事項

答案：1B 2B 3C 4C 5A 6C 7B 8CD 9D 10B 11A 12C 13D 14D

集會遊行申請條件與程序

申請條件（第8條）

1. 室外集會、遊行，應向主管機關申請許可。

2. 下列情形不在此限：

(1) 依法令規定舉行者。

(2) 學術、藝文、旅遊、體育競賽或其他性質相類之活動。（例：全校師生登山健行、全運會、馬拉松等）

(3) 宗教、民俗、婚、喪、喜、慶活動（例：廟會遊行、婚禮宴客等）。

3. 室內集會無須申請許可。**但使用擴音器或其他視聽器材足以形成室外集會者，以室外集會論。**

申請期限

1. 一般室外集會遊行

(1) 申請主體：集會遊行負責人。

(2) 申請方式：填具申請書。

(3) 申請期間：集會遊行前6日。

(4) 填具內容：

① 負責人或其代理人、糾察員姓名、性別、職業、出生年月日、國民身分證統一編號、住居所及電話號碼。

② 集會、遊行之目的、方式及起訖時間。

③ 集會處所或遊行之路線及集合、解散地點。

④ 預定參加人數。

⑤ 車輛、物品之名稱、數量。

▌第9條

室外集會、遊行，應由負責人填具申請書，載明左列事項，**於六日前**向主管機關申請許可。**但因不可預見之重大緊急事故，且非即刻舉行，無法達到目的者，不受六日前申請之限制：（無法效性）**

一、負責人或其代理人、糾察員姓名、性別、職業、出生年月日、國民身分證統一編號、住居所及電話號碼。

二、集會、遊行之目的、方式及起訖時間。

三、集會處所或遊行之路線及集合、解散地點。

四、預定參加人數。

五、車輛、物品之名稱、數量。

前項第一款代理人，應檢具代理同意書；第三款集會處所，應檢具處所之所有人或管理人之同意文件；遊行，應檢具詳細路線圖。

2. 緊急偶發性集會遊行：718號解釋。

(1) 緊急集會遊行

就事起倉卒非即刻舉行無法達到目的之緊急性集會、遊行，實難期待俟取得許可後舉行。

(2) 偶發性集會遊行

另就群眾因特殊原因未經召集自發聚集，事實上無所謂發起人或負責人之偶發性集會、遊行，自無法事先申請許可或報備。

(3) 針對**緊急性**集會、遊行，固已放寬申請許可期間，但仍須事先申請並等待主管機關至長二十四小時之決定許可與否期間；另就**偶發性**集會、遊行，亦仍須事先申請許可，**均係以法律課予人民事實上難以遵守之義務，致人民不克申請而舉行集會、遊行時，立即附隨得由主管機關強制制止、命令解散之法律效果。**

（集會遊行法第二十五條第一款規定參照）

大法官釋字第 718 號解釋文

　　憲法第十四條規定人民有集會之自由，**旨在保障人民以集體行動之方式和平表達意見，與社會各界進行溝通對話，以形成或改變公共意見**，並影響、監督政策或法律之制定，係本於主權在民理念，為實施民主政治以促進思辯、尊重差異，實現憲法兼容並蓄精神之重要基本人權。為保障該項自由，**國家除應提供適當集會場所，採取有效保護集會之安全措施外，並應在法律規定與制度設計上使參與集會、遊行者在毫無恐懼的情況下行使集會自由**（本院釋字第四四五號解釋參照）。以法律限制人民之集會自由，須遵守憲法第二十三條之比例原則，方符合憲法保障集會自由之本旨。

　　室外集會、遊行需要利用場所、道路等諸多社會資源，本質上即易對社會原有運作秩序產生影響，且不排除會引起相異立場者之反制舉措而激發衝突，主管機關為兼顧集會自由保障與社會秩序維持（集會遊行法第一條參照），應預為綢繆，故須由集會、遊行舉行者本於信賴、合作與溝通之立場適時提供主管機關必要資訊，俾供瞭解事件性質，盱衡社會整體狀況，就**集會、遊行利用公共場所或路面之時間、地點與進行方式為妥善之規劃，並就執法相關人力物力妥為配置，以協助集會、遊行得順利舉行，並使社會秩序受到影響降到最低程度。在此範圍內，立法者有形成自由**，得採行事前許可或報備程序，使主管機關能取得執法必要資訊，並妥為因應。**此所以集會遊行法第八條第一項規定，室外之集會、遊行，原則上應向主管機關申請許可，為本院釋字第四四五號解釋所肯認。惟就事起倉卒非即刻舉行無法達到目的之緊急性集會、遊行，實難期待俟取得許可後舉行；另就群眾因特殊原因未經召集自發聚集，事實上無所謂發起人或負責人之偶發性集會、遊行，自無法事先申請許可或報備。**雖同法第九條第一項但書規定：「但因不可預見之重大緊急事故，且非即刻舉行，無法達到目的者，不受六日前申請之限制。」同法第十二條第二項又規定：「依第九條第一項但書之規定提出申請者，主管機關應於收受申請書之時起二十四小時內，以書面通知負責人。」針對**緊急性集會、遊行**，固已放寬申請許可期間，但仍須事先申請並等待主管機關至

長二十四小時之決定許可與否期間；另就**偶發性集會、遊行，亦仍須事先申請許可**，均係以法律課予人民事實上難以遵守之義務，致人民不克申請而舉行集會、遊行時，立即附隨得由主管機關強制制止、命令解散之法律效果（集會遊行法第二十五條第一款規定參照），**與本院釋字第四四五號解釋：「憲法第十四條規定保障人民之集會自由，並未排除偶發性集會、遊行」，「許可制於偶發性集會、遊行殊無適用之餘地」之意旨有違**。至為維持社會秩序之目的，立法機關並非不能視事件性質，以法律明確規範緊急性及偶發性集會、遊行，改採許可制以外相同能達成目的之其他侵害較小手段，故集會遊行法第八條第一項未排除緊急性及偶發性集會、遊行部分；同法第九條第一項但書與第十二條第二項關於緊急性集會、遊行之申請許可規定，已屬對人民集會自由之不必要限制，與憲法第二十三條規定之比例原則有所牴觸，不符憲法第十四條保障集會自由之意旨，均應自中華民國一〇四年一月一日起失其效力。就此而言，**本院釋字第四四五號解釋應予補充。**

不予許可（第 11 條）

1. 違反第六條或第十條規定者。

2. **有明顯事實足認為**有危害國家安全、社會秩序或公共利益者。

3. **有明顯事實足認為**有危害生命、身體、自由或對財物造成重大損壞者。

4. 同一時間、處所、路線已有他人申請並經許可者。

5. 未經依法設立或經撤銷、廢止許可或命令解散之團體，以該團體名義申請者。

6. 申請不合第九條規定者。

准駁通知（第 12 條）

1. 一般集會遊行

(1) 方式：以書面通知負責人。

(2) 期間：收受申請書 3 日之內。

(3) 性質：准駁通知是一種**行政處分**。

(4) 未在法定期間內通知負責人，**視為許可**。

2. 緊急偶發集會遊行：第十二條第二項關於緊急性集會、遊行之申請許可規定，已屬對人民集會自由之不必要限制，與憲法第二十三條規定之比例原則有所牴觸，不符憲法第十四條保障集會自由之意旨，均應自中華民國一Ｏ四年一月一日起失其效力。

▌第 12 條

室外集會、遊行申請之許可或不許可，主管機關應於收受申請書之日起三日內以書面通知負責人。

依第九條第一項但書之規定提出申請者，主管機關應於收受申請書之時起二十四小時內，以書面通知負責人。

主管機關未在前二項規定期限內通知負責人者，視為許可。

許可後撤銷或變更處分（第 15 條）

1. 室外集會、遊行經許可後，因天然災變或重大事故，主管機關為維護社會秩序、公共利益或集會、遊行安全之緊急必要，**得**廢止許可或變更原許可之時間、處所、路線或限制事項。其有第十一條第一款至第六款情事之一者，**應**撤銷、廢止許可。（合法處分屬於廢止，不合法處分屬於撤銷）

2. 前項之撤銷、廢止或變更，應於集會、遊行前以書面載明理由，通知負責人；集會、遊行時，亦同。

模擬試題

___ 1. 室外集會遊行依集會遊行法之規定係採許可制，下列有關許可之敘述，何者錯誤？

(A) 許可係屬行政處分

(B) 公職人員選舉期間候選人舉行集會遊行不須申請許可

(C) 室內集會依法以室外集會論者仍須申請許可

(D) 宗教性集會遊行活動不須申請許可。

___ 2. 下列何種集會遊行活動須申請許可？

(A) 露天廣場舉辦婚宴

(B) 市政府舉辦馬拉松活動

(C) 慶典期間花車遊行

(D) 室內舉辦問政說明會，但使用擴音器財，過往路人可以聽到演講內容

___ 3. 大甲媽祖遶境活動，依集會遊行法規定，應如何申請許可？

(A) 以書面提出申請

(B) 以口頭提出申請

(C) 以特案提出申請

(D) 不須提出申請

___ 4. 下列何種集會遊行活動須提出申請？

(A) 馬拉松路跑活動

(B) 學校師生戶外旅遊活動

(C) 廟會遊行活動

(D) 全民反賭大遊行

___ 5. 舉辦下列活動，何者應先依集會遊行法申請許可？

    (A) 大甲媽祖遶境活動

    (B) 富邦馬拉松活動

    (C) 反核團體在中正紀念堂廣場搭帳篷訴求停建核四

    (D) 偶像歌手在西門町辦理簽唱會

___ 6. 依據集會遊行法之規定，室外集會、遊行，應向主管機關申請許可，但亦有其法定例外不需申請許可之情形。下列何者應依集會遊行法申請許可？

    (A) 抗議日本意圖佔據釣魚台之遊行活動

    (B) 行政院體育委員會於臺北市區舉辦馬拉松競賽

    (C) 臺中大甲媽祖進香繞境祈福活動

    (D) 高雄市政府舉辦之集團婚禮嘉年華活動

___ 7. 下列何者非集會遊行申請書應載明事項？

    (A) 負責人或其代理人、糾察員姓名、性別、職業

    (B) 預定參加人數與穿著

    (C) 車輛、物品之名稱、數量

    (D) 集會、遊行之目的、方式及起訖時間

___ 8. 下列何者非集會遊行申請書應載明事項？

    (A) 負責人姓名

    (B) 預定參加人數

    (C) 遊行路線

    (D) 參加人員服裝顏色

___ 9. 現行集會遊行法對於集會、遊行的舉辦，採取什麼方式管理？

    (A) 事前報備制

    (B) 申請許可制

    (C) 提前預約制

    (D) 申請登記制

___ 10. 主管機關於集會遊行許可核定通知書上記載：集會遊行場所不得擺設攤位或有其他商業營利行為，該記載之性質為何？

(A) 觀念通知

(B) 行政指導

(C) 許可保留事後廢止權

(D) 許可附加負擔

___ 11. 法院釋字第 718 號解釋文及理由書關於集會、遊行之敘述，下列何者錯誤？

(A) 十四條規定人民有集會之自由，旨在保障人民以集體行動之方式和平表達意見，與社會各界進行溝通對話，以形成或改變公共意見，並影響、監督政策或法律之制定

(B) 針對偶發性集會遊行，仍須事先申請許可，係法律課予人民應遵守義務，屬於平衡社會公益之必要

(C) 緊急性集會、遊行之申請許可規定，已屬對人民集會自由之不必要限制，與憲法第二十三條規定之比例原則有所牴觸

(D) 憲法第十四條規定保障人民之集會自由，排除偶發性集會、遊行，與憲法規定不符

___ 12. 司法院釋字第 718 號解釋文及理由書關於集會、遊行之敘述，下列何者錯誤？

(A) 憲法第 14 條規定人民有集會之自由，旨在保障以體行動方式和平表達意見以形成或改變公共意見

(B) 為保障人民集會自由，國家應提供適當場所

(C) 關於緊急性集會、遊行之申請許可規定，已屬對人民自由不必要限制

(D) 以法律限制人民之集會自由，須遵守憲第 8 條

___ 13. 司法院釋字第 718 號解釋文及理由書關於集會、遊行之敘述，下列何者
錯誤？

(A) 集會遊行法第 8 條第 1 項規定，室外集會遊行原則上應向主管機關申
請許可

(B) 群眾因特殊原因未經召集自發聚集，事實上無所謂發起人或負責人之
偶發性集會、遊行，自無法事先申請許可或報備

(C) 事起倉卒非即刻舉行無法達到目的之緊急性集會、遊行，實難期待俟
取得許可後舉行

(D) 偶發性集會須在 6 日前提出申請，屬於立法形成自由之範圍

___ 14. 司法院釋字第 718 號解釋文及理由書關於集會、遊行之敘述，下列何者
錯誤？

(A) 司法院 445 號解釋之補充解釋

(B) 緊急性集會、遊行，固已放寬申請許可期間，但仍須事先申請並等待
主管機關至長二十四小時之決定許可與否期間，牴觸比例原則

(C) 緊急性集會、遊行，須事先申請許可，牴觸比例原則

(D) 自本號解釋公布之日起，立即失效

___ 15. 集會遊行法、釋字 445、718 號解釋規定，下列何者錯誤？

(A) 緊急性集會、遊行，實難期待俟取得許可後舉行；另偶發性集會、遊
行，亦無法事先申請許可或報備

(B) 偶發性集會、遊行，亦仍須事先申請許可，均係以法律課予人民事實
上難以遵守之義務，致人民不克申請而舉行集會、遊行時，立即附隨
得由主管機關強制制止、命令解散之法律效果

(C) 為維持社會秩序之目的，立法機關並非不能視事件性質，以法律明確
規範緊急性及偶發性集會、遊行，改採許可制以外相同能達成目的之
其他侵害較小手段

(D) 關於緊急性集會、遊行之申請許可規定，已屬對人民集會自由之不必
要限制，與憲法第二十三條規定之比例原則有所牴觸，不符憲法第
十四條保障集會自由之意旨，均應自中華民國 103 年 1 月 1 日起失
其效力

___ 16. 釋字 718 號解釋，集會遊行法第八條第一項未排除緊急性及偶發性集會、遊行部分；同法第九條第一項但書與第十二條第二項關於緊急性集會、遊行之申請許可規定，已屬對人民集會自由之不必要限制，係違反何種原則？

(A) 比例原則

(B) 誠實信用原則

(C) 法律明確性原則

(D) 法律保留原則

___ 17. 有關集會遊行之許可，下列敘述何者錯誤？

(A) 偶發性集會遊行仍應適用集會遊行法第 8 條第 1 項為申請

(B) 憲法第 14 條規定人民有集會之自由，旨在保障人民以集體行動之方式和平表達意見，與社會各界進行溝通對話，以形成或改變公共意見，並影響、監督政策或法律之制定

(C) 為保障人民之集會遊行自由，國家除應提供適當集會場所，採取有效保護集會之安全措施外，並應在法律規定與制度設計上使參與集會、遊行者在毫無恐懼的情況下行使集會自由

(D) 以法律限制人民之集會自由，須遵守憲法第 23 條之比例原則，方符合憲法保障集會自由之本旨

___ 18. 為因應司法院大法官釋字第 718 號解釋，內政部訂定發布「偶發性及緊急性集會遊行處理原則」，關於該處理原則之內容，下列敘述何者正確？

(A) 屬於法規命令之性質

(B) 就群眾因特殊原因未經召集而自發聚集，且事實上無發起人或負責人之偶發性集會遊行，無須申請許可

(C) 就事起倉卒，且非即刻舉行無法達其目的之緊急性集會遊行，不須申請許可，即可舉行

(D) 偶發性集會遊行現場指揮活動之人，未盡負責人之法定義務，應負行政與刑事責任

___ 19. 人民申請室外集會遊行，依現行「集會遊行法」規定，下列何者屬得不
予許可之事由？（複選題）

(A) 違反禁制區規定

(B) 違反負責人資格限制規定

(C) 同一時間、處所、路線已有他人申請

(D) 有明顯事實足認為有危害國家安全、社會秩序或公共利益者

(E) 未檢具集會處所之所有人或管理人之同意文件

___ 20. 集會遊行不予許可通知書之性質為何？

(A) 行政指導

(B) 行政處分

(C) 行政契約

(D) 觀念通知

答案：**1B 2D 3D 4D 5C 6A 7B 8D 9B 10D 11B 12D 13D 14D 15D 16A 17A 18B**
19ABDE 20B

救濟

內容說明

（一）**救濟方式：申復。**

（二）**申復主體：室外集會、遊行之負責人。**

（三）**申復理由：**於收受主管機關**不予許可、許可限制事項、撤銷、廢止許可、變更許可事項**之通知後，其有不服者，得申復。**因此申復的理由並不包括對於行政罰、刑事罰的處分。**

（四）**申復期限：**應於收受通知書日起**二日內**以書面附具理由。

（至於第 12 條第 2 項情形，也就是緊急性集會遊行，**原定應於收受通知書之時起 24 小內提出**，但因受司法院釋字第 718 號影響，緊急、偶發性集會遊行無須事先申請許可，所以不會發生「**不予許可、許可限制事項、撤銷、廢止許可、變更許可事項**」等情事，無申復實益。）

（五）**提出機關：**提出於**原主管機關向其上級警察機關申復。**

（六）**申復情形：**原主管機關認為申復有理由者，應即撤銷或變更原通知；認為無理由者，應於收受申復書之日起二日內連同卷證檢送其上級警察機關。

（至於第 12 條第 2 項情形，也就是緊急性集會遊行，**原定應於收受申復書之時起 12 小內檢送**，但因受司法院釋字第 718 號影響，緊急、偶發性集會遊行無須事先申請許可，既然不會發生「**不予許可、許可限制事項、撤銷、廢止許可、變更許可事項**」等情事，無申復實益。）

（七）**決定期限：**上級警察機關應於收受卷證之日起**二日內**決定，並以書面通知負責人。

（至於第 12 條第 2 項情形，也就是緊急性集會遊行，**原定應於收受卷證之時起 12 小內決定**，但因受司法院釋字第 718 號影響，緊急、偶發性集會遊行無須事先申請許可，既然不會發生「**不予許可、許可限制事項、撤銷、廢止許可、變更許可事項**」等情事，無申復實益。）

（八）效力：提出之申復，不影響原通知之效力。

（九）申復後之訴願：警察局為主管機關，須向內政部提出訴願；警察分局為主管機關，須向直轄市、縣市政府提出訴願。

模擬試題

___ 1. 依據集會遊行法規定，室外集會、遊行之負責人，於收受主管機關不予許可之通知後，其有不服者，應於收受通知書之日起 2 日內以書面附具理由提出於原主管機關向其上級警察機關為何救濟程序？

(A) 請願

(B) 訴願

(C) 申訴

(D) 申復

___ 2. 依集會遊行法規定提出申復，有關原許可限制事項通知之效力，下列敘述何者正確？

(A) 即時停止生效

(B) 溯及作成處分時停止生效

(C) 不受影響

(D) 駁回申復時停止生效

___ 3. 申請集會遊行遭核駁，依集會遊行法之規定，負責人應如何救濟？

(A) 逕向法院提起行政訴訟

(B) 逕向上級機關申復

(C) 經原主管機關向上級警察機關申復

(D) 向原主管機關聲明異議

___ 4. 不服直轄市所屬警察分局依「集會遊行法」所為新臺幣 15 萬元之罰鍰處

分，後續應如何救濟？

(A) 免除訴願程序，逕向管轄之地方法院行政訴訟庭提起行政訴訟

(B) 向直轄市政府警察局提起申復

(C) 向直轄市政府警察局提起訴願

(D) 向直轄市政府提起訴願

答案：**1D 2C 3C 4D**

責任歸屬與制裁

一、負責人責任

（一）集會、遊行之負責人，**應於集會、遊行時親自在場主持，維持秩序**；其集會處所、遊行路線於使用後遺有廢棄物或污染者，並應負責清理。（第 18 條）

（二）**罰鍰**：經許可集會、遊行之負責人或代理人違反第 18 條規定者，處**新台幣三萬元以下罰鍰**。（第 27 條）（此處罰鍰是行政秩序罰性質）

（三）**代理人**：集會、遊行之負責人，因故不能親自在場主持或維持秩序時，得由代理人代理之。代理人之權責與負責人同。

二、糾察員責任

集會、遊行之負責人，**得**指定糾察員**協助維持秩序**。糾察員在場協助維持秩序時，應佩戴「糾察員」字樣臂章。（第 20 條）

三、秩序維持與排除危害

集會、遊行之參加人，**應**服從負責人或糾察員關於維持秩序之指揮。對於妨害集會遊行之人，負責人或糾察員得予以排除。**受排除之人，應立即離開現場。**（第 21 條）

四、宣布中止或結束集會

集會、遊行之負責人，宣布中止或結束集會、遊行時，參加人應即解散。宣布中止或結束後之行為，**應由行為人負責。但參加人未解散者，負責人應負疏導勸離之責。**

五、警察人員維持秩序

集會、遊行時，警察人員得到場維持秩序。主管機關依負責人之請求，**應到場疏導交通及維持秩序。**

六、制裁

（一）警告、制止、命令解散

有下列情事之一者，該管主管機關得予警告、制止或命令解散：

1. 應經許可之集會、遊行未經許可或其許可經撤銷、廢止而擅自舉行者。

2. 經許可之集會、遊行而有違反許可事項、許可限制事項者。

3. 利用第八條第一項各款集會、遊行，而有違反法令之行為者。

4. 有其他違反法令之行為者。

制止、命令解散，該管主管機關得強制為之。

警察大人提醒你

1. 警告是一種**觀念通知**。

2. 命令解散是**一般處分**（雖非特定，可得確定）。

（二）警告、制止、命令解散須符合比例原則

集會遊行之不予許可、限制或命令解散，應公平合理考量人民集會、遊行權利與其他法益間之均衡維護，以適當之方法為之，不得逾越所欲達成目的之必要限度。

（三）罰鍰

1. 不作為：負責人或代理人未親自在場主持及廢棄物未清理者。（第 27 條）

2. 違法不解散：（第 28 條）

(1) 集會、遊行，經該管主管機關命令解散而不解散者，處集會、遊行負責人或其代理人或主持人**新台幣三萬元以上十五萬元以下罰鍰**。

(2) 集會遊行負責人未盡第二十二條第二項但書之責，致集會遊行繼續進行者，**處新台幣三萬元以下罰鍰**。

3. 執行依本法所處罰鍰，經通知繳納逾期不繳納者，**移送法院強制執行**。（第 34 條）

（四）**扣留**：第二十三條規定之物品，不問屬於何人所有，均得扣留並依法處理。（第 33 條）（**若為查禁物，依社維法沒入；若為查禁物，依刑法沒收**）

（五）刑事責任

1. 首謀不解散：集會、遊行經該管主管機關命令解散而不解散，仍繼續舉行經制止而不遵從，**首謀者處二年以下有期徒刑或拘役**。（第 29 條）

2. 妨害公務：集會、遊行時，以文字、圖畫、演說或他法，侮辱、誹謗公署、依法執行職務之公務員或他人者，**處二年以下有期徒刑、拘役或科或併科新台幣六萬元以下罰金**。

3. 侵害合法集會遊行：違反第五條之規定者，**處二年以下有期徒刑、拘役或科或併科新台幣三萬元以下罰金**。（對於合法舉行之集會、遊行，不得以強暴、脅迫或其他非法方法予以妨害）

（六）連帶責任

集會、遊行時，糾察員不法侵害他人之權利者，**由負責人與行為人連帶負損害賠償責任**。但行為人基於自己意思之行為而引起損害者，由行為人自行負責。

※ 偶發性及緊急性集會遊行處理原則

一、為使警察機關因應司法院釋字第七一八號解釋，於集會遊行法（以下簡稱本法）修正施行前，執行偶發性及緊急性集會、遊行事項有所遵循，特訂定本原則。

二、本原則用詞，定義如下：

（一）偶發性集會、遊行：指因特殊原因未經召集而自發聚集，且事實上無發起人或負責人之集會、遊行。

（二）緊急性集會、遊行：指因事起倉促，且非即刻舉行無法達其目的之集會、遊行。

三、偶發性集會、遊行符合下列各款情形者，無須申請許可：

（一）聚集舉行集會、遊行前，具有特殊原因。

（二）因特殊原因而自發性聚集，事實上未經召集。

（三）聚集舉行集會、遊行前，事實上無發起人或負責人。

四、緊急性集會、遊行之申請，主管機關應於收受申請書即時核定，並以書面通知負責人。

五、偶發性集會、遊行，依法令不得有下列情事：

（一）於依本法第六條規定公告之地區週邊範圍舉行。

（二）於車道舉行且妨害交通秩序。

（三）於已有他人舉行或即將舉行集會、遊行之同一時間、場所、路線舉行。

有前項各款情事之一者，認屬本法第二十五條第一項第四款所定違反法令之行為。

六、本法規定，集會、遊行應有負責人；負責人在場主持或維持秩序。偶發性集會、遊行於現場實際主持或指揮活動之人，為集會、遊行負責人，應宣布集會、遊行之中止或結束；參加人未解散者，應負疏導勸離之責。

七、本法規定，集會、遊行時，警察人員得到場維持秩序。偶發性及緊急性集會、遊行，亦同。

八、應經許可之集會、遊行，未經許可或利用偶發性集會、遊行，而有違反法令之行為者，主管機關應依法處理。

九、偶發性及緊急性集會、遊行之處理，應公平合理考量人民集會、遊行權利與其他法益間之均衡維護，以適當之方法為之，不得逾越所欲達成目的之必要限度。

模擬試題

___ 1. 有關集會遊行法之論述，下列敘述何者錯誤？

(A) 其他法律有集會遊行之規定者，優先適用之，故本法為普通法兼補充法

(B) 司法院、各級法院禁制區週邊範圍，由內政部劃定公告，但不得逾 300 公尺

(C) 室外集會、遊行不予許可之通知書，應載明理由及不服之救濟程序，該通知書之性質為行政處分

(D) 經許可遊行之負責人，對遊行路線於使用後遺有廢棄物或污染者，應負責清理，違反者處以罰鍰

___ 2. 依集會遊行法第 18 條及第 27 條規定，經許可遊行之負責人對遊行路線於使用後遺有廢棄物，未負責清理者，處新臺幣三萬元以下罰鍰，下列有關其調查與裁處之敘述，何者正確？

(A) 警察分局得依社會秩序維護法通知負責人到場說明

(B) 罰鍰得易以拘留

(C) 罰鍰之性質屬於行政秩序罰

(D) 罰鍰之裁處由法院簡易庭為之

___ 3. 有關集會遊行時，負責人與糾察員之責任，下列敘述何者錯誤？

(A) 集會、遊行時，糾察員不法侵害他人之權利者，由糾察員與行為人連帶負損害賠償責任

(B) 負責人得指定糾察員協助維持秩序

(C) 其集會處所、遊行路線於使用後遺有廢棄物或污染者，並應負責清理

(D) 負責人應於集會遊行時親自在場主持，維持秩序

___ 4. 依據集會遊行法，下列何者不是集會遊行負責人之義務？

(A) 集會遊行時，應親自在現場主持，維持秩序

(B) 應負責清理因使用集會遊行之處所、遊行路線後，遺有廢棄物或污染者

(C) 負責中止或結束集會遊行，並對參加人負疏導勸離之責

(D) 宣告中止或結束集會遊行後，對參加人之行為負連帶責任

___ 5. 警察機關依集會遊行法之規定，命令解散集會遊行，其措施之法律性質為何？

(A) 行政執行

(B) 行政指導

(C) 行政命令

(D) 一般處分

___ 6. 對於未經許可之聚眾活動，集會遊行法賦予主管機關之管理權限不包括下列何者？

(A) 公告參加者姓名

(B) 制止

(C) 命令解散

(D) 強制驅散

___ 7. 警察對應經過申請許可之集會，未經許可而擅自舉行之人，依集會遊行法規定得實施之作為，不包括下列何者？

(A) 得予裁罰

(B) 得予制止

(C) 命令解散

(D) 得予警告

___ 8. 集會遊行法第 26 條：「集會遊行之不予許可、限制或命令解散，應公平合理考量人民集會、遊行權利與其他法益間之均衡維護，以適當之方法為之，不得逾越所欲達成目的之必要限度」，此係符合何者原則？

(A) 明確性原則

(B) 比例原則

(C) 誠實信用原則

(D) 平等原則

___ 9. 對於不遵解散命令之非法聚眾採取強制驅散措施，該措施之法律依據為？

(A) 行政程序法

(B) 行政執行法

(C) 集會遊行法

(D) 警察法。

___ 10. 下列對於集會遊行法之敘述，何者有誤？

(A) 是為保障集會、遊行之自由而制定

(B) 以法律限制集會、遊行之權利，必須符合明確性原則及憲法第二十三條之規定

(C) 其他法律有集會遊行之規範者，先適用之，故本法為普通法兼補充法

(D) 集會遊行乃憲法保障之人權，故需制定法律規範，以符合「法律保留」原則

___ 11. 有關集會遊行法之論述，下列敘述何者錯誤？

(A) 其他法律有集會遊行之規定者，優先適用之，故本法為普通法兼補充法

(B) 司法院、各級法院禁制區週邊範圍，由內政部劃定公告，但不得逾 300 公尺

(C) 室外集會、遊行不予許可之通知書，應載明理由及不服之救濟程序，該通知書之性質為行政處分

(D) 經許可遊行之負責人，對遊行路線於使用後遺有廢棄物或污染者，應負責清理，違反者處以罰鍰

___ 12. 依「集會遊行法」規定，有關負責人之義務與責任，下列敘述何者正確？
（複選題）

(A) 應於集會遊行時親自在場主持，維持秩序

(B) 集會處所遊行路線於使用後遺有廢棄物或污染者，應負責清理

(C) 宣布中止或結束集會遊行後，若參加人未解散，負責人應負疏導勸離之責

(D) 經該管主管機關命令集會遊行解散而不解散者，處集會遊行負責人新臺幣 3 萬元以下罰鍰

(E) 集會遊行時，糾察員不法侵害他人之權利者，原則上由負責人與行為人連帶負損害賠償責任

___ 13. 依集會遊行法所處之罰鍰，被處罰人經通知繳納逾期不繳納者，應如何處理？

(A) 移送法院強制執行

(B) 易以拘留

(C) 移送行政執行處強制執行

(D) 僅得勸諭催繳不得強制執行

___ 14. 對於合法舉行之集會遊行，以非法方法予以妨害者，集會遊行法有罰則之明文規定，該罰則之性質，係屬？

(A) 刑事罰

(B) 秩序罰

(C) 執行罰

(D) 懲戒罰

___ 15. 依集會遊行法規定，以強暴、脅迫或其他非法方法妨害合法舉行之集會、遊行者，係屬於？

(A) 行政不法行為

(B) 刑事不法行為

(C) 民事不法行為

(D) 違反社會秩序維護法之行為

___ 16. 依據集會遊行法規定，下列何者非遊行負責人之法定權利或義務？

(A) 遊行之負責人，因故不能親自在場主持或維持秩序時，得由代理人代理之

(B) 負責人於遊行時，得指定糾察員協助維持秩序

(C) 遊行負責人應親自在場主持，不得離開處所，以維持秩序

(D) 遊行時，糾察員不法侵害他人之權利者，原則上負責人應與行為人連帶負損害賠償責任

答案：1A 2C 3A 4D 5D 6A 7A 8B 9C 10C 11A 12ABCE 13A 14A 15B 16C

第六章

行政執行法

一、行政執行之依據

（一）行政執行之法律依據，依**行政執行法**之規定，行政執行法未規定者，適用其他法律之規定。

（二）從上述規定可知，行政執行法係採「**基本法**」之立法例，未來行政機關遇有行政強制執行事務時，如果行政執行法和其他法均有規定，且規定不同時，則應優先適用行政執行法之規定。

▋ 行政執行法第 1 條

行政執行，依本法之規定；本法未規定者，適用其他法律之規定。

二、行政執行之意義

（一）行政執行對於義務人於**公法上金錢給付義務**不履行，強制其履行。

（二）義務人負有**行為或不行為之行政義務**不履行，以間接強制或直接強制方式強制其履行。

（三）基於阻止犯罪、危害之發生或避免急迫危險，而有**即時處置**之必要時，行政機關之執行人員以實力加諸特定人之身體或財物，實現行政上必要狀態之作用。

▋ 行政執行法第 2 條

本法所稱行政執行，**指公法上金錢給付義務、行為或不行為義務之強制執行**及**即時強制**。

三、行政執行之範圍

（一）公法上金錢給付義務

1. 義務人依法令或本於法令之**行政處分**或**法院之裁定**，負有公法上金錢給付義務，逾期不履行，或者是法院依**法律規定**就公法上金錢給付義務為**假扣押、假處分之裁定**，該等案件經主管機關移送者，由**行政執行處**就義務人之財產執行之。（第11條）

2. 公法上金錢給付義務包括：

(1) 稅款、滯納金、滯報費、利息、滯報金、怠報金及短估金。

(2) 罰鍰及怠金。

(3) 代履行費用。

(4) 其他公法上應給付金錢之義務。（施行細則第2條）

▌行政執行法第 11 條

義務人依法令或本於法令之行政處分或法院之裁定，負有公法上金錢給付義務，有下列情形之一，逾期不履行，經主管機關移送者，由行政執行處就義務人之財產執行之：

一、其處分文書或裁定書定有履行期間或有法定履行期間者。

二、其處分文書或裁定書未定履行期間，經以書面限期催告履行者。

三、依法令負有義務，經以書面通知限期履行者。

法院依法律規定就公法上金錢給付義務為假扣押、假處分之裁定經主管機關移送者，亦同。

▌行政執行法施行細則第 2 條

本法第二條所稱公法上金錢給付義務如下：

一、**稅款、滯納金、滯報費、利息、滯報金、怠報金及短估金。**

二、**罰鍰及怠金。**

三、代履行費用。

四、其他公法上應給付金錢之義務。

（二）行為或不行為義務之強制執行

1. 間接強制：代履行、怠金。

(1) 代履行：

義務人不履行其作為義務，而此項義務能由他人代為作為時，行政機關得委託第三人或指定人員代其履行，而向義務人徵收所需費用。

(2) 怠金：

他人不得代為作為的義務，義務人不履行時，為強制其履行，乃對義務人科處一定額度之金錢，使其心理上發生強制作用，以間接促其自動履行義務之強制方法。所以怠金的強制，**以無代替性的作為義務和不作為義務為要件**，如果可以代履行，就不可科以怠金。

2. 直接強制：

(1) 定義：

透過間接強制不能達成執行目的，或因情況急迫，如不及時執行，顯難達成執行目的時，執行機關得依直接強制方法執行之。

(2) 方法：

① 扣留、收取交付、解除占有、處置、使用或限制使用動產、不動產。

② 進入、封閉、拆除住宅、建築物或其他處所。

③ 收繳、註銷證照。

④ 斷絕營業所必須之自來水、電力或其他能源。

⑤ 其他以實力直接實現與履行義務同一內容狀態之方法。

行政執行法第 27 條

依法令或本於法令之**行政處分**，**負有行為或不行為義務**，經於處分書或另以書面限定相當期間履行，**逾期仍不履行者**，由執行機關依**間接強制或直接強制**方

法執行之。

前項文書，應載明不依限履行時將予強制執行之意旨。

▌行政執行法第 28 條

前條所稱之**間接強制**方法如下：

一、代履行。

二、怠金。

※ 前條所稱之**直接強制**方法如下：

1. 扣留、收取交付、解除占有、處置、使用或限制使用動產、不動產。

2. 進入、封閉、拆除住宅、建築物或其他處所。

3. 收繳、註銷證照。

4. 斷絕營業所必須之自來水、電力或其他能源。

5. 其他以實力直接實現與履行義務同一內容狀態之方法。

（二）即時強制

1. 定義：

行政機關為阻止犯罪、危害之發生或避免急迫危險，而有即時處置之必要時，得為即時強制。

2. 方法：

① 對於人之管束。

② 對於物之扣留、使用、處置或限制其使用。

③ 對於住宅、建築物或其他處所之進入。

④ 其他依法定職權所為之必要處置。

▌行政執行法第 36 條

行政機關為阻止犯罪、危害之發生或避免急迫危險，而有即時處置之必要時，得為即時強制。

即時強制方法如下：

一、對於人之管束。

二、對於物之扣留、使用、處置或限制其使用。

三、對於住宅、建築物或其他處所之進入。

四、其他依法定職權所為之必要處置。

四、行政執行之原則

（一）行政執行，應依公平合理之原則，兼顧公共利益與人民權益之維護，以適當之方法為之，不得逾達成執行目的之必要限度。（第3條）

（二）本法第三條所定以適當之方法為之，不得逾達成執行目的之必要限度，指於行政執行時，應依下列原則為之：

1. 採取之執行方法須有助於執行目的之達成。

2. 有多種同樣能達成執行目的之執行方法時，應選擇對義務人、應受執行人及公眾損害最少之方法為之。

3. 採取之執行方法所造成之損害不得與欲達成執行目的之利益顯失均衡。
（施行細則第3條）

五、行政執行之機關

（一）處分機關或該管行政機關

1. 原處分機關是指實施行政處分時之機關，例如：某警察分局對於集會遊行之許可處分，該警察分局就是原處分機關。

▌行政執行法施行細則第 4 條

本法第四條第一項所稱**原處分機關**,其認定以實施行政處分時之名義為準。但上級機關本於法定職權所為之行政處分,交由下級機關執行者,以該上級機關為原處分機關。

2.該管行政機關依行政執行法施行細則第五條規定,是指「**相關法令之主管機關或依法得為即時強制之機關**」。例如:保全業法第 2 條規定「本法所稱主管機關,在中央為內政部,在直轄市為直轄市政府,在縣(市)為縣(市)政府」。又依法得為即時強制之機關,除警察職權行使法有即時強制專章規定外,消防法、海岸巡防法、入出國及移民法也都有即時強制措施的規定。

▌行政執行法施行細則第 5 條

本法第四條第一項所稱該管行政機關,**指相關法令之主管機關或依法得為即時強制之機關**。

(二)行政執行處

公法上金錢給付義務逾期不履行者,移送法務部行政執行署所屬行政執行處執行之[1]。

▌行政執行法第 4 條

行政執行,由**原處分機關**或該管行政機關為之。但**公法上金錢給付義務**逾期不履行者,移送**法務部行政執行署所屬行政執行處**執行之。

法務部行政執行署及其所屬行政執行處之組織,另以法律定之。

---

1 中華民國一百年十二月十六日行政院院臺規字第 1000109431 號公告第 4 條第 1、2 項、第 11 條第 1 項、第 12 條、第 13 條第 1 項、第 14 條、第 15 條、第 16 條、第 17 條第 1、3、6～10 項、第 17-1 條第 1、3～6 項、第 18 條、第 19 條第 1～4 項、第 20 條第 1 項、第 21 條、第 22 條、第 23 條、第 34 條、第 42 條第 2 項所列屬「行政執行處」之權責事項,自一百零一年一月一日起改由「行政執行分署」管。

六、行政執行之時間

（一）時間：行政執行不得於**夜間、星期日或其他休息日為之**。

（二）例外：1.執行機關認為**情況急迫或徵得義務人同意者**，不在此限；2.**日間已開始執行者，得繼續至夜間**。（第5條）

▌行政執行法第 5 條

行政執行**不得於夜間、星期日或其他休息日為之**。但執行機關認為情況急迫或徵得義務人同意者，不在此限。

日間已開始執行者，得繼續至夜間。

執行人員於執行時，應對義務人出示足以證明身分之文件；必要時得命義務人或利害關係人提出國民身分證或其他文件。

▌行政執行法施行細則第 7 條

本法第五條第一項所稱其他休息日，指**應放假之紀念日及其他由中央人事主管機關規定應放假之日**。

▌行政執行法施行細則第 8 條

本法第五條第一項及第二項所稱夜間，**指日出前、日沒後**。

▌行政執行法施行細則第 11 條

執行機關依本法第五條第一項但書規定於**夜間、星期日或其他休息日執行者，應將情況急迫或徵得義務人同意之情形，記明於執行筆錄或報告書**。

七、行政執行出示證件

執行人員於執行時，應對義務人出示足以證明身分之文件；必要時得命義務人或利害關係人提出國民身分證或其他文件。（第 5 條）

八、行政執行作成執行筆錄

行政執行應作成執行筆錄。但**直接強制或即時強制**，因情況急迫或其他原因，不能作成執行筆錄者，得以**報告書**代之。（施行細則第 9 條）

九、行政執行之職務協助

（一）意義

職務協助是一種分工，是協助他機關完成任務，請求機關與被請求機關無隸屬管係存在，因此在職務協助的過程中，可分為「**主要行為**」與「**協助行為**」；被請求協助機關所為之行為為協助行為，主要行為仍由請求機關自行完成之。

（二）原則

1. 機關間補充性協助

不得經由職務協助而發生任務移轉，換句話說，不得經由職務協助而改變原有的「事務管轄」或「土地管轄」。

2. 以請求為前提

職務協助原則上為具體個案之請求協助，且職務協助之客體，通常為暫時性之個案。

3. 機關之間不相隸屬

機關內部間之協助並非是職務協助，例如：某分局的甲派出所幫乙派出所處理打架糾紛事件；又任務隸屬關係、長官部屬關係也非職務協助，例如：某地檢署請求某警察局加強查察賄選，警察局請警察分局維護交通秩序。

3. 非屬被請求機關所負之任務範圍

請求協助之項目，係經由法律、命令或其他法規規劃被請求機關之任務範圍內，則此項任務之執行，非屬職務協助。例如：廟會遊行活動時，請求警察機關維持交通秩序時，因為屬警察機關之任務範圍，非職務協助。

（三）特質

1. 被動性

如同上述，職務協助之發動，原則上是以其他機關之請求為要件，避免恣意涉入其他行政機關管轄範圍。

2. 臨時性

又稱個案性，協助事件大抵為具體單一事件，該事件處理完畢，職務協助應停止，不可能使事件成為長期例行工作。

3. 輔助性

請求機關仍是程序上之主體，被請求機關僅居於輔助地位，職務協助過程中，若發現請求機關已能自行處理時，應即停止職務協助。

（四）情形

1. 須在管轄區域外執行者

管轄可區分為本於事件種類而定之「事物管轄」與本於土地而定之「土地管轄」。

2. 無適當之執行人員

涉及專業知識或技術性，例如：醫生、鑑識人員、技術人員。

3. 執行時有遭遇抗拒之虞者

執行公權力遭遇人民抗拒時，必須仰賴其他行政機關，特別是具有強制機制

之機關，警察機關最為常見，例如：違章建築之拆除、斷水斷電之措施、精神病患安置等。

4. 執行目的有難於實現之虞者

事實上難於實現執行目的時，則基於行政一體當然有必要請求其他機關協助。

5. 執行事項涉及其他機關者

行政強制執行非原執行機關可以單獨完成，須仰賴其他機關之職權。

（五）准駁協助

被請求協助機關非有正當理由，不得拒絕；其不能協助者，應附理由即時通知請求機關。

（六）費用

被請求協助機關因協助執行所支出之費用，由請求機關負擔之。

▌行政執行法第 6 條

執行機關遇有下列情形之一者，得於必要時請求其他機關協助之：

一、須在管轄區域外執行者。

二、無適當之執行人員者。

三、執行時有遭遇抗拒之虞者。

四、執行目的有難於實現之虞者。

五、執行事項涉及其他機關者。

被請求協助機關非有正當理由，不得拒絕；其不能協助者，應附理由即時通知請求機關。

被請求協助機關因協助執行所支出之費用，由請求機關負擔之。

十、行政執行之時效

（一）起算

1. 自處分、裁定確定之日起。

2. 或其他依法令負有義務經通知限期履行之文書所定期間屆滿之日起。

（二）時效

1. 五年內未經執行者，不再執行。

2. 其於五年期間屆滿前已開始執行者，仍得繼續執行。但自五年期間屆滿之日起已逾五年尚未執行終結者，不得再執行。

（三）例外

法律有特別規定者，不適用之。

（四）已開始執行

1. 通知義務人到場或自動清繳應納金額、報告其財產狀況或為其他必要之陳述。

2. 已開始調查程序。

▌行政執行法第 7 條

行政執行，**自處分、裁定確定之日**或**其他依法令負有義務經通知限期履行之文書所定期間屆滿之日起**，**五年**內未經執行者，不再執行；其於五年期間屆滿前已開始執行者，仍得繼續執行。但自五年期間屆滿之日起已逾五年尚未執行終結者，不得再執行。

前項規定，**法律有特別規定者，不適用之。**

第一項所稱已開始執行，如已移送執行機關者，係指下列情形之一：

一、通知義務人到場或自動清繳應納金額、報告其財產狀況或為其他必要之陳述。

二、已開始調查程序。

第三項規定，於本法中華民國九十六年三月五日修正之條文施行前移送執行尚未終結之事件，亦適用之。

十一、終止執行之申請

（一）全部終止

1. 情形：

(1) 義務已全部履行或執行完畢者。

(2) 行政處分或裁定經撤銷或變更確定者。

(3) 義務之履行經證明為不可能者。

2. 終止執行之發動：

(1) 執行機關依職權為之，執行機關就「行為或不行為」部分，通常是指**頒布行政處分之機關**，而就「金錢給付義務」部分，係指**行政執行處**。

(2) 義務人、利害關係人之申請終止執行。

（二）部分終止

行政處分或裁定經**部分**撤銷或變更確定者，執行機關應就原處分或裁定經撤銷或變更**部分**終止執行。

▍行政執行法第 8 條

行政執行有下列情形之一者，執行機關應依職權或因義務人、利害關係人之申請終止執行：

一、義務已全部履行或執行完畢者。

二、行政處分或裁定經撤銷或變更確定者。

三、義務之履行經證明為不可能者。

行政處分或裁定經部分撤銷或變更確定者，執行機關應就原處分或裁定經撤銷或變更部分終止執行。

十二、行政執行之聲明異議

（一）**聲明人**：義務人、利害關係人。

（二）**聲明異議事項**：1. 執行命令；2 執行方法；3 應遵守之程序；4 或其他侵害利益之情事。

（三）**時機**：執行程序終結前提出。

（四）**方式**：應以**書面**為之。但**執行時得當場以言詞**為之，並由執行人員載明於**執行筆錄**。

（五）**處置**：

1. 執行機關認其有理由者，應即停止執行，並撤銷或更正已為之執行行為；認其無理由者，應於**十日**內加具意見，**送直接上級主管機關**於三十日內決定之。

2. 直接上級主管機關，於公法上金錢給付義務執行事件，係指法務部行政執行署。

（六）**效果**：

除法律另有規定外，不因聲明異議而停止執行。但執行機關因必要情形，得依職權或申請停止之。

▎行政執行法第 9 條

義務人或利害關係人對執行命令、執行方法、應遵守之程序或其他侵害利益之情事，得於執行程序終結前，向**執行機關聲明異議**。

前項聲明異議，**執行機關認其有理由者，應即停止執行，並撤銷或更正已為之執行行為；認其無理由者，應於十日內加具意見，送直接上級主管機關於三十日內決定之**。

行政執行，除法律另有規定外，不因聲明異議而停止執行。但執行機關因必要情形，得依職權或申請停止之。

▎行政執行法施行細則第 15 條

　　義務人或利害關係人依本法第九條第一項規定聲明異議者，應以書面為之。**但執行時得當場以言詞為之，並由執行人員載明於執行筆錄。**

▎行政執行法施行細則第 16 條

　　本法第九條第二項所稱**直接上級主管機關**，於公法上金錢給付義務執行事件，係指**法務部行政執行署**。

模擬試題

___ 1. 何者不是行政執行法所稱的行政執行？

(A) 公法上金錢給付義務

(B) 行為或不行為義務之強制執行

(C) 即時強制

(D) 強制工作處分

___ 2. 行政執行法所稱公法上金錢給付義務，不包括下列何者？

(A) 罰鍰

(B) 代履行費用

(C) 罰金

(D) 怠金

___ 3. 行政執行法所稱公法上金錢給付義務，不含下列何者？

(A) 罰鍰

(B) 稅款

(C) 利息

(D) 罰金

___ 4. 依「行政執行法施行細則」規定，下列何者屬於公法上金錢給付義務？
（複選題）

(A) 代履行費用

(B) 稅款

(C) 罰鍰

(D) 罰金

(E) 怠金

___ 5. 下列何者，非屬公法上金錢給付義務之執行名義？

(A) 斷水斷電處分

(B) 短估金

(C) 利息

(D) 滯報費

___ 6. 代履行費用如果義務人逾期不繳納時，如何追繳？

(A) 移送法院強制執行

(B) 只能催繳

(C) 處以怠金

(D) 移送行政執行處強制執行

___ 7. 下列何者不是「公法上金錢給付義務」發生原因？

(A) 法律規定

(B) 行政處分

(C) 法院裁定

(D) 和解契約

___ 8. 有關公法上金錢給付義務逾期不履行者，應移送下列那一機關執行之？

(A) 司法院所屬各級地方法院

(B) 原處分機關

(C) 法務部行政執行署所屬行政執行處

(D) 該管行政法院

___ 9. 怠金為下列何種執行方法？

(A) 即時強制

(B) 間接強制

(C) 直接強制

(D) 直接執行

___ 10. 怠金性質為何？

(A) 行政秩序罰

(B) 行政刑罰

(C) 直接強制方法

(D) 間接強制方法

___ 11. 下列何者是直接強制的要件？

(A) 為阻止犯罪、危害之發生，而有即時處置之必要

(B) 為避免急迫危險，而有即時處置之必要

(C) 公法上金錢給付義務之執行

(D) 間接強制不能達到執行目的，或因情況急迫，如不及時執行，顯難達成執行目的時

___ 12. 行政執行法施行細則第 3 條所稱，「有多種同樣能達成執行目的之執行方法時，應選擇對義務人、應受執行人及公眾損害最少之方法為之」，是什麼原則？

(A) 適當性原則

(B) 必要性原則

(C) 狹義比例原則

(D) 法益衡量原則

___ 13. 何種行政執行，非由原處分機關或該管行政機關為之？

(A) 間接強制

(B) 直接強制

(C) 即時強制

(D) 公法上金錢給付義務

___ 14. 行政執行署及所屬行政執行處，屬於何種單位？

(A) 內政部

(B) 法務部

(C) 經濟部

(D) 行政院

___ 15. 行政執行法所稱夜間是指？

(A) 0-5 時

(B) 0-6 時

(C) 日出前日沒後

(D) 日出後日沒前

___ 16. 行政執行時間之限制，下列何者正確？

(A) 日間已經開始執行者，不得繼續至夜間

(B) 情況急迫時，仍不得於夜間為之

(C) 徵得義務人同意時，得於星期日為之

(D) 星期日一律不得為之

___ 17. 執行機關需於夜間、星期日或其他休息日對執行對象行政執行者，須有下列何項配合措施？

(A) 需持有執行通知書

(B) 需會同管區警察執行

(C) 需會同鄰里長執行

(D) 徵得義務人同意

___ 18. 執行下列何種事項，得以報告書取代執行筆錄？

(A) 間接強制

(B) 強制徵收

(C) 即時強制

(D) 代履行

___ 19. 執行機關遇有下列何種情形，必要時請求其他機關協助？

(A) 無執行能力

(B) 無執行經費

(C) 無適當之執行人員

(D) 無適當執行時間

___ 20. 執行機關遇有下列何種情形，必要時請求其他機關協助？

(A) 執行業務窒礙難行

(B) 執行事項涉及其他機關

(C) 執行人員不足

(D) 須於夜間執行

___ 21. 執行機關請求其他機關協助，被請求協助機關因協助執行所支出之費用，由何機關負擔？

(A) 請求機關

(B) 協助機關

(C) 各級政府機關

(D) 行政執行署

___ 22. 行政執行案件如果已經移送執行機關，所稱「已開始執行」，不包括下列何者？

(A) 知悉義務人基本資料

(B) 通知義務人到場

(C) 要求義務人自動清繳應納金額

(D) 通知義務人報告財產狀況

___ 23. 行政執行，自處分、裁定確定之日或其他依法令負有義務經通知限期履行之文書所定期間屆滿之日起，多少年未經執行不得執行？

(A) 1 年

(B) 3 年

(C) 5 年

(D) 7 年

___ 24. 執行機關應依職權或因義務人、利害關係人之申請終止執行，下列何者並未包含？

(A) 義務已全部履行或執行完畢者

(B) 行政處分或裁定經撤銷或變更確定者

(C) 義務之履行經證明為不可能者

(D) 執行時效已經消滅者

___ 25. 下列行政執行規定，何者有誤？

(A) 行政處分或裁定經部分撤銷或變更確定者，執行機關應就原處分或裁定經撤銷或變更部分繼續執行

(B) 行政處分或裁定經撤銷或變更確定者，執行機關應依職權或因義務人、利害關係人之申請終止執行

(C) 行政執行有關執行時效規定，其他法律有特別規定者，不適用之

(D) 行政執行基本尚不得於夜間、星期日或其他休息日為之，除非有例外情形

___ 26. 行政執行之執行機關，遇有下列何種情形，應依職權或義務人、利害關係人之申請終止執行？（複選題）

(A) 義務之履行經證明為不可能

(B) 義務人提出聲明異議

(C) 義務人聲請停止執行

(D) 行政處分或裁定經撤銷或變更確定

(E) 義務已全部履行

___ 27. 利害關係人對於執行命令、執行方法不服者，得於程序終結前，提出何種救濟？

    (A) 申復救濟

    (B) 抗告

    (C) 聲明異議

    (D) 訴願

___ 28. 有關行政執行聲明異議規定，下列何者錯誤？

    (A) 可以聲明異議包括執行命令、執行方法

    (B) 聲明異議，執行機關認其有理由者，應即停止執行，並撤銷或更正已為之執行行為

    (C) 認其無理由者，直接駁回

    (D) 行政執行，除法律另有規定外，不因聲明異議而停止執行

___ 29. 有關行政執行聲明異議規定，下列何者正確？

    (A) 義務人或利害關係人可以提出

    (B) 可在執行終結後提出

    (C) 向法務部行政執行署提出

    (D) 執行機關認為聲明異議無理由者，應於十日內加具意見，送法務部行政執行署於三十日內決定之

答案：**1D 2C 3D 4ABCE 5A 6D 7D 8C 9B 10D 11D 12B 13D 14B 15C 16C 17D 18C 19C 20B 21A 22A 23C 24D 25A 26ADE 27C 28C 29C**

公法上金錢給付義務之執行

一、公法上金錢給付義務程序

（一）**前提**：義務人負有公法上金錢給付義務，逾期不履行。

▌行政執行法施行細則第 11 條

義務人依法令或本於法令之行政處分或法院之裁定，負有公法上金錢給付義務，有下列情形之一，逾期不履行，經主管機關移送者，由行政執行處就義務人之財產執行之：

一、其處分文書或裁定書定有履行期間或有法定履行期間者。

二、其處分文書或裁定書未定履行期間，經以書面限期催告履行者。

三、依法令負有義務，經以書面通知限期履行者。

法院依法律規定就公法上金錢給付義務為假扣押、假處分之裁定經主管機關移送者，亦同。

（二）**移送**

1. 檢附文件：

(1) 移送書。

(2) 處分文書、裁定書或義務人依法令負有義務之證明文件。

(3) 義務人之財產目錄。**但移送機關不知悉義務人之財產者，免予檢附。**

(4) 義務人經限期履行而逾期仍不履行之證明文件。

(5) 其他相關文件。

2. 移送書載明資料：移送書應載明義務人姓名、年齡、性別、職業、住居所，如係法人或其他設有管理人或代表人之團體，其名稱、事務所或營業所，及管理人或代表人之姓名、性別、年齡、職業、住居所；義務發生之原因及日期；應納金額。

▍行政執行法第 13 條

移送機關於移送行政執行處執行時，應檢附下列文件：

一、移送書。

二、處分文書、裁定書或義務人依法令負有義務之證明文件。

三、義務人之財產目錄。**但移送機關不知悉義務人之財產者，免予檢附。**

四、義務人經限期履行而逾期仍不履行之證明文件。

五、其他相關文件。

前項第一款移送書應載明義務人姓名、年齡、性別、職業、住居所，如係法人或其他設有管理人或代表人之團體，其名稱、事務所或營業所，及管理人或代表人之姓名、性別、年齡、職業、住居所；義務發生之原因及日期；應納金額。

（三）執行

1.執行人員：公法上金錢給付義務之執行事件，由行政執行處之**行政執行官、執行書記官督**同**執行員**辦理之，不受非法或不當之干涉。（第 12 條）

2.執行手段：行政執行處為辦理執行事件，**得通知義務人到場或自動清繳應納金額、報告其財產狀況或為其他必要之陳述。**（第 14 條）

（四）強制執行遺產與查封財產：義務人仍不履行其公法上金錢給付義務時，

得行使下列手段、程序，迫使義務人履行義務。

1.強制執行其遺產：義務人死亡遺有財產者，行政執行處得逕對其遺產強制執行。（第 15 條）

2.查封其財產：執行人員於查封前，發見義務人之財產業經其他機關查封者，**不得再行查封**。行政執行處已查封之財產，其他機關**不得再行查封**。（第 16 條）

二、提供擔保、限制住居

義務人有下列情形之一者，行政執行處得命其提供**相當擔保**，**限期履行**，並得**限制其住居**。

（一）**顯有履行義務之可能，故不履行。**（義務人有履行能力而故意不為履行）

（二）**顯有逃匿之虞。**（例如：收行李或辦妥出國手續）

（三）**就應供強制執行之財產有隱匿或處分之情事。**（隱匿是將財產藏匿，處分包括事實與法律處分，前者對如財產毀壞，後者如出賣或贈與等）

（四）**於調查執行標的物時，對於執行人員拒絕陳述。**

（五）**經命其報告財產狀況，不為報告或為虛偽之報告。**

（六）**經合法通知，無正當理由而不到場。**

三、「拘提、管收」之聲請、裁定、救濟

（一）**行政執行處聲請法院裁定拘提**

義務人經行政執行處依規定命其提供相當擔保，限期履行，**屆期不履行亦未提供相當擔保**，有下列情形之一，而有強制其到場之必要者，**行政執行處得聲請法院裁定拘提**之：

1.顯有逃匿之虞。

2.經合法通知，無正當理由而不到場。

（二）**法院之裁定**

法院對於前項聲請，應於**五日**內裁定；其情況急迫者，應即時裁定。

（三）**人別訊問**

義務人經拘提到場，行政執行官應即訊問其人有無錯誤，並應命義務人據實報告其財產狀況或為其他必要調查。

（四）**行政執行處聲請法院裁定管收**

行政執行官訊問義務人後，認有下列各款情形之一，而有管收必要者，行政執行處應自**拘提時起二十四小時內**，聲請法院裁定管收之：

1.顯有履行義務之可能，故不履行。

2. 顯有逃匿之虞。

3. 就應供強制執行之財產有隱匿或處分之情事。

4. 已發見之義務人財產不足清償其所負義務，於審酌義務人整體收入、財產狀況及工作能力，認有履行義務之可能，別無其他執行方法，而拒絕報告其財產狀況或為虛偽之報告。[2]

（五）行政執行處暫予留置

義務人經通知或自行到場，經行政執行官訊問後，認有上述各款情形之一，而有聲請**管收**必要者，行政執行處得將義務人**暫予留置**；其訊問及暫予留置時間合計不得逾二十四小時。

（六）拘提、管收之聲請，應向行政執行處所在地之地方法院為之。

（七）法院受理管收之程序：

法院受理**管收**之聲請後，應即訊問義務人並為裁定，必要時得通知行政執行處指派執行人員到場為一定之陳述或補正。

（八）抗告：

1. 行政執行處或義務人不服法院關於拘提、管收之裁定者，得於**十日**內提起**抗告**；其程序準用**民事訴訟法**有關抗告程序之規定。

2. **抗告不停止拘提或管收之執行**。但准拘提或管收之原裁定經抗告法院裁定廢棄者，其執行應即停止，並將被拘提或管收人釋放。

3. **拘提、管收，除本法另有規定外，準用強制執行法、管收條例及刑事訴訟法有關訊問、拘提、羈押之規定。**

---

2 行政執行處就義務人財產追查，如：已經發現義務人財產不足以清償所負義務，於審酌義務人整體收入、財產狀況、工作能力（即考慮義務人之年齡大小、健康狀態、及勞動市場供需情形等），並考量維持義務人生計所必需要者，可期待由工作收入或其他途徑（如：減少生活支出），以獲得支付之方法，經行政執行處命其到場報告財產狀況，不遵守依限據實報告義務，並拒絕報告其財產狀況或虛偽之報告，則行政執行處已用盡可能之執行方法，別無其他方法，亦無其他較小侵害手段可資運用，自有賦予行政執行處向法院聲請管收權利。

拘提、管收、抗告之要件與程序

程序	項目	理由
1	**聲請拘提**	1. 顯有逃匿之虞。 2. 經合法通知，無正當理由而不到場。
2	**法院對於拘提裁定**	1. 應於**五日內**裁定。 2. **其情況急迫者，應即時裁定。**
3	**暫予留置**	1. 義務人經通知或自行到場，經行政執行官訊問後，有聲請**管收**必要者，行政執行處得將義務人**暫予留置**。 2. 其訊問及暫予留置時間合計不得逾二十四小時。
4	**聲請管收**	1. 行政執行處應自拘提時起二十四小時內，聲請法院裁定管收。 2. 情形： (1) 顯有履行義務之可能，故不履行。 (2) 顯有逃匿之虞。 (3) 就應供強制執行之財產有隱匿或處分之情事。 (4) 已發見之義務人財產不足清償其所負義務，於審酌義務人整體收入、財產狀況及工作能力，認有履行義務之可能，別無其他執行方法，而拒絕報告其財產狀況或為虛偽之報告。
5	**提起抗告**	1. 行政執行處或義務人不服法院關於拘提、管收之裁定者，**得於十日內提起抗告**；其程序準用**民事訴訟法**有關抗告程序之規定。 2. **抗告不停止拘提或管收之執行。**但准拘提或管收之原裁定經抗告法院裁定廢棄者，**其執行應即停止，並將被拘提或管收人釋放。** 3. 拘提、管收，除本法另有規定外，**準用強制執行法、管收條例及刑事訴訟法有關訊問、拘提、羈押之規定。**

提供擔保／限制住居、拘提、管收之要件

	提供擔保 限制住居	拘提	管收
顯有履行義務之可能，故不履行。	＊		＊
顯有逃匿之虞。	＊	＊	＊
就應供強制執行之財產有隱匿或處分之情事。	＊		＊
於調查執行標的物時，對於執行人員拒絕陳述。	＊		
經命其報告財產狀況，不為報告或為虛偽之報告。	＊		
經合法通知，無正當理由而不到場。	＊	＊	
已發見之義務人財產不足清償其所負義務，於審酌義務人整體收入、財產狀況及工作能力，認有履行義務之可能，別無其他執行方法，而拒絕報告其財產狀況或為虛偽之報告			＊

▌行政執行法第 17 條

義務人有下列情形之一者，行政執行處得命其**提供相當擔保，限期履行**，並**得限制其住居**：

一、顯有履行義務之可能，故不履行。

二、顯有逃匿之虞。

三、就應供強制執行之財產有隱匿或處分之情事。

四、於調查執行標的物時，對於執行人員拒絕陳述。

五、經命其報告財產狀況，不為報告或為虛偽之報告。

六、經合法通知，無正當理由而不到場。

前項義務人有下列情形之一者，不得限制住居：

（一）滯欠金額合計未達新臺幣十萬元。但義務人已出境達二次者，不在此限。

（二）已按其法定應繼分繳納遺產稅款、罰鍰及加徵之滯納金、利息。但其繼承所得遺產超過法定應繼分，而未按所得遺產比例繳納者，不在此限。

義務人經行政執行處依第一項規定命其提供相當擔保，限期履行，屆期不履行亦未提供相當擔保，有下列情形之一，而有強制其到場之必要者，行政執行處得聲請法院**裁定拘提**之：

（一）顯有逃匿之虞。

（二）經合法通知，無正當理由而不到場。

法院對於前項聲請，應於五日內裁定；其情況急迫者，應即時裁定。

義務人經拘提到場，行政執行官應即訊問其人有無錯誤，並應命義務人據實報告其財產狀況或為其他必要調查。

行政執行官訊問義務人後，認有下列各款情形之一，而有管收必要者，行政執行處應自拘提時起二十四小時內，聲請法院裁定**管收**之：

（一）顯有履行義務之可能，故不履行。

（二）顯有逃匿之虞。

（三）就應供強制執行之財產有隱匿或處分之情事。

（四）**已發見之義務人財產不足清償其所負義務，於審酌義務人整體收入、財產狀況及工作能力，認有履行義務之可能，別無其他執行方法，而拒絕報告其財產狀況或為虛偽之報告。**

義務人經通知或自行到場，經行政執行官訊問後，認有前項各款情形之一，而有聲請管收必要者，行政執行處得將義務人暫予留置；其訊問及暫予留置時間合計不得逾二十四小時。

拘提、管收之聲請，應向行政執行處所在地之地方法院為之。

法院受理管收之聲請後，應即訊問義務人並為裁定，必要時得通知行政執行處指派執行人員到場為一定之陳述或補正。

行政執行處或義務人不服法院關於拘提、管收之裁定者，**得於十日內提起抗告；其程序準用民事訴訟法有關抗告程序之規定。**

抗告不停止拘提或管收之執行。但准拘提或管收之原裁定經抗告法院裁定廢棄者，其執行應即停止，並將被拘提或管收人釋放。

拘提、管收，除本法另有規定外，**準用強制執行法、管收條例及刑事訴訟法**有關訊問、拘提、羈押之規定。

大法官釋字第 **588** 號解釋（行政執行法拘提管收事由相關規定違憲？）

• 管收之合憲性與法定要件

立法機關基於重大之公益目的，藉由限制人民自由之強制措施，以貫徹其法定義務，於符合憲法上比例原則之範圍內，應為憲法之所許。**行政執行法關於「管收」處分之規定，係在貫徹公法上金錢給付義務，於法定義務人確有履行之能力而不履行時，拘束其身體所為間接強制其履行之措施，尚非憲法所不許。**惟行政執行法第十七條第二項依同條第一項規定得聲請法院裁定管收之事由中，除第一項第一、二、三款規定：**「顯有履行義務之可能，故不履行者」、「顯有逃匿之虞」、「就應供強制執行之財產有隱匿或處分之情事者」，難謂其已逾必要之程度外**，其餘同項第四、五、六款事由：「於調查執行標的物時，對於執行人員拒絕陳述者」、「經命其報告財產狀況，不為報告或為虛偽之報告者」、「經合法通知，無正當理由而不到場者」，**顯已逾越必要程度，與憲法第二十三條規定之意旨不能謂無違背。**

• 拘提之合憲性與法定要件

行政執行法第十七條第二項依同條第一項得聲請拘提之各款事由中，除第一項第二款、第六款：**「顯有逃匿之虞」、「經合法通知，無正當理由而不到場」之情形，可認其確係符合比例原則之必要條件外**，其餘同項第一款、第三款、

第四款、第五款：「顯有履行義務之可能，故不履行者」、「就應供強制執行之財產有隱匿或處分之情事者」、「於調查執行標的物時，對於執行人員拒絕陳述者」、「經命其報告財產狀況，不為報告或為虛偽之報告者」規定，**顯已逾越必要程度，與前揭憲法第二十三條規定意旨亦有未符。**

・**法定程序**

　　人身自由乃人民行使其憲法上各項自由權利所不可或缺之前提，憲法第八條第一項規定所稱「法定程序」，**係指凡限制人民身體自由之處置，不問其是否屬於刑事被告之身分，除須有法律之依據外，尚須分別踐行必要之司法程序或其他正當法律程序，始得為之。**此項程序固屬憲法保留之範疇，縱係立法機關亦不得制定法律而遽予剝奪；**惟刑事被告與非刑事被告之人身自由限制，畢竟有其本質上之差異，是其必須踐行之司法程序或其他正當法律程序，自非均須同一不可。管收係於一定期間內拘束人民身體自由於一定之處所，亦屬憲法第八條第一項所規定之「拘禁」，其於決定管收之前，自應踐行必要之程序、即由中立、公正第三者之法院審問，並使法定義務人到場為程序之參與**，除藉之以明管收之是否合乎法定要件暨有無管收之必要外，並使法定義務人**得有防禦**之機會，提出有利之相關抗辯以供法院調查，期以實現憲法對人身自由之保障。行政執行法關於管收之裁定，依同法第十七條第三項，法院對於管收之聲請應於五日內為之，亦即可於管收聲請後，不予即時審問，其於人權之保障顯有未週，該「五日內」裁定之規定難謂周全，應由有關機關檢討修正。又行政執行法第十七條第二項：「義務人逾前項限期仍不履行，亦不提供擔保者，行政執行處得聲請該管法院裁定拘提管收之」、第十九條第一項：「法院為拘提管收之裁定後，應將拘票及管收票交由行政執行處派執行員執行拘提並將被管收人逕送管收所」之規定，其於行政執行處合併為拘提且管收之聲請，**法院亦為拘提管收之裁定時，該被裁定拘提管收之義務人既尚未拘提到場，自不可能踐行審問程序，乃法院竟得為管收之裁定，尤有違於前述正當法律程序之要求。**另依行政執行法第十七條第二項及同條第一項第六款：「經合法通知，無正當理由而不到場」之規定聲請管收者，該義務人既猶未到場，法院自亦不可能踐行審問程序，乃竟得為管收之裁定，亦有悖於前

述正當法律程序之憲法意旨。

・警察定義

憲法第八條第一項所稱「非經司法或警察機關依法定程序，不得逮捕、拘禁」之「警察機關」，並非僅指組織法上之形式「警察」之意，凡法律規定，以維持社會秩序或增進公共利益為目的，賦予其機關或人員得使用干預、取締之手段者均屬之，**是以行政執行法第十九條第一項關於拘提、管收交由行政執行處派執行員執行之規定**，核與憲法前開規定之意旨尚無違背。

四、禁奢條款

義務人為自然人，其滯欠合計達一定金額，已發現之財產不足清償其所負義務，且生活逾越一般人通常程度者，行政執行處得依職權或利害關係人之申請對其核發下列各款之**禁止命令**，並通知應予配合之第三人：（第 17 條之 1）

一、禁止購買、租賃或使用一定金額以上之商品或服務。

二、禁止搭乘特定之交通工具。

三、禁止為特定之投資。

四、禁止進入特定之高消費場所消費。

五、禁止贈與或借貸他人一定金額以上之財物。

六、禁止每月生活費用超過一定金額。

七、其他必要之禁止命令。

上述「所定一定金額」，由法務部定之。

行政執行處核發禁止命令前，應以書面通知義務人到場陳述意見。義務人經合法通知，無正當理由而不到場者，行政執行處關於本條之調查及審核程序不受影響。

五、拘提管收執行

（一）**法令規定**：拘提、管收，除本法另有規定外，準用強制執行法、管收條例及刑事訴訟法有關訊問、拘提、羈押之規定。

（二）**拘提管收**：（第 **19** 條）

1. 法院為**拘提**之裁定後，應將拘票交由行政執行處派執行員執行拘提。

2. 法院為**管收**之裁定後，應將管收票交由行政執行處派執行員將被管收人送交管收所；法院核發管收票時義務人不在場者，行政執行處得派執行員持管收票強制義務人同行並送交管收所。

（三）**管收期限**：自管收之日起算，**不得逾三個月**。有管收新原因發生或停止管收原因消滅時，行政執行處仍得聲請該管法院裁定再行管收。但以一次為限。

（四）**提詢管收人**：行政執行處應隨時提詢被管收人，**每月不得少於三次**。提詢或送返被管收人時，**應以書面通知管收所**。

（五）**給付義務**：義務人所負公法上金錢給付義務，**不因管收而免除**。

六、拘提管收釋放

（一）**釋放**：拘提後，有下列情形之一者，行政執行處應即釋放義務人。

1. 義務已全部履行。

2. 義務人就義務之履行已提供相當擔保。

3. 不符合聲請管收之要件。

（二）**管收後釋放**：有下列情形之一者，行政執行處應即以書面通知管收所釋放被管收人。

1. 義務已全部履行或執行完畢者。

2. 行政處分或裁定經撤銷或變更確定致不得繼續執行者。

3. 管收期限屆滿者。

4. 義務人就義務之履行已提供確實之擔保者。

（三）**不得管收**：義務人或其他依法得管收之人有下列情形之一者，不得管收；其情形發生管收後者，行政執行處應以書面通知管收所停止管收：

1. 因管收而其一家生計有難以維持之虞者。

2. 懷胎五月以上或生產後二月未滿者。

3. 現罹疾病，恐因管收而不能治療者。

▌行政執行法第 **19** 條

法院為拘提之裁定後，應將拘票交由行政執行處派執行員執行拘提。

拘提後，有下列情形之一者，行政執行處應即釋放義務人：

一、義務已全部履行。

二、義務人就義務之履行已提供相當擔保。

三、不符合聲請管收之要件。

法院為管收之裁定後，應將管收票交由行政執行處派執行員將被管收人送交管收所；法院核發管收票時義務人不在場者，行政執行處得派執行員持管收票強制義務人同行並送交管收所。

管收期限，自管收之日起算，**不得逾三個月**。有管收新原因發生或停止管收原因消滅時，行政執行處仍得聲請該管法院裁定再行管收。**但以一次為限。**

義務人所負公法上金錢給付義務，不因管收而免除。

▌行政執行法第 **20** 條

行政執行處應隨時提詢被管收人，**每月不得少於三次**。

提詢或送返被管收人時，**應以書面通知管收所。**

▍行政執行法第 21 條

義務人或其他依法得管收之人有下列情形之一者，**不得管收**；其情形發生管收後者，行政執行處應以書面通知管收所停止管收：

一、因管收而其一家生計有難以維持之虞者。

二、懷胎五月以上或生產後二月未滿者。

三、現罹疾病，恐因管收而不能治療者。

▍行政執行法第 22 條

有下列情形之一者，行政執行處應即以書面通知管收所**釋放**被管收人：

一、義務已全部履行或執行完畢者。

二、行政處分或裁定經撤銷或變更確定致不得繼續執行者。

三、管收期限屆滿者。

四、義務人就義務之履行已提供確實之擔保者。

七、拘提管收報告

行政執行處執行拘提管收之結果，應向裁定法院提出報告。提詢、停止管收及釋放被管收人時，亦同。

八、費用負擔

（一）有關公法上金錢給付義務之執行，不徵收執行費。但因強制執行所支出之必要費用，由**義務人**負擔之。

（二）拍賣、鑑價、估價、查詢、登報、保管及其他因強制執行所支出之必要費用，移送機關應代為預納，並依本法第二十五條但書規定向義務人取償。

▋行政執行法施行細則第 30 條

拍賣、鑑價、估價、查詢、登報、保管及其他因強制執行所支出之必要費用，移送機關應代為預納，並依本法第二十五條但書規定向義務人取償。

模擬試題

___ 1. 義務人負有公法上金錢給付義務，逾期不履行，經主管機關移送者，由行政執行處（或分署）就義務人之財產執行之，未包括下列何種情形？

(A) 其處分文書或裁定書定有履行期間或有法定履行期間者

(B) 其處分文書或裁定書未定履行期間，經以書面限期催告履行者

(C) 依法令負有義務，經以書面通知限期履行者

(D) 經通知義務人到場，逾期未到場者

___ 2. 某甲違反交通法規遭警察開單舉發，經監理機關裁決罰鍰逾期仍不履行者，應由何機關執行？

(A) 法務部行政執行署所屬行政執行處

(B) 監理機關

(C) 地方法院執行處

(D) 該管警察局

___ 3. 公法上金錢給付義務執行案件，主管機關移送行政執行處應檢附之文件，何者不知者免予檢附？

(A) 移送書

(B) 原處分書

(C) 義務人財產目錄

(D) 義務人經限期履行而逾期仍不履行之證明文件

___ 4. 行政執行處為辦理執行案件，下列作為何者錯誤？
(A) 得強制其到場
(B) 自動清繳應納金額
(C) 報告其財產狀況
(D) 其他必要之陳述

___ 5. 公法上負有金錢給付義務之人，經合法通知不到場者，行政執行分署依行政執行法之規定得……？
(A) 逕行拘提
(B) 逕行管收
(C) 禁止奢侈行為
(D) 命其提供擔保、限制住居

___ 6. 依據行政執行法規定，義務人在符合一定要件下，行政執行處得命其提供相當擔保，限期履行，並得限制其住居。請問下列何者並非屬於此種法定要件？
(A) 顯有履行義務之可能，故不履行
(B) 雖據實報告其財產狀況，然而財產儲存於國外
(C) 顯有逃匿之虞
(D) 於調查執行標的物時，對於執行人員拒絕陳述

___ 7. 法院對行政執行分署拘提義務人之聲請，應於多久期限內裁定？
(A) 5 日內
(B) 3 日內
(C) 24 小時內
(D) 7 日內

___ 8. 行義務人不服法院關於拘提、管收之裁定者，得於幾日內提起抗告？

(A) 3 日

(B) 5 日

(C) 7 日

(D) 10 日

___ 9. 承上，抗告程序規定準用何法？

(A) 民事訴訟法

(B) 刑事訴訟法

(C) 行政訴訟法

(D) 強制執行法

___ 10. 行政執行法規定之拘提，下列敘述何者正確？

(A) 由原處分機關提出聲請

(B) 交由行政執行分署裁定

(C) 由警察人員負責執行拘提

(D) 不服拘提之裁定得提起抗告

___ 11. 依據行政執行法第 17 條之規定，下列何者係屬行政執行處得將義務人限制住居、聲請法院裁定拘提、聲請法院裁定管收之共同事由？

(A) 顯有逃匿之虞

(B) 有履行義務之可能，故不履行

(C) 經合法通知，無正當理由而不到場

(D) 就應供強制執行之財產有隱匿或處分之情事

___ 12. 行政執行法規定暫予留置，何者正確？

(A) 於警察機關留置室執行

(B) 由地方法院簡易庭法官簽發留置票

(C) 時間不超過 3 小時

(D) 行政執行官決定是否留置

___ 13. 下列何者為公法上金錢給付義務不履行之強制手段？

(A) 管束

(B) 扣留

(C) 拘押

(D) 限制住居

___ 14. 公法上金錢給付義務強制執行，有關拘提管收敘述，何者錯誤？

(A) 拘提管收聲請，應向行政執行處所在地之地方法院為之

(B) 義務人不服法院關於拘提、管收之裁定者，得於十日內提起抗告；
其程序準用刑事訴訟法有關抗告程序之規定

(C) 抗告不停止拘提或管收之執行

(D) 拘提、管收，除行政執行法另有規定外，準用強制執行法、管收條例
及刑事訴訟法有關訊問、拘提、羈押之規定

___ 15. 有關行政執行法管收之規定，下列敘述何者正確？（複選題）

(A) 義務人顯有逃匿之虞時，得聲請之

(B) 由行政執行分署提出聲請

(C) 由地方法院裁定之

(D) 不服管收之裁定，得提起訴願

(E) 管收期限最長不得逾二個月

___ 16. 對司法院釋字第 588 號解釋內容之敘述，下列何者正確？（複選題）

(A) 刑事被告與非刑事被告之人身自由限制，並無本質上之差異，其踐行
之司法程序或其他正當法律程序，須受相同保護

(B) 憲法第八條第一項規定所稱「法定程序」，指凡限制人民所有自由、
財產之處置程序，應遵守之原則

(C) 人身自由乃人民行使其憲法上各項自由權利所不可或缺之前提

(D) 行政執行法關於「管收」處分之規定，係在貫徹公法上金錢給付義務
之執行目的

(E) 立法機關基於重大之公益目的，藉由限制人民自由之強制措施，以貫
徹其法定義務，於符合憲法上比例原則之範圍內，應為憲法之所許

___ 17. 依據司法院大法官釋字第 588 號解釋,下列何種行政執行法所定拘提管收事由,係屬違憲侵害人身自由?

(A) 顯有履行義務之可能,故不履行者

(B) 顯有逃匿之虞

(C) 就應供強制執行之財產有隱匿或處分之情事者

(D) 經命其報告財產狀況,不為報告或為虛偽之報告者

___ 18. 公法上金錢給付義務執行機關對義務人核發禁奢命令之項目,不包括下列何者?

(A) 禁止進入特種營業場所

(B) 禁止搭乘特定之交通工具

(C) 禁止贈與他人一定金額以上之財物

(D) 禁止每月生活費用超過一定金額

___ 19. 行政執行法有關義務人滯欠達一定金額,其財產不足清償其所負義務,且生活逾越一般人通常程度者,行政執行署或分署得依職權或利害關係人之申請對其核發之禁止命令(禁奢條款),下列敘述何者錯誤?

(A) 禁止購買一定金額以上之商品或服務

(B) 禁止贈與或借貸他人一定金額以上之財物

(C) 禁止為特定之投資

(D) 禁止居住一定價值以上之住宅

___ 20. 行政執行之禁止命令(俗稱禁奢令),係由何機關發出?

(A) 地方法院

(B) 行政法院

(C) 法務部

(D) 行政執行署或分署

___ 21. 公法上金錢給付義務之強制執行，行政執行處得依職權對義務人達到禁奢目的，得依法核發禁止義務人搭乘特定交通工具之命令，下列何者非禁止處分之基本要件？

(A) 義務人須為自然人

(B) 義務人滯欠合計達一定金額，額度由法務部定之

(C) 已發現義務人之財產不足清償其所負義務

(D) 義務人生活仍過得如一般人通常程度者

___ 22. 行政執行法有關義務人滯欠達一定金額，其財產不足清償其所負義務，且生活逾越一般人通常程度者，行政執行署或分署得依職權或利害關係人之申請對其核發之禁止命令（禁奢條款），下列敘述何者錯誤？

(A) 禁止購買一定金額以上之商品或服務

(B) 禁止贈與或借貸他人一定金額以上之財物

(C) 禁止為特定之投資

(D) 禁止居住一定價值以上之住宅

___ 23. 依行政執行法規定，義務人負公法上金錢給付義務，因被執行管收之後，其所負義務之法律效果為何？

(A) 免除 1/2

(B) 免除 1/3

(C) 全部免除

(D) 不能免除

___ 24. 依行政執行法之規定，法院為拘提之裁定後，應將拘票交由何者執行拘提？

(A) 管區員警

(B) 行政執行處指派執行員

(C) 法院法警

(D) 行政執行官

___ 25. 依據行政執行法之規定，下列那一種行政執行係由行政執行處為之？

(A) 公法上金錢給付義務之執行

(B) 行為或不行為義務之執行

(C) 關於物之交付義務之強制執行

(D) 直接強制

___ 26. 依「行政執行法」之公法上金錢給付義務之規定，下列哪些情形不得加以管收？（複選題）

(A) 現罹疾病，恐因管收而不能治療者

(B) 懷胎 6 月以上或生產後 2 月未滿者

(C) 因管收而致其無法履行公法上金錢給付義務者

(D) 因管收而致嚴重影響其名譽者

(E) 因管收而其一家生計有難以維持之虞者

___ 27. 關於行政執行法之管收，下列敘述何者錯誤？

(A) 管收期限，自管收之日起算，不得逾 3 個月

(B) 義務人所負公法上金錢給付義務，得因管收而免除

(C) 顯有逃匿之虞為聲請管收原因之一

(D) 義務人不服法院管收之裁定者，得於 10 日內提起抗告

___ 28. 有關行政執行法管收之規定，下列敘述何者正確？

(A) 管收為公法上金錢給付義務執行方法之一

(B) 管收由移送機關聲請行政執行署裁定之

(C) 不服管收之裁定，向地方法院行政訴訟庭提起聲明異議

(D) 管收期限不得逾 30 日

___ 29. 依據行政執行法規定，下列有關管收之敘述，何者正確？

(A) 義務人所負之公法上金錢給付義務，因管收而免除

(B) 管收期限，自管收之日起算，不得逾 2 個月

(C) 行政執行分署應隨時提詢被管收人，每月不得少於 3 次

(D) 管收，應由行政執行分署聲請檢察署裁定為之

___ 30. 有關行政執行法管收之規定，下列敘述何者錯誤？

(A) 提詢或送返被管收人時，應以書面通知管收所

(B) 義務人所負公法上金錢給付義務，不因管收而免除

(C) 因管收而其一家生計有難以維持之虞者，必要時仍得管收

(D) 行政執行處應隨時提詢被管收人，每月不得少於 3 次

___ 31. 公法上金錢給付義務，如因強制執行而有支出登報、鑑價等必要費用，如何處理？

(A) 不另行徵收執行費用

(B) 移送機關代為預納，再向義務人取償

(C) 執行機關估計數額，再命義務人繳納

(D) 移送機關、執行機關平均分擔費用

___ 32. 行政執行處應為時提詢被管收人，每月不得少於多少次？

(A) 1 次

(B) 2 次

(C) 3 次

(D) 4 次

答案：1D 2A 3C 4A 5D 6B 7A 8D 9A 10D 11A 12D 13D 14B 15ABC 16CDE 17D

18A 19D 20D 21D 22D 23D 24B 25A 26ABE 27B 28A 29C 30C 31B 32C

行為或不行為義務之執行

一、定義

依法令或本於法令之行政處分，負有行為或不行為義務，經於處分書或另以書面限定相當期間履行，逾期仍不履行者，由執行機關依間接強制或直接強制方法執行之。

二、間接強制

（一）**代履行**：依法令或本於法令之行政處分，負有行為義務而不為，其行為能由他人代為履行者，執行機關得委託第三人或指定人員代履行之。（第 29 條）

（二）**怠金**：

依法令或本於法令之行政處分，**負有行為義務而不為，其行為不能由他人代為履行者**，依其情節輕重處新臺幣五千元以上三十萬元以下怠金。（第 30 條）

（三）依法令或本於法令之行政處分，**負有不行為義務而為之者**，亦同。（第 30 條）

三、直接強制

（一）**定義**：經間接強制不能達成執行目的，或因情況急迫，如不及時執行，顯難達成執行目的時，執行機關得依直接強制方法執行之。

（二）**方法**：

1. 扣留、收取交付、解除占有、處置、使用或限制使用動產、不動產。
2. 進入、封閉、拆除住宅、建築物或其他處所。

3. 收繳、註銷證照。

4. 斷絕營業所必須之自來水、電力或其他能源。

5. 其他以實力直接實現與履行義務同一內容狀態之方法。

四、代履行程序

（一）**行政處分**：依法令或本於法令之行政處分，負有行為義務而不為。

（二）**書面預告**：經於處分書或另以書面限定相當期間履行，逾期仍不履行者。

（三）**代履行**：執行機關得委託第三人或指定人員代履行之。

（四）**繳納費用**：前項代履行之費用，由執行機關估計其數額，命義務人繳納；其繳納數額與實支不一致時，退還其餘額或追繳其差額。

（五）**徵收費用**：代履行費用逾期未繳納者，移送行政執行處依規定強制執行。

五、怠金程序

（一）**行政處分**：法令或本於法令之行政處分，負有行為義務而不為，其行為不能由他人代為履行者，依法令或本於法令之行政處分，負有不行為義務而為之者，亦同。

（二）**書面預告**：經於處分書或另以書面限定相當期間履行，逾期仍不履行者。

（三）**怠金**：依其情節輕重處**新臺幣五千元以上三十萬元以下**怠金。經規定處以怠金，仍不履行其義務者，執行機關得**連續處以怠金**。

（四）**徵收費用**：怠金逾期未繳納者，移送行政執行處依規定強制執行。

模擬試題

___ 1. 依「行政執行法」規定，下列何者屬於直接強制之方法？（複選題）

(A) 代履行

(B) 怠金

(C) 註銷證照

(D) 斷水斷電

(E) 拆除住宅

___ 2. 行政執行法規定行為或不行為義務之執行，其中怠金之適用，下列相關敘述何者錯誤？

(A) 不適用於能由他人代為履行之行為義務

(B) 得依法連續課處

(C) 怠金最高可處新臺幣 30 萬元

(D) 怠金逾期未繳納者由原處分機關強制執行之

___ 3. 依「行政執行法」及其細則規定，下列有關怠金之敘述，何者正確？

(A) 怠金為公法上金錢給付義務強制執行方法之一

(B) 經依規定處以怠金仍不履行其義務者，執行機關得連續處以怠金

(C) 本於法令之行政處分，負有行為義務而不為，處以怠金

(D) 怠金係依其情節輕重處新臺幣 6 千元以上 30 萬元以下

___ 4. 下列「行政執行法」中關於怠金之敘述，何者正確？（複選題）

(A) 不得連續處罰

(B) 為間接強制方法

(C) 為行政執行罰

(D) 處分前應預為告誡

(E) 一次不得超過新臺幣 20 萬元

___ 5. 對於行政執行法間接強制規定之敘述，下列何者錯誤？

(A) 包括代履行

(B) 包括怠金

(C) 依法令負有行為義務而不為，其行為能由他人代為履行者，執行機關得委託第三人代履行

(D) 包括罰鍰

___ 6. 下列何者為行政執行法所稱之間接強制方法？

(A) 怠金

(B) 收繳、註銷證照

(C) 扣留、收取交付、解除占有、處置、使用或限制使用動產、不動產

(D) 斷絕營業所必須之自來水、電力

___ 7. 下列有關怠金之敘述，何者錯誤？

(A) 依法令或本於法令之行政處分，負有行為義務而不為，其行為不能由他人代為履行者，依其情節輕重處新臺幣 5 千元以上 30 萬元以下怠金

(B) 承上，經依前條規定處以怠金，仍不履行其義務者，執行機關得連續處以怠金

(C) 依消防法第 42 條之 1 規定，使用燃氣之熱水器及配管之承裝業，未僱用領有合格證照者從事熱水器及配管之安裝者，處負責人及行為人新臺幣 1 萬元以上 5 萬元以下罰鍰，並得命其限期改善，屆期未改善者，得連續處罰或逕予停業處分。此等所謂連續處罰，其性質上係屬怠金

(D) 依道路交通管理處罰條例第 24 條第 3 項規定，汽車駕駛人經測試檢定酒精濃度超過規定標準，應接受道路交通安全講習者，無正當理由，不依規定接受道路交通安全講習者，處新臺幣 1 千 8 百元。此等 1 千 8 百元之科處，其性質上係屬怠金

___ 8. 依法令或本於法令之行政處分，合乎下列哪些要件，執行機關得委託第三人或指定人員代履行之？（複選題）

(A) 負有行為義務而不為

(B) 負有不行為義務而為之

(C) 其行為能由他人代為履行者

(D) 其行為不能由他人代為履行者

___ 9. 依行政執行法規定，下列哪一種狀況，是屬於代履行？

(A) 代為尋找遺失物

(B) 代拆廣告招牌

(C) 代其注射疫苗

(D) 代繳罰鍰

___ 10. 行政執行法代履行，得由下列何者履行？

(A) 委託第三人或指定人員

(B) 法院

(C) 執行人員

(D) 警察人員

___ 11. 下列何者非屬怠金性質？

(A) 促使義務人「將來」實現義務之方法

(B) 係對義務人「過去」違反義務之制裁

(C) 經處怠金，義務人仍不履行作為或不作為義務時，仍可以連續處以怠金

(D) 怠金之數額，依其情節輕重處以新台幣 5 千元以上 30 萬元以下

答案：1CDE 2D 3B 4BCD 5D 6A 7D 8AC 9B 10A 11B

即時強制

一、定義

行政機關為阻止犯罪、危害之發生或避免急迫危險，而有即時處置之必要時，得為即時強制。

二、方法

（一）對於人之管束。

（二）對於物之扣留、使用、處置或限制其使用。

（三）對於住宅、建築物或其他處所之進入。

（四）其他依法定職權所為之必要處置。

三、對於人之管束

（一）瘋狂或酗酒泥醉，非管束不能救護其生命、身體之危險，及預防他人生命、身體之危險者。

（二）意圖自殺，非管束不能救護其生命者。

（三）暴行或鬥毆，非管束不能預防其傷害者。

（四）其他認為必須救護或有害公共安全之虞，非管束不能救護或不能預防危害者。

※ 管束時間不得超過 24 小時。

四、對於物之扣留、使用、處置或限制其使用

（一）物之扣留

1. 客體：軍器、凶器、危險物品。

2. 事由：為預防危害之必要。

3. 期間：扣留之物，除依法應沒收、沒入、毀棄或應變價發還者外，其扣留期間不得逾三十日。但扣留之原因未消失時，得延長之，延長期間不得逾兩個月。

4. 發還：扣留之物無繼續扣留必要者，應即發還。

5. 無主扣留物：於一年內無人領取或無法發還者，其所有權歸屬國庫；其應變價發還者，亦同。

（二）物之使用、處置、限制其使用

遇有**天災、事變或交通上、衛生上或公共安全上**有危害情形，非**使用或處置**其土地、住宅、建築物、物品或**限制其使用**，不能達防護之目的時，得使用、處置或限制其使用。

（三）對於住宅、建築物或其他處所之進入

以人民之**生命、身體、財產**有迫切之危害，非進入不能救護者為限。

五、即時強制之救濟

（一）原因

人民因執行機關依法實施即時強制，致其生命、身體或財產遭受**特別損失**時，得請求**補償**。但因可歸責於該人民之事由者，不在此限。

（二）補償方式

損失補償，應以金錢為之，並以補償實際所受之特別損失為限。

（三）不服補償之救濟

對於執行機關所為損失補償之決定不服者，得依法提起訴願及行政訴訟。

（四）請求時效之規定

損失補償，應於知有損失後，二**年**內向執行機關請求之。但自損失發生後，經過**五年**者，不得為之。

模擬試題

___ 1. 依據行政執行法第 9 條第 1 項之規定，義務人對於執行命令，得於執行程序終結前，依下列何種程序向執行機關尋求救濟？
   (A) 申復
   (B) 訴願
   (C) 準抗告
   (D) 聲明異議

___ 2. 有關行政執行，下列敘述何者正確？
   (A) 人民因執行機關依法實施即時強制，致其生命、身體或財產遭受特別損失時，即使可歸責於該人民之事由者，亦得請求補償
   (B) 人民因執行機關依法實施即時強制，致其生命、身體或財產遭受特別損失時，應以回復原狀為之
   (C) 對於住宅、建築物或其他處所之進入，不以人民之生命、身體、財產有迫切之危害，非進入不能救護者為限
   (D) 人民得請求損失補償之情形，應於知有損失後，二年內向執行機關請求之。但自損失發生後，經過五年者，不得為之

___ 3. 下列有關行政執行法中之即時強制而致損失請求補償之敘述，何者錯誤？

(A) 人民因執行機關依法實施即時強制，致其生命、身體或財產遭受特別損失時，原則上得請求補償

(B) 損失補償，應以金錢為之，並以補償實際所受之特別損失為限

(C) 對於執行機關所為損失補償之決定不服者，得依法提起訴願及行政訴訟

(D) 損失補償，應於知有損失後，5 年內向執行機關請求之

___ 4. 依據行政執行法規定，下列有關即時強制補償之敘述，何者正確？

(A) 損失補償，以給予金錢或同類之物為之，但以金錢補償者，以實際所受之特別損失為限

(B) 損失補償，應於知有損失後，2 年內向執行機關請求之。但自損失發生後，經過 5 年者，不得為之

(C) 對於執行機關所為損失補償之決定不服者，得向上級機關聲明異議，不得提起行政訴訟

(D) 人民因執行機關依法實施即時強制，致其權利遭受損失時，縱使因該人民之重大過失所致，亦得請求補償

___ 5. 下列有關行政執行之敘述，何者正確？

(A) 行政執行關於公法上金錢給付義務逾期不履行者，由法院執行之

(B) 行政執行之時效為 3 年。行政執行之時效規定，法律有特別規定者，不適用之

(C) 怠金處罰，依其情節輕重，其法定最低額為新臺幣 1 萬元，最高額為新臺幣 30 萬元

(D) 行政執行應作成執行筆錄。但即時強制，有急迫情形，得以報告書代之

___ 6. 人民因執行機關依法實施即時強制,致其生命、身體或財產遭受特別損失時,得請求補償。有關補償請求權之行使,下列敘述,何者錯誤?

(A) 損失補償,應以金錢為之,並以補償實際所受之特別損失為限

(B) 損失補償,應於知有損失後,2 年內向執行機關請求之

(C) 自損失發生後,經過 5 年者,不得請求

(D) 對於執行機關所為損失補償之決定不服者,得依法提起民事訴訟

___ 7. 依行政執行法規定,對於人之管束時間,最長不得逾幾小時?

(A) 不得逾 8 小時

(B) 不得逾 12 小時

(C) 不得逾 24 小時

(D) 不得逾 48 小時

___ 8. 有關行政執行法規定之救濟制度,下列敘述何者錯誤?

(A) 對於執行機關所為損失補償之決定不服者,得訴願及行政訴訟

(B) 不服管收之裁定者,得提起抗告

(C) 利害關係人對執行方法,得於執行程序終結前,向執行機關聲明異議

(D) 即時強制致人民自由或財產受有特別損失時,得請求損失補償,其補償應以金錢為之

___ 9. 根據行政執行法,義務人對執行命令與方法有疑義,此時對執行機關得提出的法定救濟方式為?

(A) 訴願

(B) 行政訴訟

(C) 聲明異議

(D) 國家賠償

___ 10. 對於行政執行法之即時強制而致損失得請求補償之敘述，下列何者錯誤？

(A) 損失補償，應於知有損失後，2 年內向執行機關請求

(B) 對損失補償之決定不服，得依法提起訴願及行政訴訟

(C) 因執行致人民自由、財產、名譽遭受損失得請求損失補償

(D) 如不知有損失發生；已經過 5 年者，不得請求損失補償

___ 11. 依據行政執行法，義務人或利害關係人對執行命令、執行方法、應遵守之程序或其他侵害利益之情事，得於執行程序終結前，向執行機關為下列何項救濟程序？

(A) 聲明異議

(B) 請願

(C) 陳述意見

(D) 聲請停止執行

___ 12. 有關行政執行法規定之事項，下列敘述何者正確？（複選題）

(A) 如因情況急迫，得於夜間執行之

(B) 怠金屬秩序罰之性質

(C) 管收期間得折抵公法上金錢給付義務

(D) 對人管束時，應即將管束原因及概略經過報告主管長官

(E) 損失補償，於人民有可歸責之事由時，法院應減免其金額

答案：1D 2D 3D 4B 5D 6D 7C 8D 9C 10C 11A 12AD

好學習 066

三個月最強衝刺班！警察法規
看這本就對了，一考就上！

去蕪存菁重點＋決勝必考試題，考前三個月衝刺，帶你強勢上榜！

作　　者	呂文廷
顧　　問	曾文旭
出版總監	陳逸祺、耿文國
主　　編	陳蕙芳
執行編輯	翁芯俐
內文排版	李依靜
封面設計	李依靜
法律顧問	北辰著作權事務所

印　　製	世和印製企業有限公司
初　　版	2022 年 03 月
出　　版	凱信企業集團 - 凱信企業管理顧問有限公司
電　　話	（02）2773-6566
傳　　真	（02）2778-1033
地　　址	106 台北市大安區忠孝東路四段 218 之 4 號 12 樓
信　　箱	kaihsinbooks@gmail.com

定　　價	新台幣 450 元／港幣 150 元
產品內容	1 書

總 經 銷	采舍國際有限公司
地　　址	235 新北市中和區中山路二段 366 巷 10 號 3 樓
電　　話	（02）8245-8786
傳　　真	（02）8245-8718

國家圖書館出版品預行編目資料

三個月最強衝刺班！警察法規，看這本就對了，一
考就上！／呂文廷著. – 初版. – 臺北市：凱信企業
集團凱信企業管理顧問有限公司, 2022.03
　面；　公分
ISBN 978-626-7097-09-0(平裝)

1.CST: 警政法規
575.81　　　　　　　　　　　　　　111001177

凱信企管

用對的方法充實自己，
讓人生變得更美好！

凱信企管

用對的方法充實自己，
讓人生變得更美好！

凱信企管

用對的方法充實自己，
讓人生變得更美好！

凱信企管

用對的方法充實自己，
讓人生變得更美好！